赵丕承　著

第一册

陕西新华出版　三秦出版社

图书在版编目（CIP）数据

五胡史纲 / 赵丕承著. —西安：三秦出版社，2021. 6(2023. 8 重印)

ISBN 978-7-5518-1524-6

I. ① 五… Ⅱ. ①赵 … Ⅲ . ①中国历史—五胡十六国时代 IV. ①K238

中国版本图书馆 CIP 数据核字(2017)第 160007 号

五 胡 史 纲

赵丕承　著

责任编辑	高　峰
责任校对	赵　炜　张依晨
出版发行	三秦出版社
社　　址	西安市雁塔区曲江新区登高路 1388 号
电　　话	(029)81205236
邮政编码	710061
印　　刷	陕西隆昌印刷有限公司
开　　本	720mm×1000mm　1/16
印　　张	93
字　　数	1235 千字
版　　次	2021 年 6 月第 1 版
印　　次	2023 年 8 月第 2 次印刷
标准书号	ISBN 978-7-5518-1524-6
定　　价	680. 00 元(全五册)
网　　址	http://www. sqcbs. cn

出版说明

《五胡史纲》一书是我国台湾已故学者赵丕承先生数十年心血之作，2000年曾在台湾出版过一次繁体字版，其生前授权本社出版简化字版。本次出版，我们对原书稿内容进行了校订，为尊重赵丕承先生原著，特对本次校订工作做以下说明：

（一）对作者引用的史料进行了核查，对其中能核查到的错误做了修改，无法核查到或因文献版本记载不同的史料内容，本次校订不做修改。

（二）对作者在行文中叙述历史事件时所涉及的古地名对照今地名进行修订注释。

（三）对作者叙述历史事件时使用的一些当代词语，按照史实进行了修改，如：地方“政府”一词改为“官署”，“临时政府”改为“临时政权”，“干部”改为“官员”等。其他词语一仍其旧。

（四）对原书稿中使用的计量单位，本次校订尊重当时历史学著作的惯例，不按当前通行的国际计量单位标准进行修改。保留原书稿中的亩、里、公里等计量单位。

（五）对作者行文中带有港台表述风格的语言，除对个别倒装句和一些杂糅句子做了修改外，本次校订不做修改。

（六）作者原著中标点符号误用比较多，如当逗之处，或大量使用分号和顿号，或不使用标点符号；当句之处，大量使用感叹号，等等，本次校订尽量做了规范处理。原著中，复姓人名，特别是少数民族人名，在姓名中间有间隔号中圆点，由于人名大量出现，使得大多数页面显得很花，影响阅读。本次校订对人名中的间隔号中圆点做了删除。

（七）原著中的各地方政权的疆域示意图、战争示意图、文物图片、造像图片等均予以保留，图中文字除错别字外不做修改。

（八）本书 120 余万字，分为五册。为便于读者查找、阅读，我们在第一册增加了全书的总目录，每分册前置有分册目录。

序

赵锺华

丕承兄终于完成了他的皇皇巨著《五胡史纲》，洋洋洒洒，凡一百余万言，行将出版问世，友朋间得悉，无不为之额手称庆，同声喝彩！笔者多年追随左右，常相过从，部分原稿得以优先拜读。自始至终，对于作者策划经营，立纲建目，谋篇成章，集结出书，耳闻目睹，略有所知。故不揣浅陋，爰述一二，抑或有助读者晓然云尔。我们常诵读古今许多名家不朽之作、经典论著，可也曾想到他们在撰述之时，玄思冥想，全力寻找资料，上穷碧落下黄泉，纵未必都如《红楼梦》作者曹雪芹所说“一把辛酸泪”，但至少“辛勤”二字是可以想象到的。

二三十年前，丕承兄即有志撰写五胡十六国时期诸国专史，以补历史阙如的不足。常与他的好友黎东方教授在台北“粥会”定期聚晤，相值讨论。其时黎教授正在报章发表他的“细说体”历史大作，非常鼓励有志于史书的同好，并谓写历史只求一个真实，至于体裁，学术研究自由，不必拘泥。且答应完成后为作一篇长序。然其后岁月倏忽，黎教授退休赴美定居，几年前又不幸仙逝，序文自然成了泡影。人事无常，因缘际会，说来未免遗憾。

丕承兄何以有志于治五胡史？这大概是我们爱好历史的朋友都有的共识。探讨我国历史，自黄帝而下，四五千年来，朝代的隆替，民族的延续，史书的撰写，典籍的记载，可说是十分完备详尽，应有尽有。数量之多，著述之丰，举世无匹。唯独“五胡乱华”这一段史实，却付之阙如。

既无诸国专史，更乏史料可证，致使我们读历史，或是研究历史，往往为之大扫其兴，怅然向隅。

在我们华夏民族立国于东亚大陆四五千年的过程中，这悠久的历史长河，自然免不了波涛起伏，兴盛衰败，有光明也有黑暗。其间有三个时期最为混乱。即上古的春秋战国，中古的五胡乱华，近古的五代十国。春秋战国自周平王四十九年(前722)到秦始皇统一六国(前221)历时五百年。"五胡乱华"自西晋惠帝永兴元年(304)匈奴族刘渊与氐族李雄同年建立前赵及成汉两国，至隋文帝杨坚代北周(581)，历时二百七十七年(这是根据本书作者把历来沿袭的五胡十六国增加到二十二国，最后终于北周，是故时间也就延长了。其实，近代一些史学家亦已指出十六国不符史实，增列到二十国，所以"五胡乱华"时间计算互有出入)。五代十国自唐哀帝天祐四年(907)朱温篡位建立后梁至北汉广运六年(979)降宋，历时七十二年。这历史上最混乱的三大时期，对整个中华民族和国家的影响可说是至深且巨。第一时期最长，表面上是春秋五霸和战国七雄称霸争长，实际则是华夏民族与中原地区内部各个少数民族的大融合，结果形成了单一的主体民族，所谓的蛮夷戎狄都成了历史名词。第二时期则是主体民族与边疆少数民族内外迁徙对流。五胡的匈奴、鲜卑、羯、氐、羌，纷纷登堂入室，跑到中原境内建国称帝称王。混乱了两百多年，结果是强壮了主体的汉民族，所以才有隋唐帝国的出现。第三时期较短，汉民族更是不辞艰辛，千山万水播迁到南方的海滨和不毛之地的西南，尔后才能移民到东南亚和世界各地。综合这混乱的三大时期，当时的人民和社会自是最悲惨最黑暗最痛苦的。但民族和文化却因为大融合获得了新的生机，更茁壮更光明更强大地发展起来。今天我们看世界的几个文明古国，不是已中断衰败，就是已死亡绝灭。唯有我们中华民族和国家岿然独存，永远长青，不能说不是拜这三大时期之赐。

五胡在华所建诸国史，初唐刘知几的《史通》说得较为详细。诸国原都撰有各自的史书，但在战乱频仍，互相攻伐，骤兴速亡的时代状况下，或被禁止，或被销毁，十不存一；仅只有崔鸿的《十六国春秋》十卷行世。但《隋书·经籍志》记载为一百卷，《旧唐书·经籍志》记载为一百二十卷，都与刘知几所说有出入，而刘则是历史上有名的史学评论家。今天我们所看到《四部备要》中的《十六国春秋》，更是简略得无以复加，绝非隋唐记载的版本。但除此之外，说也奇怪，一千多年来竟没有人再写五胡诸国专史。

说到这里，我们不能不敬佩丕承兄的宏识与胸怀。二十二国，一百余万字，真正的大手笔！一千多年，多少有名的史学家，不去碰它；多少爱好历史的饱学之士，不专治五胡史。尽管经典的历史巨著一部一部的出现，但对于“五胡乱华”也只是顺带的提一提而已。丕承兄从构思到撰写完毕，花了几乎三十年的时间，半生精力尽瘁于斯。常夜以继日，孤灯独对，埋首案头，一字一字的像蚕吐丝一样，字字都可说是心血啊！

这部《五胡史纲》共记二十二国，极为详尽，大部分研究的成果是过去所没有的。特别是两岸开放后，禁忌消除，祖国大陆近几十年考古发现的一些新资料容易获得，作者广为搜购参考，所费不赀，使得本书更为充实。例如过去史载突厥没有文字，现在却发现了突厥文的碑碣遗物(见本书附图)。这里讲个小插曲。十多年前笔者借返乡探亲之便，专程去遥远的陕西省黄陵县桥山，参拜中华民族老祖宗黄帝的长眠之所——黄帝陵，经西安晤见陕西省博物馆馆长王清波教授，谈到少数民族史的问题。王教授又介绍去见西北大学西北历史研究室主任周伟洲教授，这是一位研究魏晋南北朝史和少数民族的权威学者，承赠多种少数民族史的专著以及有关论文。带回来交给丕承兄，他高兴得如获至宝，旋即改正了部分原稿。因此本书资料最新、最完整。诸国史均附有领土疆域表，使我们知道当时建国确切的位置以及首都所在。兼及诸国政治文化、农业经济、兴灭原由、胡汉互动、民族交融等，是历史的重建，也是史学的新构。而最重要的是他的史心、历史观，阔绰恢宏，不落窠臼，不趋时尚，历史价值判断，一以国家民族大义为指归。

最后书名的斟酌，也是值得一提的。本书在撰写时，凡有朋友到访或是询及，作者都是答以《五胡乱华史》。因为“五胡乱华”为一历史名词，久为人所习知，睹书名便知所写内容。但近年在完稿之际，各方面意见纷纭，无论旧雨新知，咸以为“乱华”一词不妥，特别是中国有五十六个少数民族，最为忌讳。这该怎么说呢？历史过去已经一千多年了，民族之间还存在什么不解的恩怨仇视、华夏夷狄之结？说到这里我想举出两个例子，或与此有关。前几年到祖国大陆观光，陕西汉武帝茂陵旁有霍去病墓，墓前立有马踏匈奴石雕，不过当局挂了个牌子，说明原委，并非有意羞辱匈奴族。看了令人莫知所以。霍去病葬在那里已经两千多年。两千多年来西北地区少数民族最为活跃，要说屈辱，这石雕早就被砸了，何待今天去挂牌致意？不久前台湾当局应原住民要求，特别修法，可去汉姓复本族原名，结果三十万原住民人口中，复名的仅一百五十几人，约万分之五而已。由此可知当历史发展到某一阶段，是任何人回避不了的。今书名虽删去“乱华”二字，但历史的事实却是永远抹杀不掉。

丕承兄的这部巨著，最大的贡献是补了历史的缺口。至于学术价值，将来自有读者公论。自惭才疏学浅，拉杂写来，有负作者厚望，不胜汗颜之至。

己卯孟秋敬序孟台北养学斋

自　序

五胡十六国这段历史在中华民族成长过程中实有非常重要的关键性的作用。最重要的是它既使中华民族文化与血统大统一，而且还使北疆领域稳固而统一。

唐宋时代的史家好像不太重视这些，以致把这段历史竟予分化而略之。现在我们只好零捡碎拾地再予整合，其主要意旨是希望今后读者体会下列二者：

（一）从五胡入中原的经过中可以看到中华民族的传统文化早已深入其(五胡)领导阶层了。

（二）一个国家必须有一个强而有力的领导中心，才是这个国家与人民真正的安全保障。

反省过去，面对现实，真是忧心如焚！徒叹奈何?

提到写这本书，由衷地感谢另列的为本书编撰提供帮助的朋友们，国家图书馆的黄渊泉主任，远在新疆、甘肃考古的董玉翔教授，在北京市的惊涛先生与安守正教授都是缘悭一面，他们都提供了很多没有发表的或已绝版的资料。还有佛学大家吴文成先生、名作家石碌先生、香港名收藏家谭兆璋先生、著名诗人廖书兰女士以及赵锺华、龚同光老师或为作序或配制地图，余者或予校勘、或予修整，都对本书热情支持，尽其所能，笔者对此由衷感激。

赵丕承谨识

二〇〇〇年五月

著者　赵丕承

为本书编撰出版提供帮助和支持的人士：

黄渊泉　赵锺华　周伟洲　王清波　卢博文

谭兆璋　董水重　董玉翔　惊　涛　安守正

廖书兰　龚同光　吴文成　沈映冬　田曼诗

娄华夫　赵晓青　李冬梅　赵尊先　石　碌

范顺义　张莉菁　刘美君　张振龙

总目录

第一册

第二册

第三册

第四册

第五册

概　说

一、先说“胡”字

公元前95年，西汉武帝太始二年，匈奴的狐鹿姑单于曾给西汉武帝写一封信，有一段这样说：“南有大汉，北有强胡。胡者，天之骄子也，不为小礼以自烦……”（《汉书·匈奴传》）这是在“五胡乱华”前四百多年胡人自己给“胡”字下的定义。所以说现在我们无论以“胡”字为任何种族的代名，都没有贱视或仇视之意，因为“胡者，天之骄子也”。公元715年，唐玄宗开元三年八月由于高丽、吐谷浑降附，唐玄宗昭告国人有“天亡骄子，胡运其终”（《册府元龟》）之句，这是汉人对胡族的正统称谓。

二、再说“胡乱”

“胡乱”在中国至少应追溯到三代：夏、商、周以前。这个说法的理由：在历史记载之前的犬戎、匈奴族群的求生活动应该是早此之前就有的。加上烽火台、长城的史迹等都是这个臆测之词的明证。

到西汉武帝刘彻时，汉廷把对胡族群（匈奴）的军事征讨改为分化、和亲的政治手段来以胡制胡。在胡汉战史上可以说是一大贡献。

西汉对匈奴族开放后，南匈奴就以小部落方式逐渐移民塞内。汉廷并移乌桓（鲜卑族的先人）于辽东、上谷等五郡边界，使之监视北方的匈奴族。汉宣帝刘询曾移南匈奴于朔方五郡（河套地带），其目的也是使之监视北匈奴。

东汉时，汉廷又徙西南夷的氐、羌族群于三辅（长安、冯翊、扶风）以实京畿之防。汉迁徙诸胡族群于近畿，对外宣称是便于监视与控制，而实际上则是用当时当地，地大物博、人口稀少的政治敏感地区安置胡族群，利用诸胡族群天性骁勇、工于骑射的传统特长来参与征战，以巩固边防。由于这个诱因，北方的匈奴，西南夷的氐、羌诸族群就先后不断地自动移民塞内。

到三国时代，大小军阀林立，群雄并起，尤其在中国北方。军阀们为争地盘、争兵源，于是尽力争取各胡族群的青壮年来参军。最早的董卓，袁绍、公孙瓒等以及后来的曹操与刘备之战，双方都在尽力争取西南夷的氐、羌、鲜卑（吐谷浑）。曹操曾将氐、羌举族迁往关中与秦川，以防被蜀汉所利用。于是，北方的匈奴族群逐渐向南发展到山西省南部的汾水流域；西方的氐、羌也逐渐深入到陕、甘、川一带。据史书载，当时关中有人口百万，其中胡人居半。胡人的迅速繁衍滋息，相对的汉人离乱率很高，人口大减，胡人渐有喧宾夺主之势。于是，汉胡文化、血统，已经形成大混合了。

“五胡乱华”这段历史在中华民族成长过程中占着关键性地位，所以我们可以说，有了“五胡乱华”这段历史，才有了现在辉煌于世界的中华民族。

三、治史动机

史学先贤曾说：“现在史学界有三种趋势，即信古、疑古及释古。真正的史学家对于史料没有不加以审查而即直信其票面价值的。”

“疑古就是审查史料。释古所做的就是将史料融会贯通。”（冯友兰1937年一月《古史辨》第六册《序》）

从我们传统史乘上看，每一朝代都有其专史，唯独五胡十六国没有专史，有则是散见于其他史中。唐李延寿留下一部《北史》，但也只从北魏拓跋圭写起。在此之前的十六国(泛指成汉、前赵、前凉、冉魏、前燕、后赵、前秦、西燕、后燕、南燕、北燕、后秦、后凉、西秦、南凉、西凉、北凉、胡夏十八国)的求生经过，都是零星分散在他史之中。这一百多年也是中华民族成长过程很值得重视的一段时期，所以才专修五胡史。

四、释古

(1)时间：时间是历史的脉络，古籍以干支纪年、纪日，容易使人模糊。本书在朝代纪年下概以公元注明，读者易于理解。

(2)地名：古史籍中常见一地因时间而异名者，异地而同名者。尤其近年祖国大陆的地理环境地名或区域，变化之大可以说是空前的。本书对此多方考据，多采最近出版的各种参考资料，甚至连古地名之沿革也在稽核之列；务期历史能符合现实。

(3)人名：传统史乘对于帝王只称其帝号而讳其名，对于王公、大人物只道其名而不书姓氏，以示尊敬。本书为使读者一目了然，对于帝王、大人物概以帝号与姓名并陈。

(4)神话可以美化历史，还可以强化统治权力。所以，每个朝代、每一种族都有以神话佐历史或以历史附会神话的事实。本书对于神话一概不录。

(5)著名史学家陈寅恪先生说：“高欢乃是汉人应勿置疑。”而笔者参考三种以上资料证明高欢绝不是汉人。至于其是否鲜卑人尚待稽考。

(6)公元528年尔朱荣发动河阴大屠杀一案，《通鉴》说是他受惑于费穆。《魏书》更加渲染费穆诱说之词。实则尔朱荣在发动河阴大屠杀之前就曾跟他的好友慕容绍宗说过：“洛中人士繁盛，骄奢成俗；不加芟剪，终难制驭。”这是早有预谋的明证。

(7)前秦苻坚之败亡，《通鉴》说是“由骤胜而骄故也”。其实统一华夏是前秦的基本国策，统一中国北方是王猛献策之功。而淝水战败乃内奸朱序阵前倒戈所致。说苻坚用人不当则可，所谓“骤胜而骄”之评不切实际。

(8)关于突厥

东突厥之名自南梁大同十一年(545)、西魏大统十一年始见于史。唐贞观四年(630)三月，东突厥颉利可汗(第十三任)阿史那莫贺咄为唐帝李世民俘虏囚禁于长安；东突厥乃告灭亡。时东突厥的首都在蒙古的于都斤山。

唐贞观十年(636)，唐太宗任命东突厥的遗臣阿史那社尔为左骁卫将军。突厥于焉产生复兴运动。

公元640年，唐廷设立“宁朔大使”以保护东突厥的恢复运动。翌年，唐贞观十五年正月，唐廷正式承认阿史那思摩为恢复后第一任大可汗。御帐(首都)设在定襄故城(内蒙古和林格尔县)。

以时间说，前(东)突厥亡后十年方有后突厥的出现(若以林著《突厥研究》为准，前后突厥相距七十五年)。论空间，前突厥的“突厥牙帐”在蒙古的杭爱山，而后突厥的行政中心在内蒙古自治区呼和浩特市。二者相距一千二百余公里。各有各的时间与空间，理应分之为二。现在把这两部分的前部分依史例以“前突厥”名之。唐贞观十五年(641)恢复后的东突厥为“后突厥”。(西突厥仍旧)

突厥族的灭亡，实肇因其历代领导层争权夺利的结果。可是在我们传统史乘上都说是隋朝的“挑拨离间”(引《通鉴》语)之所致。现在看这一句文字实在有伤同胞情。千年往事，何必厚责古人?

关于突厥的文字，史乘多说“突厥无文字”，《周书》以后才有“其书类胡”之说。今承甘肃省文物考古研究所提供“突厥文字母的形成与碑文”均载本书中，以享读者。

(9)柔然与茹茹

在我们传统史籍中，把柔然这一族的名称又称作蠕蠕、芮芮、茹茹(大茹茹是柔然自称之词)等。不论其出处与含义如何，都是对柔然一族的称谓。所以本书统以“柔然”称之。

五、宾阳三洞

龙门石窟的宾阳三洞，《魏书》说是元恪为其父母祈福所造。五百年后名家欧阳修竟说是唐“魏王泰为其母长孙皇后所造也”。欧阳修此言一出，一千多年来可以说代有反对声音，只可惜没有确切证据。科学时代来了，谁是？谁非？请看本书“元恪时代”。

六、全书梗概

“五胡”是概指传统说法的“匈奴、鲜卑、羯、氐、羌”。事实上“乱华”不仅只有这五个民族，也不仅只有十六国。

“五胡乱华”自公元304年冬氐族部落酋长李雄占领四川成都自称“成都王”；史家称之为“成汉”。这是五胡建国的开始。

半年后，西晋封为匈奴族五部大都督的刘渊，在山西省离石县的左国城自封“汉王”，史称“汉赵”。曾盘踞华北。

公元319年，石勒据襄国(河北省邢台市)自封“赵王”。后来历史学家称他是“后赵”。后流窜到长江以北地带，最后盘踞了华北半壁江山。

一年后(320)，在中国大西北又出现一个汉人所成立的“前凉”。此后在华北先后出现了史所没有的十六国(前述三个及冉魏、前秦、后秦、西秦、前燕、后燕、南燕、西燕、后凉、北凉、西凉、北燕、胡夏)与北魏。

北魏翦灭诸胡，独霸北中国，迨公元440年，在整个中国领土上只剩下南方汉人传统的“宋”与北方胡人的“魏”两个主权国家。史家又称他们为“南朝”与“北朝”；自然而然的五胡中的拓跋魏也是正统了。历史学家都认为“五胡乱华”的时代到此结束了。而笔者却以为应该谈到隋代北周才算是“乱华”结束；因为“北朝”（包括北魏以后西魏、东魏、北齐、北周在内）都还是胡人所治，都还不断地在制造战乱。

“五胡乱华”的初期，他们仅仅是不定期地掠夺财物、牲畜。以后除了财物、牲畜之外又加上掳人，把人掳到他们的基地做奴工、军夫，或当兵。再后来才是扩大地盘，这时才有一些政治理念的发展。

鲜卑族入主中原后，在政治方面，首先是拉拢未及南迁的名门、豪族、地主与寺庙主们来帮他们(鲜卑)统御广大的农民群众。这是他们政治作战的最高指导原则。

至于后来的官制、薪俸制、地方制、赋税制等，都是随时适应前朝遗留下来的传统精神而运作的。

北魏自拓跋珪正式建国(386)，到公元493年由政争而分裂为“西魏”与“东魏”。公元550年东魏皇帝元善见禅位给已故大军阀高欢之子高洋，改国号为“北齐”。又七年，史家视为正统的“西魏”，皇帝元廓禅位给已故大军阀宇文泰的儿子宇文觉，改国号为“周”，史称“北周”。结束了一百七十年的北魏统治。

此时的“南朝”，已历经“宋”“齐”“梁”而为最后一朝的陈霸先所有了。

北魏在一百多年的统治中，经过不断地改革、汉化、迁都之后，政治已经彻头彻尾的官僚化，皇族、贵族以及诸胡族群的生活方式也都已经汉化了，传统的游牧生活消磨殆尽。无数战马变成贵族、官僚们狩猎游戏的娱乐工具了，因而战斗力大大降低。虽然领导阶层的政治野心仍然很强烈，但其作战实力与战斗精神已成强弩之末了，这是汉文化使然。血的文化、泪的文化到了周灭齐、隋代周，这一股历史洪流总算淬砺出来了一个雄踞东亚、百折不挠的中华民族。

目　录

成汉(氐)

民　　族：氐族

建 国 者：李特。为五胡十六国第一个建国

时　　间：公元 304—347 年

疆　　域：四川省西半部、湖北省西部、甘肃省南部、云南省北部

首　　都：四川省成都市

历代君王：景帝李特：公元 302—303 年

武帝李雄：公元 304—334 年

哀帝李班：公元 334 年

幽帝李期：公元 334—338 年

昭文帝李寿：公元 338—343 年

归义侯李势：公元 343—347 年

"成汉" 初期(304—338)的国号是 "大成"。公元 338 年李寿做了皇帝把国号改称 "汉"。后来的历史家就把这两个国号连称其为 "成汉"，表示这个政权的一贯性。

成汉以前的胡乱

早在汉魏时期，由于战争关系，北方的匈奴族与西方的氐、羌，还有

东胡的鲜卑族，已经陆续不断地移民到关内，数量相当可观。这些移民中有些是到处求生的流民，有些是因为战争被裹挟的，还有因服兵役战后退役被安置在关内各地谋生的。

有些小集团因袭其旧习以游牧为生的，有些没有游牧条件而就地为农、为工而散居各地的。不过这些人大都为当地汉人官僚、政客、军阀、恶势力所把持，不是沦为农奴(佃户)，就是被当奴隶买卖。史籍曾记载西晋新蔡王司马腾在任并州(山西省太原市)刺史期间利用职权逮捕很多青壮年胡人，绳捆索绑解往山东省卖给地主们做奴隶，并在华东各地设有专司买卖的奴隶市场，被卖的大多数是胡人。

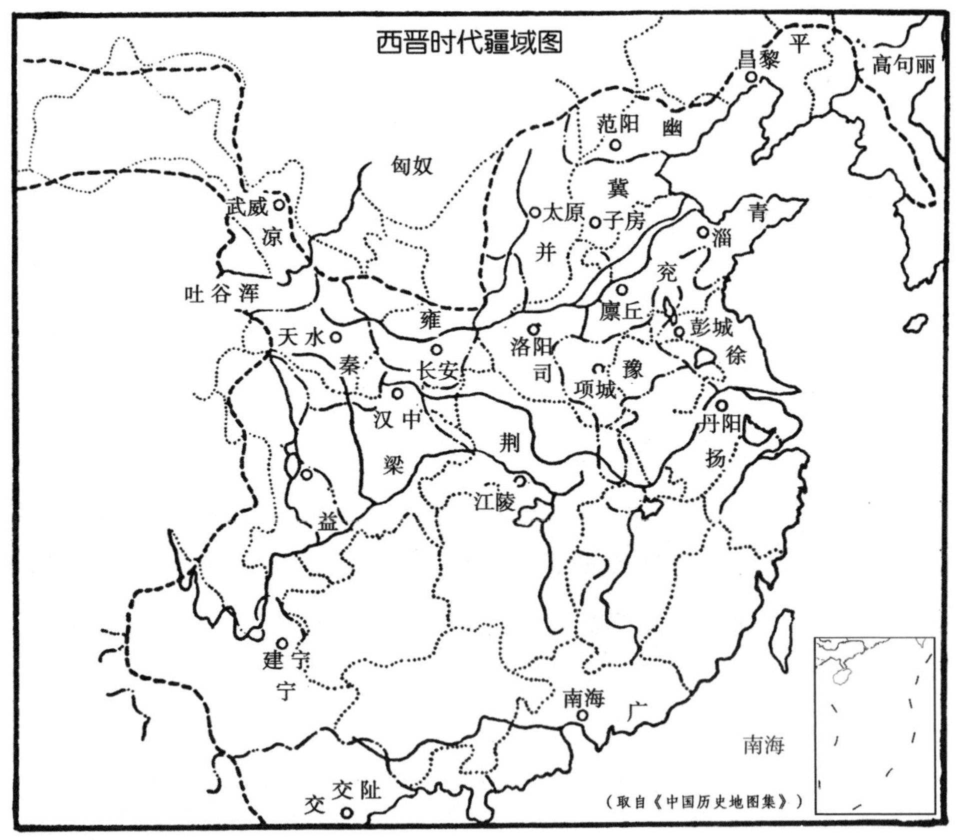

徙居关内的移民良莠不齐，为盗为寇者有之，也有对于官方这种无理

压迫而挺身反抗的；到处弥漫着强取豪夺、烧杀泄愤的暴戾之气。军阀们只知以暴制暴，而文官们则舞文弄墨、闭门造车。公元 265 年，当时文官们主张“徙胡”出关的舆论甚嚣尘上，但是当权派、贵族派的政客、军阀们坚持其既得利益，不顾国家安危而拒予考虑。

氐、羌之乱

西晋泰始六年(270)，盘踞在陕西、甘肃一带的鲜卑族酋长秃发树机能率众起义(其中有很多氐人参与)，占据凉州(甘肃省武威市)反抗晋朝。

晋廷派侍中贾充为使持节(代表皇帝行使地方军政权力)，都督秦州(甘肃省甘谷县)、凉州诸军事。秦州、凉州是氐族移民集中地区，他们参加了鲜卑族秃发树机能的义师，故史称为“氐羌反叛”。

西晋泰始七年(271)，秃发树机能起兵的第二年，游牧在山西北部的南匈奴右贤王刘猛也起兵反晋。当时晋廷派尚书光禄大夫何祯率军讨伐，何祯运用反间之计，使其(刘猛)左都督李恪杀了刘猛率众来降，此乱乃平。

西晋元康七年(297)氐族领袖齐万年率义军主力七万人进驻陕西乾县西北的梁山，计划由此东进长安。

关中扶风县的氐族领袖齐万年被羌族部落推举为两族盟主，在陕西华县(华州)自称帝号。又联合马兰山(陕西省白水县西北)羌族，于是陕西省的扶风、略阳，甘肃省的天水、武都、始平、阴平等地的氐、羌族群，纷纷起而响应。义军声势笼罩着关陇大部分地区，然后围攻甘肃平凉西北的泾源。

晋廷又派梁王司马彤出镇陕西、甘肃，进驻乾县东南的好畤以待敌。司马彤屡战屡败，乃向晋中央告急。是年冬十月，晋廷派安西将军夏侯骏率建威将军周处、振威将军卢播等发兵五千增援。卢播与周处平素不睦，乃故意使周处独自出战，与齐万年的义军在乾县东北的六陌地方会战。

周处率领五千精锐骑兵和七万之众的义军在乾县六陌地方激烈战斗一天一夜。双方死伤都很惨重。义军施行地道战法、熔化铁汁浇敌战法，加之以压倒性多数施行人海战法，前仆后继，晋军弓矢、刀枪用完了而卢播的后援不至，周处战死，全军覆没。

齐万年所部氐卒不仅个个禀性刚勇，视死如归；而且都是骑兵，运动力极强，使以步兵为主力的晋军屡战屡败。而且晋军的伤亡率直线上升。晋廷害怕起来！西晋元康九年(299)晋廷再派积弩将军孟观率领一万骁勇善战的宿卫军增援，在渭河上游的武亭(故治在陕西省武功县西南，金始改称武亭)激烈战斗十余次才算击败美阳县的义师，齐万年被俘斩首。于是卢水(甘肃省武威、永昌)一带的氐胡相率投降，陕西省关陇地带才得以平定。

这次氐羌联合起义，自西晋元康六年(296)八月起兵，到元康九年(299)正月失败，历时两年多；虽然没成功，可是残酷的战乱致人民生命财产的损失之大，对西晋朝廷的打击之大，都是难以计算的。由此更显示出氐、羌族群在关陇地区的人数之众多，势力之可怕！引起当时西晋名臣江统等上疏“徙戎”；力主把扶风、始平、京兆的氐羌族群迁回陇右(陇右道：甘肃省秦州以西，含新疆、青海部分)，划阴平、武都为界。可是晋廷没有理会。

这时候另一氐族部落酋长杨茂搜，为避齐万年之乱而率领族众四千户，再占甘肃成县西北西和县的仇池山，据险自固；同时他自称“氐王”。到齐万年败死之后，杨茂搜才接受西晋封为骠骑将军、左贤王(胡官)。从此，氐族逐渐强盛；嗣后在五胡十六国中的成汉、后凉、前秦等胡国都是氐族所建立的政权。

仇池山

仇池山一名瞿堆，又名百顷山，在甘肃省西和县城关镇南35公里处，相传古代有仇维道士炼丹于此，天然泉水十九眼，故名仇池。史家以此为氐族杨家的发祥地。

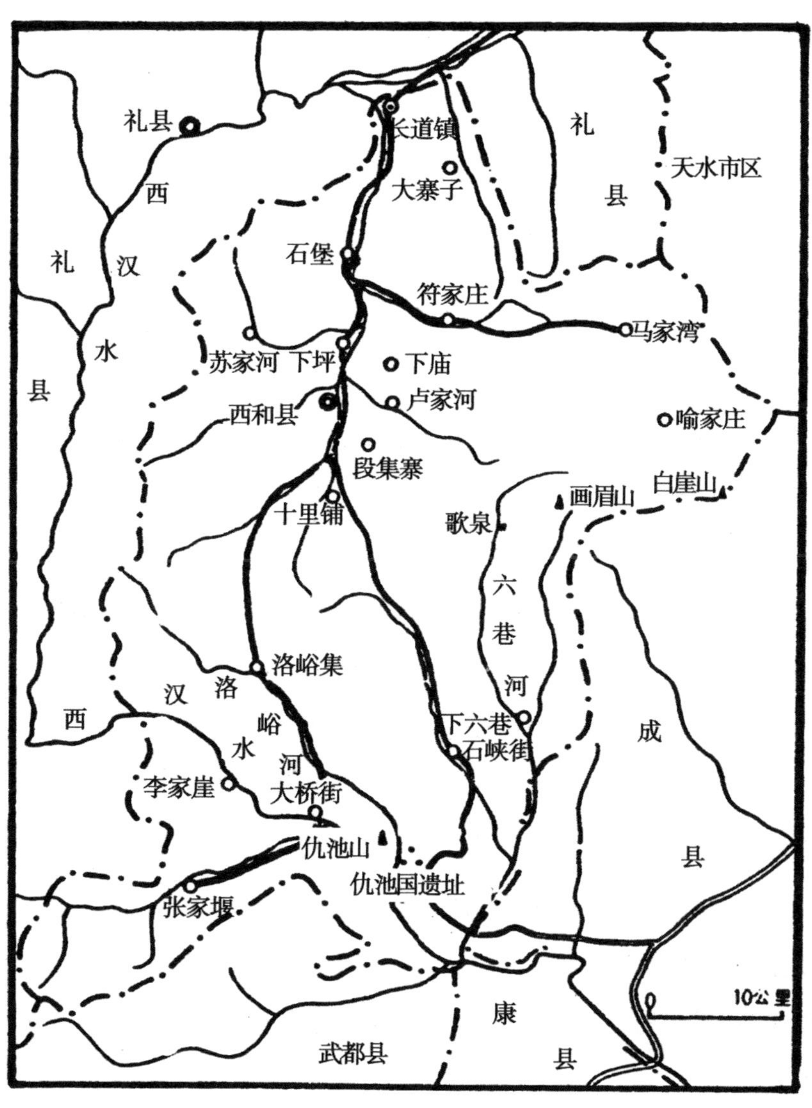

西晋惠帝司马衷的元康六年(296)，在甘肃天水(时称秦州)、张掖(时称雍州)一带的氐、羌部落武装起义，声势浩大；影响所及北方匈奴族的郝散部落有众一万多人，在山西东南的上党(山西省长治市)与马兰山同时出兵响应。

西晋驻镇陕西省的两位方面大臣张损与欧阳建二人先后战死，丧失军事物资无法计算。

晋廷又派赵王司马伦为陕、甘军事总督都，以雍州刺史为前锋，率大军进剿；又遭羌胡夹击，几乎全军覆没。

李特、李庠与李流

《通鉴》说“成汉”为李特创立。

李特，巴西宕渠(四川省渠县东北)人。传统史籍有说他是“賨人”(巴人的一支)首领，也有说他是巴西氐人(巴氐)的领袖。

所谓“賨人”的传说是秦始皇统一中国后，在巴西地方设置“巴州”，对当地原住民(氐族人居多数)课征人头税，每人每年须缴钱四十文。巴人方言称这种税为“賨”，以后史家遂称这些“巴人”为“賨人”。

据《魏书》说，汉高祖刘邦还定汉王的时候，阆中人范目曾向刘邦建议征召賨人成军，乃定三秦(概指陕西省)。汉兴， 賨人首领封采邑在阆中，属巴郡，治江州(重庆市)。

“巴”是“巴西郡”(故治在四川阆中市)的简称，所谓“巴人”是概指居住在“巴西”地方所有的人民，《逸周书》说，巴族领袖曾参加周武王的孟津会盟，受封巴侯。在五胡十六国时期，这地方的原住民见之史乘的有氐人、羌人、 賨人，一定还有汉人和不知名的其他弱势族群——原住民，鱼龙混杂，生活文化错综复杂，而且那时候的所有各分支族群的一切文化，包括血统在内早已融化在汉文化中了。

我们从各种史籍上和这个地区发展史实上推测，当时巴西地方的原住民应该是“氐族”居大多数。那么所谓“賨人”也很可能就是“氐族”中的另一支。

这一研判，以下两件史实可为佐证：

一、李特虽然是史乘所谓的“賨人”，但在他领导之下流民中氐人却占绝对多数。后来氐人在他领导之下的成就也很可观，所以在成汉建立后，李氏弟兄们的“賨人”背景已完全融合在汉文化中了。

二、李特和他的兄弟们一出现就没有正面显示过“賨”文化的气息，也没有排斥其他种族的事实。

流民南下求食

西晋惠帝元康八年(298)，由于战乱频仍、连年饥荒，甘肃(秦州)、陕西(雍州)一带的饥民相率逃荒到河南(宛)、湖北(荆)以及四川(蜀)各地求食。曾经到过汉中的巴氐族人，知道汉中农收富裕、气候温和，于是在李特、李流兄弟俩及阎式、赵肃、何巨、李远等地方领袖们领导下的十多万人南下求生活。这个难民群有氐人，有羌人，有賨人，也有汉人，史称之为“流民”。这些逃荒的流民所到之处，由当地地方政府分派到乡镇级的行政机关给他们提供饭食，吃了再走；他们由陕西省的略阳南下，历经南郑、剑阁而计划去成都、广汉、绵竹一带略地谋生。

这支氐族流民自称是天水六郡大姓的赵、阎、任、杨、苻、隗、上官等姓的后裔。当他们进入四川以后，把大营——总指挥部设立在绵竹市东北的赤祖镇；所有族众就四散到邻近各地农村去谋生活。给当时本来很安定的四川带来不少的骚乱、困扰。尤其是他们的领袖——李特，看到四川形势天险，粮收丰沛，顿时产生据地谋反的意图。

西晋永康元年(300)，晋廷接受四川地方士绅陈情，为了绥靖地方，命令这批巴氐举族迁回原住地方；并派侍御史李宓持节监察督导其事。李特贿通李宓报请西晋中央准许他们散在四川南部、贵州及四川北部、陕西南部的益州、梁州等地谋生。这时候巴氐首领李特就在四川绵竹市的赤祖镇建立一个相当坚强的军事据点，奠定了氐族政权四十多年的基础。

当时的西晋朝廷内部忙着贵族们的权力斗争，没有时间考虑到这个偏远地区，于是任由自李特以后历经李雄(自称国号“大成”)、李班、李期、李寿(改称国号为“汉”)、李势等五传，四十四年后，在东晋永和三年(347)这个“成汉”政权才被东晋安西将军桓温灭掉。

赵廞惹祸

时西晋益州刺史赵廞，原来是晋廷当权派贾南风太后的姻亲，从来不把国家的法律、制度放在眼里。他贪污、骄横，不顾朝廷禁制，私下引用李特为爪牙，任李特为领军将军，收服氐、羌少壮流民编练成军；以扩张其军阀势力。

李特所部氐族军人，桀骜不驯，常常仗势欺凌汉人，强占汉人土地、强要汉人雇用流民佣工等野蛮恶行；因而蜀人积怨氐族流民，更恨李特一家军阀割据地方、为害地方。

翌年(301)，晋廷发生政变，贾太后被诛。新执政下令调赵廞回朝担任皇后宫的总管(大长秋)。赵廞恐怕遭到贾皇后一案的株连，又加上李特的教唆，于是赵廞就据成都抗命，宣布益州独立，自称大都督、大将军、

成都示意图

（注：环城路就是古城墙基）

益州牧；并拒绝西晋正朔，改年号为“太平”。“大都督”是政务官兼掌军事的最高统帅，“大将军”就是总指挥。赵廞仗恃李特的实力，乃命李特、李庠、李流、李骧各率所属布置在北门以御晋军。这一下赵廞就一跃而成为四川(益州)的土皇帝了。

晋廷又命主持成都政务的内史耿滕升任益州刺史。当时赵廞的益州官署在成都东城(又称太城)，耿滕所辖成都郡的官署在西城(又称少城)。耿滕虽然有晋朝廷任命，但他没有军事实力，当他率领接收大员们到东城上任时，一进东城西门就被赵廞布置的狙击手射杀。随行的接收大员们除跑得快的四散外，都被赵廞所部屠杀。赵廞又连续诱杀了成都附近的晋派西夷校尉陈聪、犍为太守李密、汶山太守霍固等。赵廞除分派大军驻守成都各外围据点，并开放官仓、散粮施赈氐族流民，提拔流民领酋李流、李庠兄弟为领军将军，分别进驻各要冲地方，准备对抗来伐的晋军。

李庠率妹婿李含，勇将任回、苻成、隗伯、李攀、上官晶、始平、费他等四千多精骑为禁卫军。赵廞又封李庠为威冠将军、阳泉亭侯，命他招募流民中的勇士一万多人，驻守陕西入蜀的交通要衢来保卫成都的赵廞政权。

李庠，骁勇善战，又深得氐众爱戴。这时候他统御着强大的流民武力，赵廞实在有些不放心，但又不敢轻易调动他。李庠也很了解赵廞的野心是叛晋称王，有一次赵廞和他聊天的时候，李庠顺便说了一些有关刘备据蜀称帝的故事，最后他劝赵廞效法刘备立即宣布即皇帝位。赵廞就利用这个难得的借口，一翻脸就给李庠一个“大逆不道”的罪名，把李庠全家十余口都斩首，收并了李庠统领下的氐兵一万多人。

李庠的哥哥李特、弟弟李流看到赵廞这样残暴不仁，就率众退守绵竹赤祖镇的老窝重新整合氐族流民。

赵廞也预料到李特弟兄们不会甘休，于是派长史费远、督护常俊等率兵一万多驻屯四川什邡市东的雒江渡口——石亭渡，封锁了绵竹对外的交通，扼住通往德阳市的主要道路和渡口。

李特在绵竹聚集氐族青年壮士七千多人，乘夜奇袭，火攻费远和常俊的兵营。赵廞所部死的有十之八九，费远、常俊突围逃往德阳，大部分官兵溃散。

赵廞所部的晋兵，平素养尊处优；平常卑视边疆少数族群，可是一旦作战，又对能征惯战的边疆族群都很畏惧，所以闻风丧胆。不经交锋就溃不成军。赵廞带着他的妻子老小乘坐小船，逃到双流县的广都，还没有下船就被他的部下朱竺刺死，家人也未能幸免。李特的军队进入成都，大肆抢掠三天。李特还写报告给晋廷，述说赵廞的罪状。

罗尚入川

晋廷又派驻镇陕西南郑的梁州刺史罗尚为平西将军兼益州刺史。公元301年，罗尚率领文武官员以及作战部队七千多人进军四川。

李特知道罗尚来势不善，也很了解晋朝官僚们的习惯文化；就派李骧以隆重军礼相迎，并且送给罗尚很多古董珍宝、贵重饰物。罗尚大喜，不仅没有把李特当成敌人，反而还任命李骧为骑督(相当于骑兵司令)。李特利用机会贿赂罗尚准许氐人延期北返，又请罗尚向晋廷保荐李特为宣威将军、李流为奋武将军，而且还都封了侯爵。

是年(301)秋，罗尚听了四川三台县的广汉郡守辛冉和彭山县的犍为郡守李苾等建议，下令氐族流民开始还乡。

这时候的流民除了军人之外，大都已经在陕西南部、四川西半部和贵州北部(梁、益二州)地区落地生根，有些已经结婚生子而且取得当地土地从事农耕，有些从事手工业或佣工；大致都已经习惯了当地的生活环境。这些流民又听领导阶层传出消息说北方诸胡族扰攘不安，晋廷内部不稳；

于是大家都不愿意回去。李特为他的族众请命，再派阎式晋见罗尚要求延期。阎式和罗尚的别驾从事杜弢见面，分析强制氐胡流民北返，势必造成严重后果；希望能再延期一两年。罗尚听信辛冉、李苾的建议，坚持政府的威信不可失，不准延期；而且还说氐胡在四川抢掠很多民间财货宝物，应在各交通要隘设立关卡，严加搜查，氐胡流民所携带的贵重财物一律被没收。

辛冉和李苾知道以前李特送给罗尚很多极其珍贵的古董宝物，所以才建议查扣全部氐胡流民所持有的贵重财物；因为那些财物都是氐族流民从四川当地民间抢掠来的。

辛冉、李苾的如意算盘是设法杀死氐胡的首脑人物，打垮他们的领导重心。可是李特已经在氐胡族众中建立了良好的社会基础，他一面在绵竹县赤祖镇基地建筑坚强的战备大营，充实军事装备，步兵一律以弓箭射手为主，分布在所有道路要隘和营门前后，由李特、李流分别掌握东大营和北大营。一面又派阎式直接向辛冉接洽谈判，但却遭辛冉严厉拒绝。辛冉拒绝谈判的目的，完全是为了借机查扣流民的贵重财物；而氐族的坚强抵抗却是有些“官逼民反”。

严寒的冬季，也就是辛冉规定的最后限期到了，李特下令紧急备战，派出骑兵下山分别潜伏在成都、德阳、广汉的近郊俟机而动；再令基地各强弩部队分别进入各个阵地，等待狙击来攻晋军。

果然辛冉和李苾秘密商量定了，不等罗尚命令，就对李特基地发动攻击；由广汉都尉曾元率地方团队为前锋，配合张显、刘并所集结的步骑三万多人向赤祖镇进攻。罗尚也派部下都护田佐参与战斗指挥。

曾元所部的地方团队，平素都没有严格训练，一进入极其艰苦的山地作战，地理情况不熟悉、天气又冷，人马到达李特大营前了还不见有人应战，主力部队见势不佳，正要转进，突然间李特一声号响，霎时间伏兵四起，满坑满谷都是喊杀声和着满天的飞箭、滚木、抛石，但却不见人影；

曾元的前锋部队大部分没有看到敌人就死在飞箭或滚木、抛石之下。曾元的前锋部队大败，田佐也已退出战场；晋军主力部队只好退守成都以北八十里的广汉。

李特反攻

李特立刻下令步骑联合乘胜反攻，很快攻下德阳、广汉。罗尚明知道辛冉很难守住广汉，就派李芯、费远率军增援。李芯等还没有到达，广汉已经失守；辛冉率残兵败将转进德阳。李特占据广汉后，一面宣布他是晋朝的镇北大将军、益州牧；一面听说李芯、费远的部队离开成都了，就立刻回头攻占了成都。

罗尚在成都，贪污枉法，官僚腐化，军纪败坏。当时益州辖区包括四川、贵州，官方征粮、征税，还征壮丁当兵，还有氐胡公然课征，以及非法抢劫。民间承受政府与氐胡双重的苛征暴敛，在成都民间流行着“李特尚可，罗尚杀我”的民谣。所以一般民众看官兵跟氐胡流民同样可怕，同样是人民的灾难、祸首。

这时候的李特也是打着晋朝的招牌向民间公告行政，他接受了汉人幕僚的建议：严格整饬军队与流民的纪律。又与当地人民约法三章，开官仓赈灾济贫，布告所有人民，使之安于农耕，选拔贤能人才委任官吏；顿时又能为当地人民爱戴。

罗尚被李特打得不能招架，自己知道眼前敌不过李特，于是另辟新防线来防李特的凌厉攻势。他在西线自四川灌县(都安)到四川彭山(犍为)沿郫江设置连营，布防数百里和李特对峙，另向晋廷报请增兵；同时要求邻境梁州和云南的南夷校尉发兵支援。

晋廷派河间王的都护衙博进军梓潼(西南距绵阳市一百里，距德阳市二百里)声援，命广汉太守张微进军德阳，限期收复广汉(成都市北八十里)，使成都东西两面受到威胁。罗尚也派都护张龟进驻成都北郊四十里的新都(繁城)，准备以三路兵力，一万多人来围攻成都的李特。

李特的战法是各个击破，先派镇军将军李荡乘晋军刚到正要扎营的时候，奇兵夜袭衙博。晋军措手不及，顿时大乱。衙博下令退保葭萌关(昭化东南五十里)；半路上又被李荡在阳沔(梓潼县东北)预备好的伏兵突击！晋军除了死伤者外，其余全部放下武器投降。衙博仅率近卫数人落荒逃走。

新都是成都北郊的重要据点，占有新都才可确保成都安全；于是李特亲自率领精骑夜袭新都的张龟，得手后全部兵力东进德阳(距离成都市一百里)。张龟自新都向东撤退，可是李特的骑兵追得势如破竹，张龟只好率残部投奔德阳的张微，联合抵抗李特。

李特一面联络李荡速速回师约定会攻德阳，一面率军直取德阳；李特军刚到德阳近郊，就遭到张微斥候部队的猛烈反击；曾经一度攻进李特的大本营，李荡所率领的精骑兵适时赶到，两面夹击，苦战一昼夜才把晋军击退。

李特占领了德阳，张微战死，随军的儿子张存被俘；李特把张微的尸体盛装入殓，交由张存领回去安葬。这一下给晋军造成巨大心理冲击，加上屡战屡胜晋军，声势顿时大振。晋梓潼郡守张演弃城逃走，四川阆中(梓潼县以东五十里)的巴西郡丞毛植献城投降。

西晋太安二年(303)春，李特宣布他是晋朝梁、益二州的最高统帅、大都督、大将军，都督梁、益二州诸军事。

川西人民受尽连年战乱和氐族流民、官兵的抢劫掳掠，晋朝征发军糈、各种军事资源(包括兵源)，苛捐杂税，贪官污吏的无情剥夺，遍地烽火，逃也无法逃脱。为了生存，各村各聚落施行筑坞、筑寨来自保，这是对付氐胡打家劫舍的游击战法最有效的防御手段。

在那时候的军事资源主要是粮食和人，这样坚壁清野的办法，使氐胡的粮源断绝了。氐胡只好分散大部军士分别到各堡、坞、寨去求食，甚至每天四出抢掠乡村村民的粮食、财物。罗尚利用机会联合诸坞、堡、寨施行联堡战法，来到坞、堡求食的胡兵一进寨门就被擒杀！不到半年时间李特陷入穷途末路。

李特寻求主力决战，可是罗尚却只全面封锁，军队不出寨门。李特被迫集中主力攻坞、攻堡，当他打东堡时，西堡攻其后；他攻西堡时，东堡出兵击其后。于是战斗越打越激烈！可是氐族大军在成都城外苦战了两天两夜，进展却不到三十里路。抢不到粮食，士兵剜割战死战士的尸肉充饥，最终被迫退出成都，转进到成都东北新都的新繁。大将李辅、李远战死，不知名的将领和兵卒死的不计其数。李特受伤被俘，被押到广汉斩首、焚尸，人头送往西晋首都——洛阳请功，时在李特自称梁、益二州最高统帅的第二年。

李流、李雄、李骧等率残众窜回绵竹的赤祖镇，整合余众几万人，据险固守。氐众共推李流为大将军，领益州牧，秣马厉兵，冀图再起。

赤祖之战

西晋永安元年(304)春，晋廷派荆州刺史宗岱、建平太守孙阜率水师三万增援罗尚；并命督护何冲、常深等分路进攻赤祖镇。

李流退守赤祖整顿所部后，分组两个大营区，以掎角之势抵抗晋军。李流自率精锐主力为北营，李荡、李雄各领一部分据西营、东营。罗尚深深了解氐军的野战特性是凶、猛、奇袭，于是运用内线策反，使何冲暗中联络李流部将苻成为内应。前锋一举冲进李流大营，致使李流主力大乱！这时李特的遗孀(李荡之母)罗氏奋力指挥作战，拼命抵抗！虽然左眼被叛氐降晋的隗伯刺伤血流满面，可是仍然奋战不退。厮杀一天到晚上，李荡领西营之兵赶到才杀退了晋军何冲部。晋军伤亡大半，氐将李荡也战死。李流正要整合残众，晋建平太守孙阜又率军杀来；适时李雄自东营赶来，李骧也率部赶到，前后夹击，把孙阜杀得全军覆没，孙阜仅以身免。

李雄乘胜反攻成都，他舍德阳(绵阳与成都之间)、广汉(成都北八十里)，直接攻击罗尚的前进基地——郫城(四川省郫县北五十里)、新都(在今四川省新都区东)。由于氐军在这个地区辗转战斗了数年之久，对于当地的地理环境很熟悉，加之氐兵个个身强体壮，翻山越岭，如履平地；再配合着训练有素的骑兵，跟平素养尊处优的晋军作战，真是有如摧枯拉朽。郫城一战，晋军有万人以上伤亡。李雄遂再进据郫城以及左右翼的新都、温江(成都市西五十里)，缴获军械、军粮无算；严重威胁着成都的晋将罗尚。

李流的部队一天比一天扩大，四川地方因连年战乱而民不聊生；李流正在急需粮源与兵源的紧急关头，幸得罗尚的参军徐舆来降，并且还带来一个在当地很有影响力的青山隐士范长生。经范长生的献策、宣导，当地民众群起响应李流，大大增强了李流的军力。李流全军上下的士气更加振奋，声势更加盛壮！

李雄称王

是年(304)冬，李流病死，李特的儿子李雄继立；遂在郫城宣布他是“大成”独立王国的元首“成都王”，改年号为“建兴”。第一个建国的胡政权于焉诞生了。

郫城在成都以北五十里，李雄占据郫城，罗尚在成都犹如芒刺在背。

罗尚正在筹划进攻郫城的时候，突然接到李雄的部将朴泰送来密函，邀罗尚进攻郫城，他将做内应，并约定时间举火为号。罗尚不知道是诈降之计，就派降将隗伯率兵如约攻城。部队刚到城外就被李雄的伏兵杀得四散溃逃，隗伯身受重伤而被俘。

李雄乘胜攻进成都西城，罗尚退保东城。李雄派李骧分兵进占成都西南五十里的彭山(犍为)和东南方二十里的简阳，占领了罗尚的粮源地区。

这时候李雄的士气是最旺盛的，李雄又以“成都王”的名义进攻成都，名正言顺，士气如虹，攻势非常猛烈！罗尚的粮食已经吃完了，战马也已杀吃得差不多了，四面围困之下，粮源断绝，加上晋兵们对于氐军的新秩序也由以前的恐惧而倾向于向往了，因而厌战情绪充满军中。罗尚看情势危急，就命令牙门官张罗特守城，他仅带亲信数人乘夜深时偷偷缒城逃走；张罗特也随即开东城门投降，李雄遂又据有成都。李雄分兵出击南下宁州(重庆市北一百余里合川)，东犯荆州，于是梁州(陕西省汉中市)、汉嘉(四川省雅安市)、涪陵(重庆市东二百里，接近湖北省)，都为李雄所有，也都是向东发展的战略据点；“大成”王国因而称霸一时。

西晋光熙元年(306)，李雄又自行宣布他是“大成”王国的皇帝，改年号为“晏平”；依照晋朝的体制设官分职，粗具国家规模。这是割据国土、建国的五胡十六国中的第一个。这个氐族在五十年后又出现了苻秦和吕光的后凉，如果没有“大成”的建国，可能不会有半年后刘渊的前赵，也可能不会有“十六国”的产生。

公元 306 年，大成王国李雄自称皇帝，改元“晏平”，所铸定平一百铜币

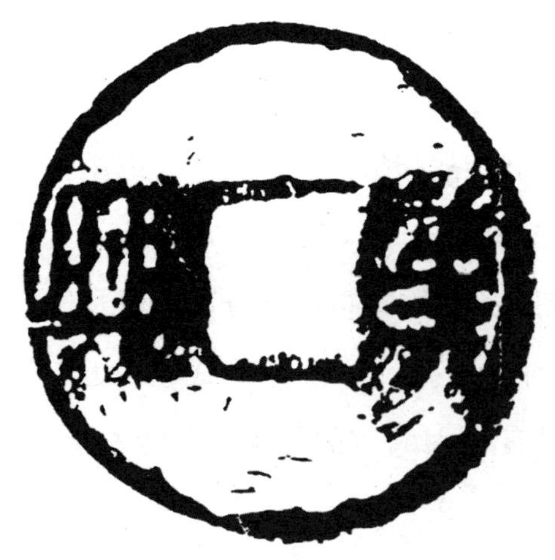

成汉昭文帝李寿于公元 338 年所铸汉兴铜钱

南征北战话李雄

秦州(天水)的逃荒难民群进入汉中(陕西南郑)大肆抢掠，晋廷派梁州刺史张进率兵讨伐，难民领袖邓定向大成投降并求救，大成皇帝李雄派太尉李离率骑兵两万开到汉中接应。秦州难民群把晋汉中刺史杜孟治赶走，并把汉中所有居民全部迁移到大成治下的四川境内。

李雄很有政治抱负，对于部属知人善任，选贤任能。他命太傅李骧主持内政，发展农业经济，减轻田赋差徭，使人民能够休养生息；又派李凤为绥远将军，驻扎边区招徕辖境以外的胡、汉逃荒难民来归，安顿他们的生活，辅导他们从事农业生产或工业制造，三五年间正值晋境天下大乱的时候，唯有大成王国的治下平安无事又年年丰收，邻境难民不断来归。

远在西汉武帝西征匈奴(史家称之为“断匈奴右臂”)的时代，在西域的羌、氐族群为了生存只有向南、向西发展。在那种荒无人烟的广大空间里真是海阔天空任其所趋。有一支南下集团，经由四川西部再到云南西部地广人稀的地方定居下来，后来历史学家就称这一支氐、羌民族为“南诏”(又称“六诏”或“八诏”。诏，是王的意思)。据民族学家孟志东先生最近的考察报告：目前分布在云南省施甸县、保山市、腾冲县、龙陵县、永德县一带的胡族(契丹)后裔还有十五万人(见1993年3月1日《星岛日报》第六版)。另一支西进的羌族群就进入西藏境内，把当地正在掌权的原住民雪巴族赶到更西方的高山上，并取得西藏的统制权而后建立了“吐蕃国”。公元305年，就有云南曲靖（建宁郡)、昭通(朱提郡)的氐羌流民领袖毛诜、李叡、李猛等联合胡、汉数万之众，驱逐郡守，响应李特的事件；这两段历史对于一心扩张领土的李雄是一大鼓励。李雄研判当时情势，他的处境就跟一百年前的刘备一样，只有向南拓展的空间无限大而且阻力小。是时云南境内闹饥荒，少数民族又各自为政，不能团结，正是李雄乘势南下的大好机会。李雄遂决心先向南方开拓，实力壮大之后再北图晋室。于是在他称帝的那一年(306，大成晏平元年)就派李骧率领大军二十万南下进攻云南曲靖的宁州地方。晋宁州刺史王逊派将军姚岳迎击，在云南会泽的螗螂驿会战。这里大小河流纵横交错，以骑兵为主的大成氐军远征不毛之地，一则长途跋涉，士卒马匹都已疲惫不堪；二则人马都不服水土，又逢连绵阴雨，人马病死很多，结果大成氐军大败，李骧下令撤退；士卒争前恐后抢渡，又淹死了一千多人，李骧狼狈回师。

当时四川西部，由于氐族的骚乱、抢劫，连年战祸，民不聊生，居民相率逃亡，或入山林为寇，或辗转逃往晋境或南方各郡县去求生。原本安土重迁的农民，掘野芋、草根来当饭吃，甚至把饿死的、被杀的尸体割肉来吃！遍地是尸骸没有人掩埋，接着瘟疫流行，死人不计其数；以致原本为“天府之国”的西蜀竟然变成一片“野无烟火，城邑皆空”“遍地骸骨，无人掩埋”(《通鉴》)的悲惨大地！

李雄在这种可怕的环境里，深深体悟到生聚教训，发展农业才是国家的命脉，也是他继续统治的军事资源。于是他一面把老弱氐胞分别组织，领导各族杂胡男女全面性地向成都东北涪江中下游的富庶地区迁移。这种做法，在表面上是逃荒难民求生求食，晋廷不会不理；可是另有一个军事阴谋就是使氐族势力渗入晋朝的统治区，难民吃光西晋仓粮，搅乱社会秩序，以达他的军事目的。一面设法安抚所剩不多的当地汉人，重新分配土地，辅导他们恢复农业生产，鼓励农村副业，增产军糈、军备资源。另外对氐族青壮施行分区屯垦的军事训练，使他们每一个都能成为“上马杀贼、下马书露布”的文武全才。征发汉人青壮编入建制，由氐族官员领导。当时西晋正值“八王之乱”，宗室内斗激烈之际，无暇顾及这个偏远地区，于是任由李雄大肆开疆拓土。

大成晏平四年(309)，大成国的太尉李离、尚书令阎式在梓潼巡察，部将訇琦发动兵变，斩杀李离和阎式，宣布梓潼归属晋益州刺史罗尚。李雄派太傅李骧、司徒李云、司空李璜反攻梓潼，也被訇琦击退。罗尚派兵邀击李骧，大战之后李云、李璜战死，李骧退去。

梓潼是成都东北的重要据点，一旦有失则直接威胁成都，李雄立即命部将张宝收复梓潼。张宝明知力不能胜，只有设法“智取”，于是张宝故意杀人，装作畏罪逃亡，投奔梓潼訇琦，很得訇琦信任，把他当作心腹。一天罗尚派使节来梓潼视察，訇琦率要员出城迎接；张宝利用这个机会策动訇琦叛变时带去的原有兵员反正，关闭城门，拒绝罗尚使节，并在城上大肆鼓噪。訇琦等很难堪，又怕罗尚使节怪罪，只好弃职逃往巴西(四川省阆中市)，梓潼又归大成所有，李雄任命张宝为太尉。

次年(310)秋，晋朝对氐族最具威慑的西征大臣罗尚在任所(重庆)病故。李雄遂命太傅李骧进军涪城(四川省三台县西北)，打开梓潼与成都的交通。

当时据守涪城的谯登所部并不是晋廷的正规军，仅仅是以内史身份招募来两三千逃荒难民所成立的地方部队，军备很差，加之城中缺粮，部队罗雀掘鼠，饿死的尸体都被活人剜肉烤着吃了。谯登向重庆益州政府要求增援与补给，可是益州那些官僚们根本看不起谯登这种杂牌部队，对其要求不予理会。

五年前(大成建兴元年，304)，罗尚在巴郡战役中俘虏了李骧的夫人和儿子李寿，关在涪城交由谯登看管。这时候谯登就放出李寿母子俩送还给李骧，希望能换得李骧稍缓攻击。可是李骧已经知道城内缺粮的悲惨境况，所以迎回妻子后更加猛烈地发动攻击。结果城破，谯登被俘，所部除饿死或被杀死者外，还有一千多人投降。第二年谯登不肯投降，被李雄下令斩首。

大成军攻下涪城、巴西，又俘虏了晋将文硕以下三千多士兵，稳住了大成北疆的汉中(南郑)。为了加强对南方偏远地区的控制与开拓，乃缩小行政区域，在云南、贵州地域辽阔的宁州、牂牁二州间另划一“交州”，派爨深为刺史率精骑驻屯。

这时候的大成，以成都为中心，北有梁州(陕西省汉中市)，南到交州(云南省宁州、贵州省牂牁)，东达涪陵乃至湖北的巴东，都为李雄据有。至于西藏地方也早已处在大成的势力范围之内，因为当时西藏居民大部分是二百年前随着移民潮南迁而来的氐、羌族后裔。

李雄开始国家的各种建设，如提倡教育兴办学校，又令各州郡举荐明经的在野学者，鼓励手工制造工业，加强农业生产以及军事制度等，都有完整的建设计划。

杨难敌与东晋

大成玉衡十三年(323)，一年前在北方被前赵刘曜打败，自仇池逃到汉中郡向大成投降的清水氐部落酋长杨难敌和难民首领杨虎，在甘肃南部的武都又宣布脱离大成而独立。杨难敌占据梁州(陕西省汉中市)，自己宣称是“氐王”“梁州刺史”。李雄下令讨伐，派遣两路大军进击：一路由中军领军李琀、李稚两弟兄率步骑一万人，由四川昭化西北军事要道的白水关，进攻甘肃成县以西的下辨，这里是杨难敌的后方基地。这一仗打得很惨，李琀、李稚进军到武都境内的武阶地方就被杨难敌截击，分段包围。李琀、李稚被俘，士卒战死数千，其余的溃散。

甘肃省文县的阴平郡是武都左翼重镇，也是防卫成都的军事要冲，三国时魏将邓艾就是从这里入蜀而灭蜀的。所以李雄派遣他另一个能征善战的侄儿李寿率精骑数千兼程进攻，目的在堵住杨难敌的进路。李寿虽然数度苦战，但却没有攻下阴平，不过大军压境也给杨难敌当头一棒，堵住他南攻成都的通道。

杨虎本来是西北各地逃荒难民的首领，跟杨难敌合作十年。杨难敌也没有重视杨虎，而杨虎看不惯杨难敌的狂妄自大，于是在陕西南部的汉中郡发动当地胡、汉难民数万人投降李雄。受这一投降的影响，陕西南部及四川北部的民间领袖张咸等先后率众起义，围攻骄横独断、鱼肉民众的杨难敌，逼得杨难敌弃城逃走，张咸等就把梁州献给大成李雄。

大成玉衡七年(317)，西晋愍帝司马邺已于去年(西晋建兴四年，316)在长安被前赵掳去，西晋亡。晋琅邪王司马睿在建康(南京)即皇帝位，东晋的中央政府宣告成立。这一变故影响所及，李雄的北疆驻屯梓潼的部将罗兼、张金苟等联手杀死统帅李离而举城投降东晋，嘉陵江重镇的巴西镇将李国也被部下文硕所杀。

文硕是三年前西晋驻镇巴西的守将，当时成汉大将李国攻下巴西时文硕战败被俘，乃降大成，不过他常以事胡为耻辱。无如当时西晋朝廷政事不修，贪污腐败，加上北方的匈奴连年作乱，且已据有山西、河北、陕西各地，文硕只有忍辱苟活在李国手下。当他听说晋室中兴，东晋明帝时，就乘李国酒醉的机会杀死李国后率亲信投奔东晋。

是年(323)，东晋擢升四川汶山郡守兰维为西夷校尉，这个校尉府驻在四川省重庆市以东的涪陵郡。兰维率领官员与民兵数千人自汶山郡(四川省西北部阿坝藏族羌族自治州的理县)出发，经巴东郡(重庆市奉节县东)再到涪陵郡上任。刚出发就被大成的大将李恭、费黑出兵截击。兰维所部文武官员及民兵除了被杀者外全部投降。晋廷原在四川的行政重心——三府(西夷校尉府、征西将军府、益州刺史府)完全瓦解。于是北自陕西南郑，南到云南、贵州，西边成都西南的雅安——阿坝州都已成为大成首都的京畿地区了。李雄派李凤为梁州刺史，驻镇南郑。派任回为镇南大将军、宁州刺史，驻镇四川南部的西昌。派李恭为荆州刺史兼征东诸军事，驻镇重庆。

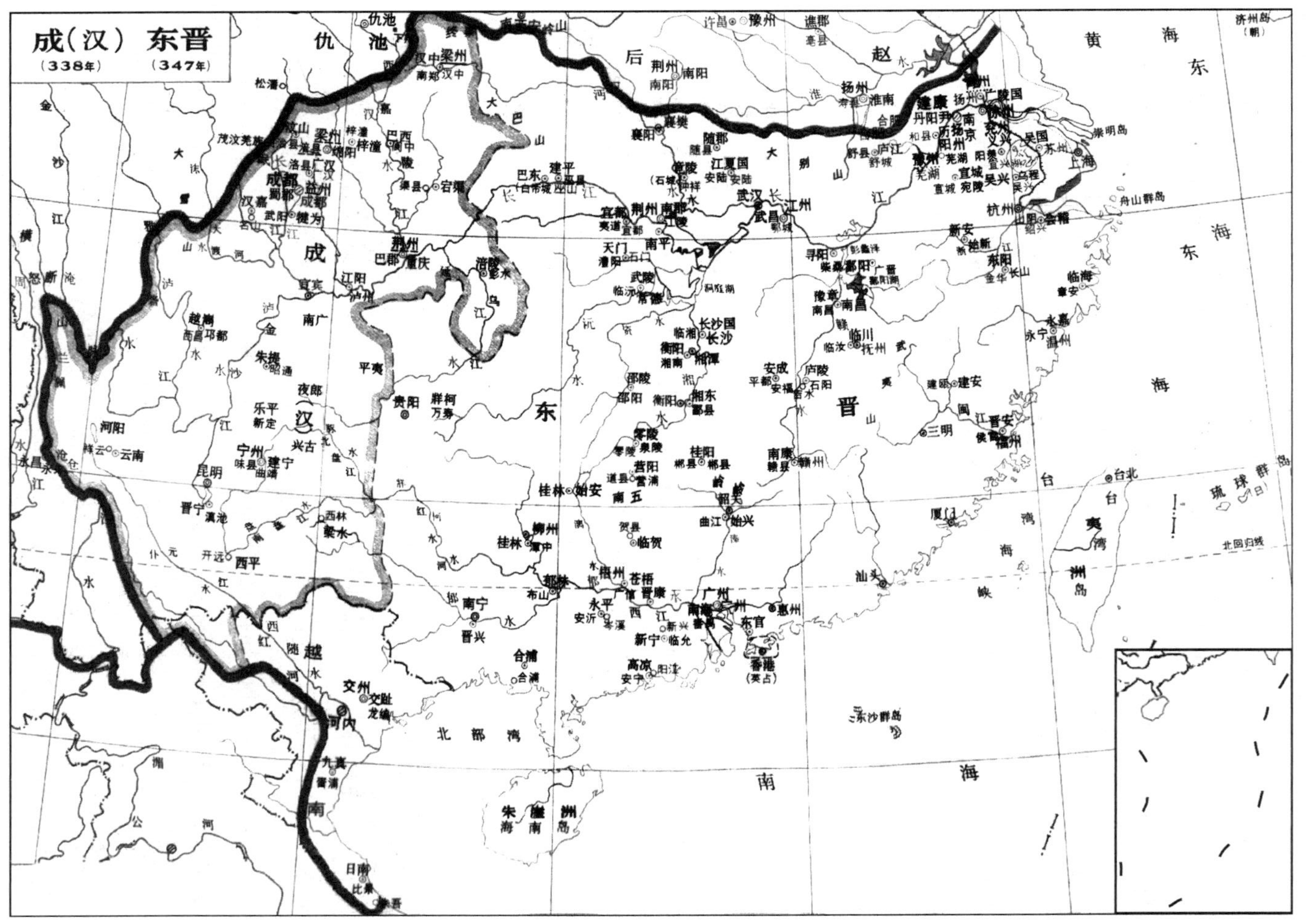
成(汉) 东晋
(338年) (347年)
仇池
后赵
东晋
成
黄海
东海
南海
北部湾
台湾海峡
建康
成都
江陵
武昌
长沙
广州
交州
番禺
杭州
会稽
豫章
南昌
临川
贵阳
昆明
宁州
南宁
合浦
北回归线
台湾岛
海南岛
东沙群岛
舟山群岛
崇明岛
济州岛
(朝)
琉球群岛
(日)
香港
(英占)

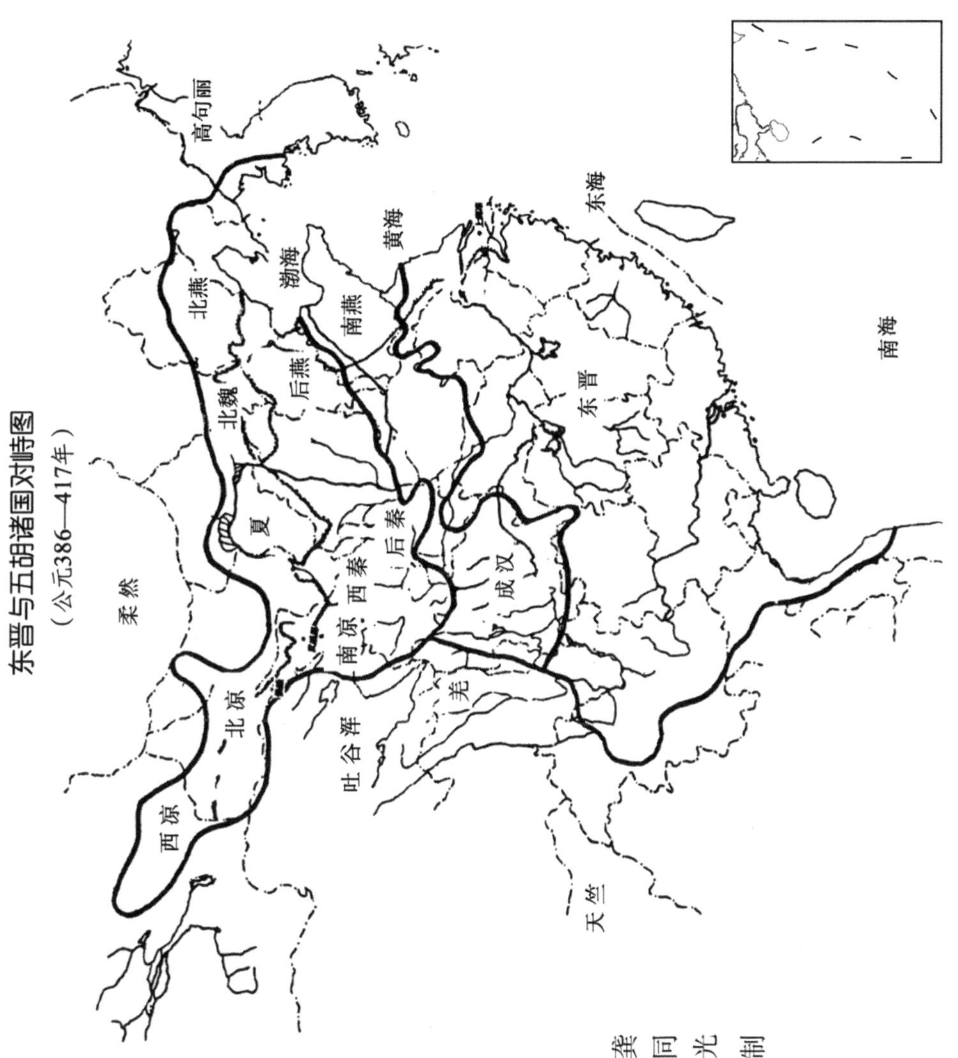
东晋与五胡诸国对峙图
(公元386—417年)
高句丽
黄海
东海
渤海
北燕
南燕
南海
后燕
北魏
东晋
夏
后秦
柔然
西秦
成汉
南凉
北凉
羌
吐谷浑
西凉
天竺
龚同光制

东晋太宁元年、大成玉衡十三年(323)春正月，李雄派太傅李骧、镇南大将军任回，进攻四川西南冕宁县东南东晋属地台登，东晋守将司马玖战死。打胜这一仗，使北方雅安(汉嘉)的东晋郡守王载、南方会理县的越嶲郡守李钊等都不敢应战而举城投降大成。

大成玉衡二十年(330)冬十月，李寿率征南将军费黑所部攻下四川东边的巫山县(建平郡)，东晋军退守湖北省的巴东，李寿再攻巴东，晋军一下子沿江退到三百里外的湖北宜都。李寿得到情报，据守甘肃仇池的杨难敌又有蠢动的消息，李寿立刻回师甘肃成县的武都，再挥军南下甘肃文县。仇池的地理位置就在成县以西、文县之北。杨难敌占据仇池，八年来凭仇池天险而对前赵与大成时叛时降，现在他见李寿大军压境，为了避免锋镝之灾，只好又向李寿表示归顺之意。

李寿南下宁州

由于杨难敌再次投降的影响，汉中也望风归附，大成的北疆算是粗安一时。这时候官居大成太尉，执掌全国军事大权的李寿想起他的父亲李骧还没有完成的遗志，乃又开始动南下宁州的脑筋。

宁州，就是现在的云南省，原住民都是“民智未开”的各种少数民族。这些不同种族的原住民又互相争夺地盘，不团结，而且晋廷又鞭长莫及，正是大成拓展地盘的大好时机。二十多年前李骧率军南征失败，李寿做了太尉以后也曾不断向云南政治渗透，发动当地南诏一带氐、羌族的后裔。这时候李寿用兵宁州是有双重意义的：开拓大成更广大的疆域，好向他的族人显示他的才干和军事实力；这时候李雄已经年纪大了，且健康欠佳，这是李寿准备夺权的政治谋略。

大成玉衡二十二年(332)秋，李寿下达动员令：一、驻守广汉的征东将军费黑率步骑一万人南下进攻四川南部的朱提(四川省高县)。另一支以步兵为主力的部队自越巂(四川省西昌市)东进，会同费黑部队攻朱提。朱提是宁州(今之宁州统括云南省，治味县，在今云南曲靖市西四十五里，与建宁州同治)以北的门户。翌年春攻下朱提，晋朱提刺史董炳、建宁刺史霍彪、宁州刺史尹奉等全部投降。李寿遂完全占领南中(云南省)和贵州。

是年冬，建宁、牂牁二郡宣布回归东晋，很快又被李寿敉平。

李雄病死

李雄以前作战所受的创痛、箭伤都在不断发作，公元333年(大成玉衡二十三年、东晋咸和八年)李雄六十一岁，做了三十年大成帝国的皇帝而病死。太子李班(李雄的侄儿)继位，是为“大成哀皇帝”，李班的下场果然很悲哀!

车骑将军李越认为李班不是李雄的“嫡出”，当年冬就把做了八个月皇帝且还在守灵中的李班杀了(李班时年四十七岁)。另立李雄的四儿子李期，尊号“幽公”，改元“玉恒”，在公元334年。

李期登基以后，信任尚书令景骞、尚书姚华田、宦官许涪等。首先把李班的哥哥领军将军李都问罪斩首，又杀了李班的家人和近侍数百人，只有镇守在涪陵的另一个弟弟李玝逃奔东晋，且为东晋重用。

李期毒杀了李雄另两个儿子李霸、李保，毒杀了李寿的从弟安北将军李攸。

翌年，李期命他的叔叔汉王李寿进攻汉中，大破晋建威将军司马勋，晋军战死三千多人。

李寿政变

李期对内要把不支持他的族人斩尽杀绝！连他正在掌握着庞大兵权的叔叔李寿也在整肃黑名单之列。对于财富太多的官吏或民间富豪们，李期为达没收财产的目的而任意杀戮汉人或其他胡族，以致朝廷内外功勋大臣人人自危！

李寿在防地涪城听说他的从弟李攸已经被李期毒杀，就自涪城(绵阳)动员步骑兵一万多人讨伐李期，在涪城宣誓南下成都。李寿宣布：打进成都、推翻李期王朝，对于政府和民间财物，可以任意抢掠。于是他的部将战士人人奋勇，士气如疯如狂！大军刚刚抵达成都，李期的翊军校尉李势(李寿的儿子)就开城迎降。

李寿率亲兵逼宫，李期自愿退位，李寿把李期贬为邛都县公。把李期的子女、妃嫔，以及助纣为虐的尚书令景骞、李越、李西、李遐、许涪、田褒等五百多人，有的斩首、有的碎尸、有的剥光衣服打得皮开肉绽而死。李期被软禁在宫中，预料到自己应得的报应快要临头了，于是上吊自杀！时在大成玉恒四年(338)夏五月，李期时年二十五岁，做了三年半的皇帝(死后追谥幽公)。

李寿做了大成的第六任皇帝，乃改国号为“汉”，改年号为“汉兴”，自称“汉昭文帝”。公元 304 至 338 年为“大成”，公元 338 至 347 年为“汉”，后来史家统称之为“成汉”，表示这个政权的一贯性。

李寿做了皇帝，想到李雄做皇帝时候自己曾经为他的江山卖力卖命，可是并没有得到什么特权而怀恨在心，杀尽了李雄的子孙及近侍、族人，亲近李雄的一千多汉人也同时被杀。右仆射汉人任颜为这件事跟李寿诤谏，竟然遭到“加灭三族”。从此，李寿把朝内所有汉人官员统统免职，有的放逐到云南为平民，有的放逐到西藏地方，只是不向北，也不向东放，以免他们与东晋接触。

经历了四十多年的战乱，四川人口所剩无几。李寿一面重新分配土地，鼓励农业增产，并给氐族流民或老弱战士们土地，使他们安于农耕；并通令各州、郡、县政府，举荐明经之士，致力推广文化建设。另一面下令成都附近的氐族居民，凡有三个以上男人的，一律强制迁入成都城内，来充实成都市容，促使成都经济繁荣。

李寿汉兴二年、东晋咸康五年(339)春，东晋广州刺史邓岳进攻被成汉占据的宁州(云南曲靖市)。时成汉建宁郡刺史孟彦挟持宁州刺史霍彪降晋，晋廷仍然任命孟彦为建宁郡刺史。翌年(340)春，李寿派兵夺回宁州，俘虏了孟彦和守将刘奇、李秋等，全部斩首并灭了他们的家族。

李寿的汉兴六年、东晋建元元年(343)，李寿四十四岁病死。太子李势继位，改年号为“太和”。

李势赋性多疑，好喝酒、贪女色，又残忍滥杀，冤死在他手下的有成千上万人。他对于国家大事好像无所谓的样子，大事、小事、人命事，全任由自己当时的喜怒而决定。于是成汉朝廷贵族内哄，太保李奕发动兵谏，率兵攻打成都，可是中箭阵亡，所部叛军溃散。这次政变虽然失败，但已严重动摇了李势王朝，从此内乱时常发生。

说李势“赋性多疑”，这里举个事例：李势没有儿子，他的弟弟大将军李广向他献议封自己为皇太弟，也就是皇帝位的继承人，以安定朝内人心。当时李势认为自己还年轻，不需要安排继承问题，没有接受李广的建议。李势最信任的智囊团马当、解思明劝告李势为了加强皇室的向心力，应该接受李广的意见。李势立即怀疑马当、解思明二人和李广有勾结夺权的阴谋，于是下令逮捕马当和解思明，立即斩首；又把李广贬为临邛侯，李广愤而自杀！

李势对他父亲时代朝中的王公大臣们，既不信任又逐渐疏远，只接近一些会打小报告的奸佞小人；于是朝中大臣与地方官员都是互相猜忌、离心离德。连年战乱、苛捐杂税、横征暴敛，加之氐族流民的不断骚扰，原住民汉人逃亡外乡的人越来越多，各胡族部落的叛乱也时常发生。原本住在深山中又很安分的獠族也突然倾巢而出，几十万人涌到平原来抢吃抢住，自巴西到犍为再到梓潼，以致成汉王朝的京畿地区顿时大乱！

成汉汉兴钱拓片

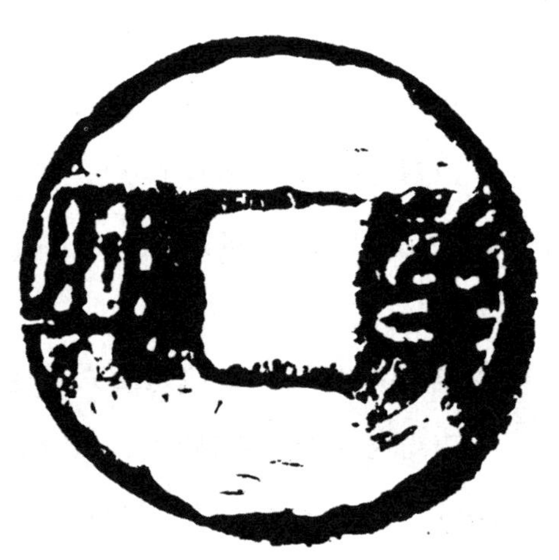

成汉昭文帝李寿所铸汉兴铜钱

汉兴钱是我国古代以年号为钱文的开始

（取自《历代古钱图说》）

东晋西伐

这时候(公元346年，东晋永和二年、成汉太和三年)，东晋年仅两岁的皇帝司马聃即位，由太后秉政，荆州刺史桓温当权。桓温急于表现自己，但盱衡大局：北方的胡乱是羯族的后赵石虎，兵力最强，幅员最广；攻坚是兵家之大忌，他不敢轻言北伐，于是决计先行西征，收复四川。对内可以震慑司马王朝，对外又能炫耀其实力，再而进击西北诸胡，最后再打占地广大的羯胡石虎。

桓温自恃其军队训练有素而且有厚实的后勤补给，乃于是年(346)冬十一月，乘着成汉李势王朝内哄正急的机会，先奏准加授益州刺史周抚为都督梁州四郡(涪陵郡、巴东郡、巴郡、巴西郡)诸军事，在军事动员之下全权处理地方军政；驻守湖北江陵的谯王司马无忌等各率所部大军西伐成汉；并派驻守湖北安陆(江夏)的袁乔率两千轻装骑兵为先锋；又派安西长史范汪，负责留守事务。

成汉皇帝李势的国防观以为当前大敌是东晋，如攻晋最好是沿涪江(时称“内水”)而入长江，再顺流东下。晋如来攻，也必定是溯长江、涪江或溯时称“中水”的沱江而西上。所以李势秉承前辈遗制，把国防主力大部分部署在沿涪江、沱江各要塞上。可是他没有料到东晋袁乔的轻骑从长江以南飞奔疾驰过了四川岷江口，部分换乘许多小型快艇溯岷江西上；部分步骑兵沿岷江南岸晓宿夜行配合水师前进。(岷江当时称为“外水”)

桓温的总指挥部在湖北省西部的三峡之外的巴东设大营，大张旗鼓，从事各项很明显的军事活动，使成汉误认其西进主力会溯长江、涪江而西攻成都。桓温又派老弱水师数百溯中水(沱江)西上，主要任务是诱敌，误导其作战部署的注意目标。

桓温亲自督率袁乔所部在岷江(时称外水)进入成汉统治区域后，就派出一小队斥候船，乘楼船靠岷江北岸水上前进，纤夫表面上都在北岸拉船，故意行进很慢，实际目的在诱敌。水师的大队主力都是轻装快艇、靠岷江南边白天运用伪装隐蔽，乘夜溯江疾进，步兵主力也沿岷江南岸轻装疾行。

李势得到第一次战报，把溯沱江北上的老弱残兵当成东晋的主攻部队。第二次战报才发现东晋部队沿岷江岸北行。李势得到两次不实情报，乃下令动员，命他的叔叔右卫将军李福、堂兄镇南将军李权、前军将军昝坚等，率军从眉山南(山阳)向夹江县的合水挺进，在岷江西岸布置伏兵迎击晋军。

前军将军昝坚以为敌情不明，又凭自己推断，认为用兵很危险。于是径自率军自青衣江北鸳鸯埼渡江向犍为进发，打算截击晋军。李势得到第三次战报时，晋军主力已经舍船登岸到达成都以南三十里乐山县的青衣山(又名凌云山)了。

昝坚部队到达犍为时，才知道晋军是沿南岸挺进，两军已经错过。昝坚急令所部沙头津(四川省彭山区北二十里)渡江北上追赶晋军，可是晋军已经在距离成都十里的十里陌进入攻击阵地。昝坚所部被东晋的快速部队邀击而溃散!

晋军的主力大军以彭山的彭模镇为前进基地，留参军周楚、孙盛守护辎重补给。大军轻装疾进，以迅雷不及掩耳之势收复了成都西南四里的重镇笮桥。成汉所派出的李权、李福回师堵击，三次遭遇三次败阵，镇国将军李位都向桓温投降。李势乃亲率所有禁卫精兵出城猛烈反击笮桥晋军，李权、李福也来夹攻；大战两天两夜，杀声震天、血流成河、尸横遍野，双方伤亡都很惨重!晋军大将龚护战死，袁乔受了箭伤，流箭落到桓温的马前，军心震惊!桓温下令鸣金(锣)收兵，而惊慌过度的传令官却擂起战鼓。袁乔挥动佩剑督战，奋不顾身地前冲搏斗，一下子粉碎了成汉军的反攻。这时晋军的东方快速部队又奇袭成都，突击进城放火烧了西门，晋军士气再振，短兵相接，肉搏奋战！

李势见退路已断，只好乘夜色掩护向成都西北的彭州转进。一夜之间眼看势穷力尽，乃派散骑常侍王幼持降书向桓温请降，次日李势把自己反绑起来，带着身边的文武官员们向东晋桓温投降了。

桓温把李势和他的弟弟李福、从兄李权以及其亲族一百多人押送到建康，晋廷封李势为“归义侯”。时在东晋永和三年(347)春三月，成汉遂亡。

成汉政权自李特、李流和开始自称皇帝的李雄、李班、李期、李寿至李势，连追谥为“景皇帝”的李特共传六帝，计四十三年。

末代皇帝李势在东晋升平五年(361)死于东晋的首都——建康。成汉算是五胡十六国中第一个建国，也是第一个被晋朝消灭的胡国。

公元347年秋，成汉的遗将隗文、邓定等拥立汉人范贲做皇帝，还招徕不少当地胡族部落、流民和汉人散兵游勇等响应之人，并曾一度攻占成都。两年后才被东晋益州刺史周抚击败，范贲被斩！

在过去这四十多年，最早随李特南来的族群和成汉立国以后历年退休、退职的官兵群，这些人大致都已落地生根而且已经完全汉化生活在四川各地了。

成汉灭亡以后，其残余贵族、官僚与部队则转进西藏借地又建立了一套统治权力，所以现在的白马藏人仍自称其为氐族后裔。(按中国藏学出版社出版的《西藏史大纲》也都有类似记载。)

其余凡是还留在这块地上所有成汉遗民，包括賨人、氐人、羌人，以及锋镝余生的兵士们，大都散居于四川省各地，安分务农。他们在汉文化的环境中生活，自然而然的也都成为汉人了。

东晋统一了四川之后，原住四川的汉人，很多都举家东迁晋境谋生，所遗土地都为原住高山的獠族分别据有而安于农耕。在生活文化上已经没有种族歧视，在生活方式上各安本分，自然没有权力冲突也没有战争。

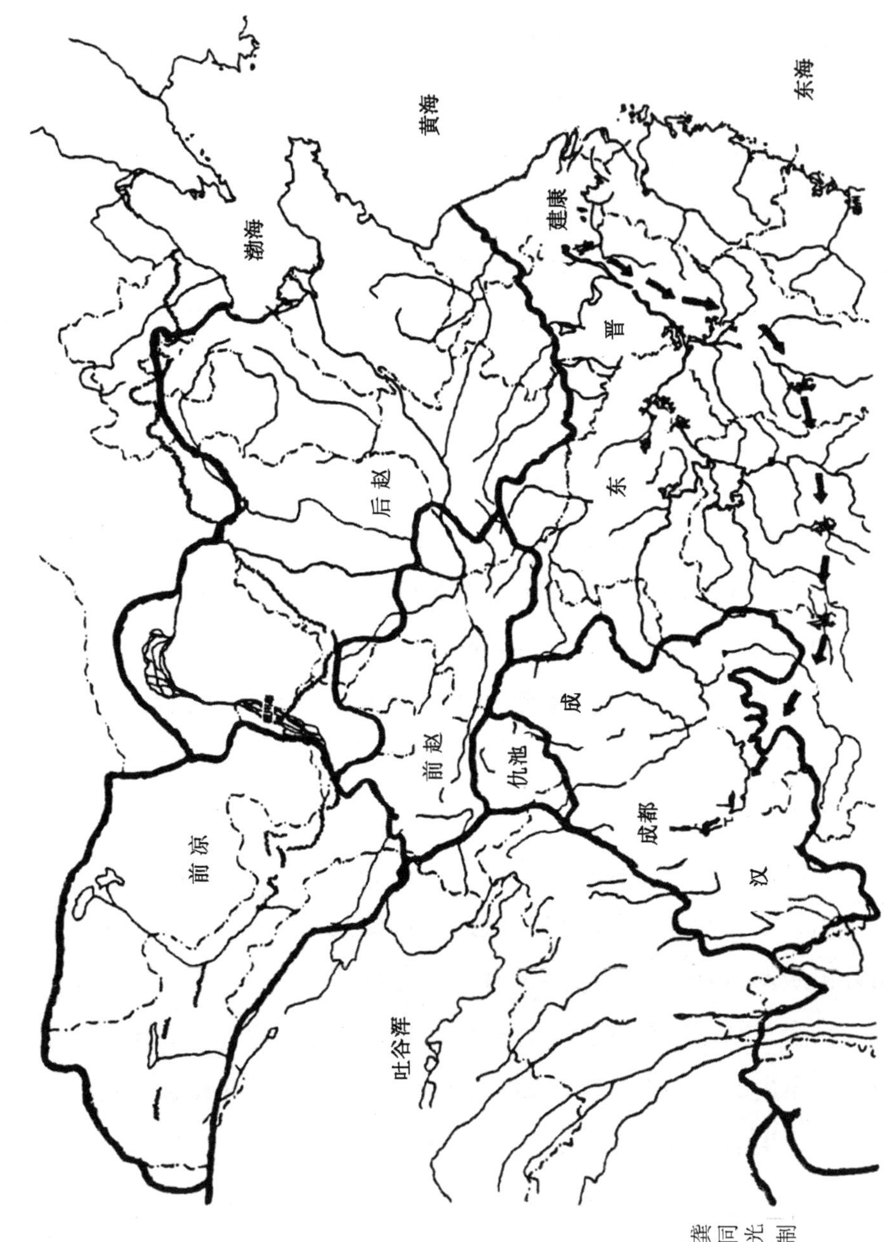

东晋进攻成汉路线图

龚同光制

岷江、沱江、青衣水

成汉亡国之战的两次决战，都是在岷江、沱江、青衣水一带，所以本节特地介绍绵延千余里的岷江、沱江、青衣水供作参考。岷江又名汶江，源出四川省松潘县西北高达六十里的岷山之羊膊岭，南流经茂县、汶川县，至灌县(今都江堰市)分为三支流：南出者为郫江，俗称南江。郫江为岷江于四川省都江堰市南分出之支流，古有郫水、郫江之称，今无其称。东出者为沱江、俗称外江。正渠是内江，东南流，一经郫县南流的名锦江；纳新开河，西南流合于正渠(内江)。一为新开河，正渠南流，经崇庆县为金马河，分支并流，经温江、双流合西南流至新津汇郫江(下游曰羊马河)，又南受南河，经彭山汇锦江。又南经眉山、青神二县，至乐山受大渡河(即涐水)，又东南经犍为至宜宾，汇金沙江，禹导江始此，故古来以此为大江正源(《地名大辞典》)。

沱江：相传为战国时代秦人李冰所凿，全长720公里，成都人称外江。自四川都江堰市分岷江东流，经原崇宁县南郫县北又东经原新繁、成都、新都、金堂、简阳、资中、内江、富顺等市县至泸县入长江。

青衣水就是古沫水，又称平羌江，水以县(平羌县，今乐山市)得名。源出四川芦山西北，东南流经洪雅、夹江，至乐山汇大渡河入岷江。

前赵(匈奴)

族　　种：匈奴

时　　间：公元 304—329 年

建 国 者：刘渊

五胡十六国第二个建国者

疆　　域：山西省、山东省、陕西省、河南省与河北省部分

首　　都：山西省平阳县、陕西省西安市

历代帝王：光文皇帝刘渊：公元 304—308—310 年

梁王刘和：公元 310 年(做了十八天的皇帝被刘聪弑)

昭武皇帝刘聪：公元 310—318 年

隐帝刘粲：公元 318 年被弑

昭文帝刘曜：公元 318—329 年

匈奴是我国北方一支古老的少数族群之一。“匈奴”这个名词就是匈奴人自称“匈国人”的常用语，匈奴人的普通话(江鸿先生著《匈奴兴亡史》)。

早期史家说匈奴的祖先是夏后氏之苗裔淳维，在商、周时期称为“鬼方”“混夷”“獯鬻”；也有说匈奴发祥于俄罗斯境内。稍后的史学家说远在西周宣王(前 800 年)时，匈奴就已经在以河套为基地游牧于北纬 40 至 50 度之间。其活动范围：

北线大约东自鞑靼海峡、伯力以北，黑龙江下游额尔古纳旗地方、蒙古、贝加尔湖。

南线东自朝鲜北部，经河北省、辽宁省、内蒙古自治区而到新疆的西域。东西长达一万三千多公里的游牧地带。

《史记》称匈奴是“北狄”，也有些文献称他们“猃狁”或“戎”的；到战国时才定其名为“匈奴”“胡”或“番”。这都是汉文字史上的称谓。蒙古文字史上如何自称？由于匈奴族早期没有文字，今已无从查考了。

蒙、疆语文大师赵尺子先生曾以科学方法“识字声解”“考义证史”证明蒙古是匈奴治下的一部分。他从语根的研究证明汉语和蒙古语在古代(不知道是指何时)应是属于同一语族的。汉、蒙语文确属同根，证明汉、蒙必为同族(赵尺子著《蒙汉语文比较学举隅》)。

考古人类学大师李济博士从骨骼上证明蒙古人和中原人是同一血统。他说：“从石器时代到中国的历史期间，在华北区域都是蒙古人种居住。到了新石器时代的末期，华北一带的多数民族还是蒙古人种。”(李济著《中国文明的开始》)

秦以前匈奴族的活动范围扩大了，其活动方式变化也很大，有所谓三次“西迁”(征西域)的史话。但同时也有部分南下而定居甘肃、陕西、山西省北部的。这部分匈奴族大致以农牧为生，与当地原住民汉人都能和平相处。时日一久，人口孳蕃，加上南下的匈奴人多了，于是争执也就多了。到了冒顿崛起为大单于，接受了汉朝的和亲政策，与汉朝结为兄弟之盟，匈奴与汉人之间才平定一时。

后来汉朝把早期移民南来、接受汉文化较深的部分匈奴人称为“南匈奴”，把一直在北方的称为“北匈奴”。北匈奴在蒙古、俄罗斯境，时有南犯行为，曾为东汉大将窦宪击败。向西远遁西方，为害匈牙利和东、西罗马数百年。

汉化较早的“南匈奴”，游牧在宁夏平罗、山西、陕西与内蒙古一带，西汉政府也常利用他们来抵御北匈奴。在“五胡乱华”时期的“前赵”“北凉”和“胡夏”都是南匈奴这一族系的余脉。西晋最后两个皇帝——怀帝、愍帝都是死在前赵刘聪的手里，所以我们说匈奴为乱的时间最久，又是灭亡西晋的元凶。

迁入关内匈奴中的贵族富豪，他们称之为“屠各”，在这一“屠各”族系中又以姓刘的为最尊贵。因为汉朝的公主下嫁给屠各单于，所以这一族的后代就认汉朝的刘氏为娘舅，并公认“汉刘邦”“汉光武”“汉刘备”为“三祖”。他们读汉书、习汉文，甚至以后索性就从娘舅家的“刘”姓了。

冒顿单于一族原姓“挛鞮”或“虚连题”。其改姓刘，应在其祖先冒顿单于与汉朝通婚、结盟之后。近史家周伟洲先生说“南匈奴单于一族有的改姓刘氏，大约始于曹魏时期”(《汉赵国史》)。依常理推论，可能还会再早些。

“汉赵”是第二个建国的五胡族群，创立汉赵这个国家的是匈奴的刘渊。灭亡汉赵国的是与刘渊生死与共的羯族(也是匈奴的旁支)后赵石勒。

刘渊其人

在我国边疆许多少数族群中，接受汉文化最早的是匈奴，与汉政府或民间接触(包括政治、经济、文化与战争)最早、最多的是匈奴，归化汉族或与汉族婚媾最多的还是匈奴族系。

早在西汉时期就有匈奴人不断迁入内地居住，其中最大的一次集体大移民是在汉武帝元狩二年(前121)，游牧在今甘肃省河西的匈奴浑邪王率众四万多人降汉，刘渊的祖先可能就在这一族群中。

刘渊的父亲刘豹，是内迁五部匈奴族的左部帅，在五部中他的势力最强。

刘豹为取信于当时的曹魏政权，乃于公元264年(曹魏景元五年)以其子刘渊在洛阳为“侍子”，也就是一般史家所谓的“人质”。

刘渊在人文荟萃的洛阳读了很多书，人长得很帅，气质、风度都很高雅。以匈奴贵族“侍子”的高贵身份，结交了不少仕宦子弟，其中还有当时忧国志士——山东省东莱人王弥。后来王弥在山东起义反晋就投靠了刘渊。

当时在曹魏朝廷中最具权威的晋王司马昭也很赏识刘渊。后来司马昭之子司马炎做了晋朝的皇帝(西晋武帝)，太原豪门世家王浑、王济父子曾向司马炎大力推荐刘渊为平吴最佳将才，要求授予刘渊兵权，当时司马炎也表示同意，但为大臣孔恂、杨珧等以“非我族类、其心必异”而极力反对。当时新朝的晋齐王司马攸还曾劝晋武帝杀刘渊以免后患，也为王浑劝止。

不久，刘豹卒，刘渊代父为左部帅。西晋太康八年(287)，晋廷命刘渊为北部都尉，以后又任刘渊为离石(山西离石)将兵都尉。离石是西河的郡治，是单于王庭的所在地，为当时匈奴族群聚居的地方。都尉也是西晋政府专为匈奴设计的官称。

刘渊先后在内迁五部匈奴族中任“左部帅”“北部都尉”“离石将兵都尉”等职，调来调去，都是西晋统治者故意削弱他与其部众关系的政治手段。

西晋元康末年(299)，正在专政的西晋贾皇后借口匈奴五部中有逃亡塞外的而把刘渊免职。正在这时，驻镇邺城的西晋八王之一的成都王司马颖为了扩张自己的势力，乃极力拉拢刘渊，上表晋廷任命刘渊为行宁将军、监(南匈奴)五部军事。于是刘渊又在司马颖的荫庇之下稳固了他在匈奴五部中的领导地位。不过成都王司马颖对刘渊仍有戒心，乃命他家居邺城(河北临漳成都王的驻地)，以便控制。

西晋太安元年(302)，司马颖与齐王司马冏、长沙王司马乂等内部发生激烈的权力斗争！引起各地民众起义，朝野局势不稳，西晋的统治已经动摇。深受晋廷多方压迫的匈奴五部也要起而反晋。刘渊以为时机已到，积极规划着独立建国(他自称是“复匈奴之国”)的部署。

刘渊有个本家的爷爷刘宣，是五部中北部的都尉，在五部中是右贤王。他召集五部贵族秘密商议，共推刘渊为大单于，又派呼延攸到邺城与刘渊联络，希望他快回离石。

这时候司马颖正需要刘渊随侍在侧，同时司马颖也怕刘渊回到离石造反或被别人利用，所以不准刘渊离邺。

细说八王

西晋八王之乱于刘渊建国、于“五胡乱华”、于西晋之亡都有直接的因果关系。而八王之乱的祸首又是晋惠帝的皇后贾南风，所以先录贾南风与八王之乱于后：

八王之乱的罪魁祸首应该是西晋惠帝司马衷的皇后贾南风。据《中国人名大辞典》说：贾南风又黑又丑，又多妒、多权诈。做了皇后以后，由于皇帝司马衷智能不全，贾后乃荒淫放恣、威服内外，废太子、乱朝纲；以致赵王司马伦引兵入宫以金屑酒毒杀之。

八王的身世

一、汝南王司马亮(司马懿的第四子)。

二、楚王司马玮(晋武帝司马炎的第五子)。

三、赵王司马伦(司马懿的第九子)。

四、齐王司马冏(司马攸的次子。司马攸是晋武帝司马炎的弟弟)。

五、成都王司马颖(晋武帝司马炎的儿子)。

六、长沙王司马乂(晋武帝司马炎的儿子)。

七、河间王司马颙(西晋太宰司马孚的孙子。司马孚是司马懿之弟)。

八、东海王司马越(西晋文献王司马泰之子。司马泰是司马懿的从子)。

八王之乱

西晋元康元年(291)三月，西晋第二任皇帝司马衷登基，是为西晋惠帝。司马衷智能不全，皇后贾南风想执朝政。但为杨皇太后及其父杨骏恃前任皇帝司马炎遗诏而阻挠。贾皇后乃召楚王司马玮入朝诬告杨骏谋反，使惠帝司马衷下令杀杨骏、废杨皇太后(囚于金墉城，绝食而死)，又杀其母庞氏，株连三族，屠杀数千人。由汝南王司马亮及太保卫瓘辅政。

司马亮是司马懿的儿子，是爷爷辈分的长者，贾皇后还是不能恣意所为。她又唆使楚王司马玮诬告司马亮谋反，而矫诏杀了汝南王司马亮及其同伙太保卫瓘等数十人。

贾皇后又恐楚王司马玮居功难制，乃用光禄大夫张华之计再诬司马玮矫诏擅杀之罪而收斩司马玮。自是贾皇后独专朝政。

贾皇后于当政那年(公元299年，西晋元康九年)废太子司马遹而后杀之，并杀司马遹的生母谢淑媛。赵王司马伦(司马懿的儿子)平素与贾皇后很好，又原驻兵京师，乃串通贾皇后的近侍，声言为太子复仇，入宫杀了贾皇后帮的司空张华、尚书仆射裴頠、侍中贾谧。把贾皇后囚于金墉城，再迫其饮下金屑酒而死。

翌年(301)，赵王司马伦自领为相国、侍中、都督中外诸军事，然后他竟废西晋惠帝司马衷而自己称帝。以司马衷为太上皇，迁金墉城。

司马伦的作为惹起晚他两辈的齐王司马冏的不平，乃会同河间王司马颙、成都王司马颖共同起兵讨伐司马伦。司马伦兵败被斩。司马冏、司马颙、司马颖等迎回惠帝司马衷复位。

司马冏入京，惠帝拜他为大司马，掌握朝政大权而不务实朝政，沉湎酒色，坐召百官，以致满朝文武怨声载道。

校尉李含奔长安，说动河间王司马颙发兵讨伐司马冏。司马颙上表请求撤废司马冏各职，而召时驻邺城的成都王司马颖入京辅政，并传檄长沙王司马乂共商国事。西晋太安元年(302)，司马乂径自入宫，奉诏斩了司马冏。司马颙本来是希望司马冏格杀司马乂，他再以其擅杀司马乂之罪而上表请杀司马冏。一石两鸟之后再借此废帝而立司马颖嗣位，他做宰相，可以专政。可是人算不如天算，而今司马乂径自杀了司马冏；于是只好另遣部将张方率兵邀同司马颖进攻京师(洛阳)。惠帝乃命司马乂为大都督动员抵抗司马颙与司马颖的联军。

西晋太安二年(303)秋八月，河间王司马颙、成都王司马颖联合声讨司马乂。十月，司马颖遣前将军陆机进攻洛阳，兵败，宦官孟玖斩陆机，屠三族，司马颙再遣所部都督张方进围洛阳。

东海王司马越在洛阳城内执司马乂解送给张方，张方把司马乂浑身浇油点火烧死。然后劫掠洛阳民间财物，挟持男女一万多人回师长安。

西晋永安元年(304)春，成都王司马颖全胜；司马颙表请晋惠帝封司马颖为帝位继承人的皇太弟。位居相国，车舆服饰、禁卫宫娥等都迁往成都王司马颖的都城(邺城，河北省临漳县)，朝政总归司马颖遥控。嬖幸用事，大失众望。

左卫将军陈义不平，于是年(304)秋七月联络东海王司马越奉惠帝讨伐司马颖。在河南汤阴被司马颖的迁将石超击败，侍中稽绍被杀，惠帝司马衷被俘到邺城。司马越逃奔江苏下邳。

八月，晋驻镇许昌的河内太守王浚率鲜卑兵攻击邺城，势如破竹。司马颖战败放弃邺城，仅率数十骑仍奉持惠帝还洛阳。时驻镇长安的司马颙派部将张方东下支援司马颖，张方乃于洛阳挟持惠帝与司马颖去长安。

司马颙废司马颖的皇太弟，另立豫章王司马炽(晋武帝司马炎第二十五子)为皇太弟。

受朝中内斗的影响，西晋境内民变时生、战乱不断；是年(304)十月，氐族部落酋长李雄在四川成都称王，史称之为“成汉”（十六国之一）。匈奴族南单于刘渊乘西晋朝廷内斗激烈之际在山西离石东北的左国城称王，史称之为“汉赵”。

西晋永兴二年(305)，东海王司马越在徐州起兵拥护惠帝。并传檄各州郡声讨在长安的司马颙。这时候司马颙又命已经失势的司马颖统兵拒抗司马越。在河南孟州河桥一役，司马颖大败，单骑南逃，在武关、新野间被捕遇害。其故将公师藩起兵反晋于河北地方。

司马越入关，所部鲜卑军大掠长安，杀人两万多，司马越奉惠帝之命返洛阳。司马颙逃入太白山(陕西省眉县南)为其故将表请惠帝征诏为司徒。在返长安途中为南阳王司马模所杀。

翌年(306)十一月，西晋惠帝司马衷吃饼中毒而死，他的弟弟司马炽嗣位，是为西晋怀帝。八王中最后一个东海王司马越讨伐石勒而战死，八王尽死，其乱自然结束。可是西晋从此遍地狼烟，成汉、前赵、后赵相继割据建国，真是“八王乱十年，国运如垒卵”，西晋也就十年(316)而终。

西晋永兴元年(304)三月，成都王司马颖任命刘渊为皇太弟校尉。邺城有战事，司马颖委刘渊为辅国将军，督北城守事。司马颖战胜，又任刘渊为冠军将军，并封卢奴伯。同年秋八月大局稍定，刘渊向司马颖请准回左国城声称“动员匈奴五部共赴国难”。司马颖大喜，又拜刘渊为“北单于”、参丞相军事，这是承认匈奴族传统的政治制度。司马颖需借着匈奴五部的势力，增强他夺取皇权的胜利机率。而刘渊也正因缘使其势力一步一步地扩大起来。

离石原就是匈奴五部单于庭的所在地。刘渊回去，刘宣等立即上以“大单于”的称号，这是匈奴族传统最高首领，等于汉族的皇帝。这就说明这一帮内迁匈奴贵族的心理是企图乘西晋日趋衰亡的机会而恢复过去的匈奴帝国，“兴我邦族”“复呼韩邪之业”（《晋书·刘元海载记》）。因此，所有内迁匈奴族群以及杂胡族群相率附从，两旬之间，其部众由原来的两万人发展到五万之众。

同年(304)，刘渊从离石迁往左国城。胡、汉(当时匈奴人称汉人为“晋人”)来归者数万人。刘宣等劝进，请刘渊自称皇帝。可是刘渊心底的想法和以刘宣为代表的匈奴贵族群的目标一致，只是刘渊的做法与族众不同。刘渊是要借“复汉”之名以号召广大汉族人民的支持，他又“下令述汉代诸帝功绩及继续汉刘氏祖业之意”（《十六国春秋·前赵录》）。

刘渊在汉人天下，在汉人众目睽睽之下表现得比汉人还要汉化，这是他从汉文化蜕出的夺权绝招。

在这时候胡(匈奴)人反晋，也有不少汉人反晋的。汉人反晋，是因为当时晋廷政治黑暗，皇族内部争权夺利、自相残杀；文官贪污无能，武官贪生怕死，黑金支配官僚而官僚无恶不作，豪强鱼肉百姓而百姓苦诉无门。汉人反晋的目的是希望能澄清吏治，希望国泰民安。而匈奴人反晋的目的则是要消灭晋朝，梦想恢复他们三百年前呼韩邪时代的统治威权。所以刘渊就借此机会大肆利用汉人的反晋情绪，不到两年时间就有众至十多万。由此可知刘渊是一个汉文化修养很厚实，而且智谋高超的匈奴领袖。

刘渊与五部

有记载说刘渊生下后六个月会说话。这固然是神话，不过刘渊自幼在洛阳师从当时汉人名儒崔游攻读易经、诗经、书经、史记、春秋左传、孙吴兵法，诸子百家都能精通。他还勤恳治军，自己生活却很俭朴。他当上皇帝了，仍然穿布衣服，床上只铺一层被褥，皇后妃嫔也不准穿绫罗绸缎。他的马匹不准吃人可以吃的粮食。

西晋惠帝永安元年(304)，晋廷擢升南匈奴左部帅刘渊为匈奴五部大都督，统御所有南匈奴的左部、右部、南部、北部、中部等五部各部落。左部在山西汾阳(兹氏)，有众一万多落(户)。右部在山西祁县，有众六千多落(户)。南部住山西蒲子(今山西省隰县)，有众三千多落(户)。北部住在山西忻州，族众四千多落(户)。中部在大陵(山西省文水县)一带，族众六千多落(户)。这个势力范围涵盖了山西全部及河北的西北部分。

翌年，晋室最有实权的皇太弟司马颖又拜刘渊为“北单于”，掌理丞相军事咨议。这时刘渊的法定势力，又扩展到现在的内蒙古自治区东部的辽宁(秽貊)了。

这时候西晋的中央政府正在酝酿“八王之乱”，司马颖为巩固自己的既得权利，就调刘渊驻守西晋的行都——邺城(河北省临漳县)。刘渊在邺城观察晋廷内政大局，料到八王之乱必然爆发，他在想着该如何利用这个乱局。

刘渊早有造反的意图，他要回山西也确实是准备造反的。既然朝廷不准他离开邺城，他就将计就计，派属下呼延攸先回去告诉他的右贤王刘宣："立刻召集五部和诸胡酋长，宣布拥护晋廷，支持司马颖。"这是取信于司马颖的心理战，也就是运用暗示法使司马颖认为应该信任刘渊。实际上刘渊早就想定要造反的，并且还是要造司马颖的反。

当晋朝的安北将军王浚和晋东瀛公——司马腾率领鲜卑兵团攻击邺城时，司马颖在邺城挟持皇帝司马衷移师洛阳，刘渊乘这个机会潜回到他的原驻地——山西离石。就在离石东北建立一个基地——左国城，作为他的总指挥所。很快他就招募到胡、汉少壮五万多人，在五部辖区以外的诸胡部落，望风来归的也有十多万户。刘渊就率领着这批乌合之众到处流窜，到处打家劫舍来充军资。

当时晋廷派驻太原的宁北将军司马腾，派前军将军聂玄率军进剿刘渊，在大陵地方会战，晋军大败！司马腾率领太原、大同地方逃难的民众两万多户到太行山以东躲避刘渊之乱。

刘渊乱窜乱抢了三年，占领的地方虽然不大，但是在那种动乱局面之下，人员却快速成长，并且扩大了很多。他的汉人幕僚群崔游等为他制定了一套政纲：

一、定国号为"汉"以收民心，因为他姓刘。

二、整肃纪律，实行军政合一的军制严肃军纪，奠定政治基础。

三、延揽汉人知识分子，发扬儒家传统道德，重建社会秩序。

四、建立制度，以高官厚禄来鼓励士气。

五、团结诸胡，合力对抗晋廷。

关于军事建设，匈奴族早在冒顿单于时代就建立了一套非常完整的军事体制，既符合游牧生活的需要，又是对汉民族强有力的战法，就是军政合一制。他的特点就是要求军事将领人人都能"上马杀贼，下马书露布"，自什长、百夫长而千长，各大小战斗单位，随时都可以就地成为地方行政机关。这种严密而灵活的组织法规，指挥方便，运动灵活，所以他的部众虽然很庞杂，但是他们的战志坚强，士气昂扬！

关于战略方面，他打算先消灭晋廷派驻山西(并州)的方面大臣刘琨所部，安定山西、河北西部的基地，争取华北大平原，来充实粮源、兵源。然后东进洛阳，驱逐晋廷；西取长安，取得关中后再向南发展，攻略晋朝势力最弱的大西南地方；最后再与晋廷争天下。

于是刘渊所部的土匪气焰稍为收敛。刘渊择定西晋永安元年(304)，在山西蒲子(今山西省隰县)自称为“汉王”，废晋正朔，改年号为“元熙”。任命谋臣刘宣为丞相，他在洛阳为人质时的老师崔游为御史，刘宏为太尉，养子刘曜为建武将军，好像建立一个独立王国了，是在四川第一个建国“成汉”之后的第二年。

公元319年，继承汉第五任皇帝刘曜改“汉”国号为“赵”，后世史家称之为“汉赵”以表示其连贯性。319年，石勒建国也称“赵”，后世史家称他是“后赵”，称“汉赵”为“前赵”。本书仍称之为“汉赵”。

刘渊先后占据了纵横山东、河北地方，而被晋官军追剿的大土匪头子王桑与刘灵，还有为害河北、河南、山东各地而被晋官军打得走投无路的羯人汲桑与石勒也率残众来归，石勒还为刘渊招来胡人石会、乌丸人伏度利等部落。使刘渊在山西、河北地带突然发迹，从此山西、山东、河北、河南、江苏、安徽等广大平原上到处都被他们的铁蹄蹂躏。

公元306年，山东地方青州东莱惤县(山东黄县西南二十五里)的县令刘伯根起兵反晋，当地世家出身的王弥率家僮数百人从之，为刘伯根长史。刘伯根兵败被杀，王弥则整合残众，流窜山东、安徽、江苏、河南后归降刘渊。

刘渊派他的儿子抚军将军刘聪率十将进据太行山。辅汉将军石勒率十将攻略顿丘(河南省清丰县)、邺城(河北省临漳县)和汲县(河南省卫辉市)等地方。这些地方都是在华北大平原上的战略重镇又是粮产丰富的地方，但都没有得手。

王弥进占轘辕(河南省偃师市)，在伊水河北岸突破了拱卫洛阳的晋军防线，晋朝中央大惊，赶紧征召司徒王衍出任总指挥，派北宫纯集训死士一百多人，当王弥军进到洛阳津阳门外正在扎营的时候，北宫纯一声紧急命令，晋军发动冒死突击，迫使王弥撤退，洛阳得以解围。

王弥退到黄河以北，和王桑部会合，从河南济源西北太行山的轵关陉转进山西临汾的平阳；而后到达汉赵刘渊的首都——黎亭(山西省壶关县)。刘渊任命王弥为“司隶校尉”，这是总管国家治安与内政安全的“警备总司令”职务。

石勒与刘聪

是年秋，刘渊认为平阳是古陶唐氏的国都，一定有王天下的风水，于是亲自率领精兵十万攻陷山西临汾的平阳。他把平阳的各城门都依晋朝现在首都洛阳的城门命名，表示和晋朝的政治地位相当。又自晋军手中夺得平阳以南的夏县，刘渊为了使军事势力向西伸展，又把首都迁到平阳西北的蒲子县(山西省隰县)，改年号为“永凤”。受这一战略的影响，在黄河西岸陕西绥德地方的鲜卑族部落酋长陆逐延和氐族部落酋长单徵等相率归附。

刘渊命他的辅汉将军石勒、平北将军刘灵，率步骑三万大军向东拓展地盘。第一个目标是最具战略意义的邺城，又称魏郡，就是河北省的临漳县。以前曾是曹魏的行都，地理环境为水陆交通的枢纽，又是最富裕的地方。其次是和临漳军事形势上必须相互支援的顿丘和汲郡。

当时中原人民在兵荒马乱、盗贼蜂起的大灾难中，都是由各地方的豪富为主导筑城堡来自保。石勒在这时候是以扩充自己的实力为作战目标，由打家劫舍的土匪一变而成为保护人民的公安；他运用联合各寨、堡来自卫的号召，分别委部下以“将军”“庄总”“寨长”等名号，并颁给他们银印、铜印来笼络地方人士归附。然后就地征集壮丁五万人，加以严格训练，编组成正规军，地方社会秩序顿时稍为安定。石勒掌握了面的组织以后，施行围点战法，很快攻下邺城，杀了晋廷的郡守王粹，再整军向东发展。

晋积弩将军朱诞，因为晋廷对他不重视，便向刘渊投降，并提供洛阳防务的情报，建议刘渊进攻洛阳。刘渊任命朱诞为总向导，由灭晋大将军刘景率兵进犯洛阳。在延津渡一战，把晋将王堪所部打得落花流水。刘景得胜忘形，竟把当地三万多男女老幼投入黄河淹死。刘渊听到这个消息，立即下令把刘景降级，以安抚当地汉人民心。

刘渊的镇东将军王弥所部，进犯河南东部的豫州、江苏、山东西部以至于山东的济南。所到之处，屠杀郡县官员、兵士总有数万之众。王弥流窜了半年，回头攻陷河南许昌，集中兵力指向洛阳。

刘渊称帝

西晋永嘉三年、汉赵河瑞元年(309)冬，刘渊的太史令宣于修之在汾水河中捞得王莽时的白玉玺献给刘渊。并以天意为由，力劝刘渊再迁都平阳，并正式宣布他是“汉皇帝”，改永凤二年为河瑞元年。封皇子刘和为大将军，这是国家军队最高统帅的官位。封次子刘聪为车骑大将军、养子刘曜为龙骧大将军。刘姓皇族群、依各人的血缘远近都封“郡王”“县王”，或“公”“侯”。军职人员则依战功封为“郡侯”“县侯”。并大肆营建宫室于平阳都城。

刘渊的次子楚王刘聪，指挥前锋都督石勒进攻黎亭(山西省的壶关县)。晋并州刺史刘琨派护军(军事总监)黄肃、韩述迎战,在壶关的外围西涧、封田地方会战,黄肃、韩述战死,晋军大败!晋廷又调淮南内史王旷,将军施融、曹超等率大军紧急渡河堵截刘聪的继续东犯。王旷不懂军事,竟敢孤军深入,越过太行山,在山西长平(今山西省高平市西北)附近和刘聪军遭遇。刘聪以逸待劳,而晋军都是淮南新军,不仅不习山地战,而且地理环境也不熟悉,又加上长途行军疲惫,一经接触,立即溃败。王旷、施融、曹超先后战死,全军被杀被俘的达一万九千多人。

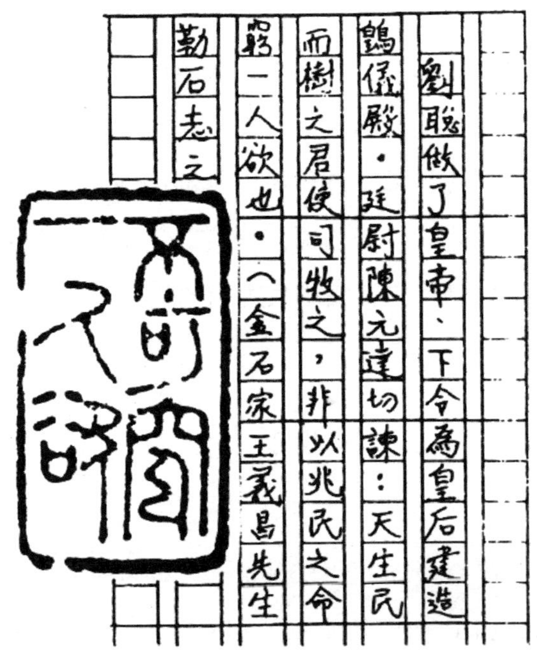

刘聪乘胜继续北上攻陷长子、屯留,驻守潞城的晋上党郡守庞淳献上壶关县城向刘聪投降。

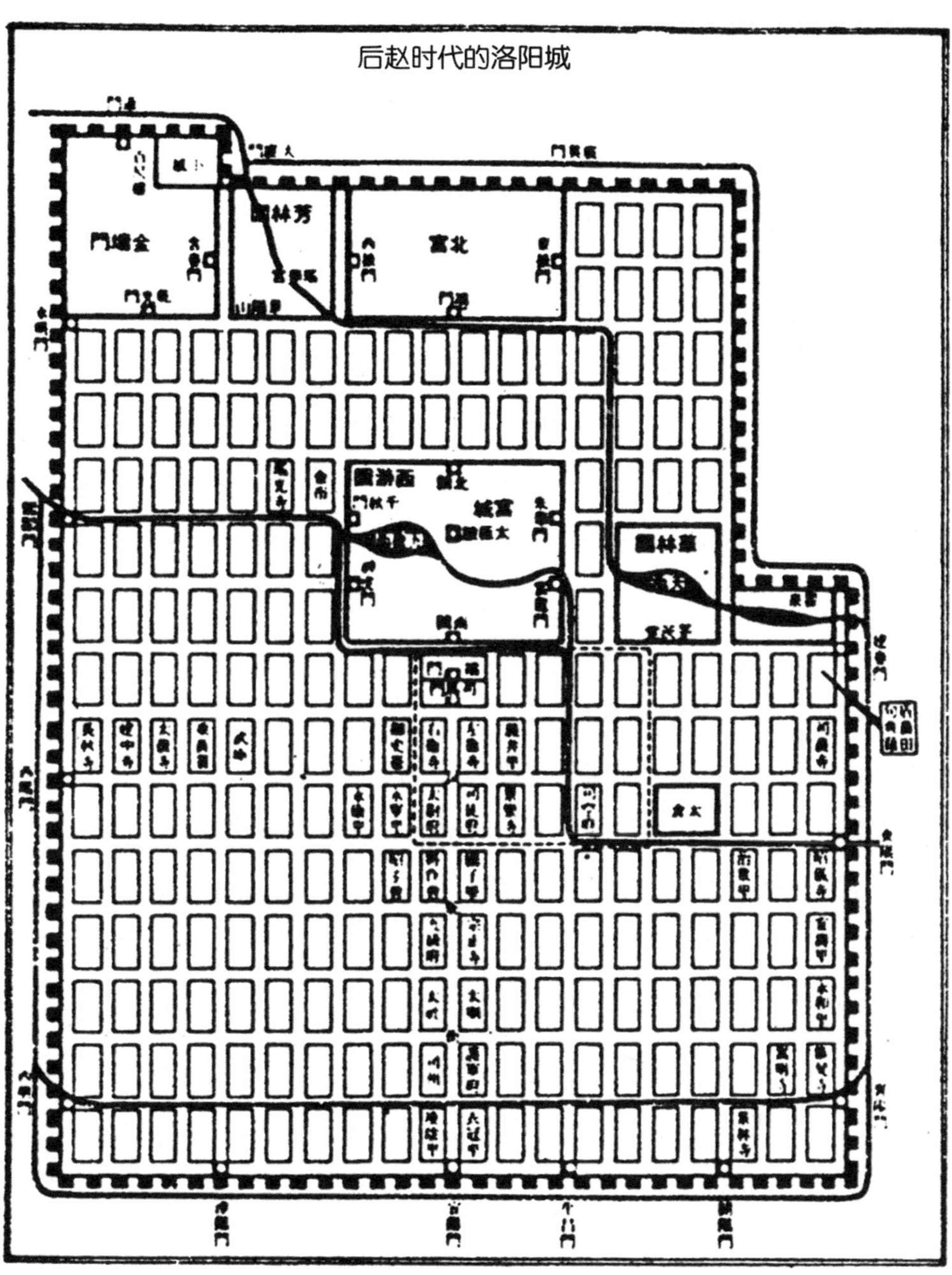

后赵时代的洛阳城

刘聪陷洛阳

刘聪占据壶关后，命石勒进犯河北。刘聪则联合王弥、刘景、刘曜率精骑五万进犯洛阳。命呼延翼率一万步兵为后续主力部队，一鼓而下洛阳。

刘聪占据洛阳的当天晚上就被晋将贾胤奇袭！前锋步兵主将呼延翼、呼延颢战死！刘聪被迫退回平阳。王弥却率残部向东转进，打算再去河南、山东一带整军、积粮，然后再回攻洛阳。王弥军绕山路东行，在新汲（河南省扶沟县）与晋大军遭遇。王弥不敢应战，率残部北向投奔石勒去了。

在北战场上，悍将石勒攻略河北省，连着攻陷宁晋、正定一带富庶地区。这时候他的部众已经有十多万人，再加上他整合了很多胡族小部落，扩军后又和刘灵部队会合，继续向山东、河南流窜。

晋幽州都督刘灵（不是石勒部下的刘灵）遣部将祁弘率鲜卑支部酋长段勿务尘领十多万鲜卑军追剿石勒，两军在河北元氏的飞龙山交战，两胡劲旅相拼，战士习性都是游牧出身，剽悍矫健，兵力相当，酣战几天几夜，晋都督刘灵阵亡，士卒死在战场上的有两万多人。

石勒虽然打胜了，但是兵力消耗很大，只好走河南浚县（黎阳）。稍事整补后再分兵四出，攻陷三十多个寨堡，一路北犯信都（河北省冀州），杀了晋信都刺史王斌，又一路南下白马（河南省滑县），把守城的晋兵士和民众三千多人全部掘坑活埋。东进山东鄄城、南下河南陈留（仓垣），所向披靡。晋将袁孚、王堪、裴宪等部都被石勒打得全军覆没。魏郡（邺城——河北省临漳县）刺史刘矩开城迎降。裴宪弃职逃往淮南，王堪退守仓垣（河南开封西北)。

王弥与石勒在河南浚县会师之后，主力向山东大平原进犯，连续攻下河北大名，山东的泗水、平原、定陶四城；回头再和刘曜会师河南沁阳。

是年(309)冬，原本散居在河南各郡县的杂胡各族群与流民群几万家，由于战乱、冬寒、生活不易等，时常和当地汉人冲突！这时候也都乘时造反，烧毁官府，诛杀地方行政官员，群起投向刘渊各部队。

刘渊的新部署

刘渊任陈留王刘欢乐为太傅，楚王刘聪为大司徒(宰相)，江都王刘延年为大司空(监督军械、车辆和工业制造)。又命曲阳王刘贤、征北大将军刘灵(晋都督刘灵已死)、安北大将军赵固、平北将军王桑等率军进驻河南内黄一带，安东将军曹嶷进兵山东青州一带扩张地盘。

汉赵河瑞二年、西晋怀帝永嘉四年(310)，刘渊命镇东大将军石勒进占河南滑县以东的白马山。命征东大将军王弥率步骑三万会同石勒进攻豫州(河南省东部)、兖州(山东省西部)、徐州(江苏省北部)。

石勒兵分两路，一路东进攻陷鄄城，晋兖州刺史袁孚战死，石勒再渡过黄河北犯河北南部各郡县。另一路南下仓垣(河南省开封县西北)，斩晋车骑将军王堪，收编晋军残余部队和投降民众九万多人。

安东将军曹嶷领军向东推进，一路势如破竹，连陷东平(山东省黄河南岸东平县)与琅邪(山东临沂地区)。

刘渊刚派出的冀州刺史刘灵，在广宗(河北省威县)为晋将祁弘击败，刘灵被斩。石勒派军来援，祁弘的晋军退去。

刘渊派楚王刘聪指挥始安王刘曜、镇东大将军石勒、安北大将军赵固各部进攻怀县(河南省武陟县)，这是准备渡黄河大举南下的战略要地。晋河南郡守裴整婴城固守，晋廷并派征虏将军宋抽率军支援，却被石勒、王桑两部联合反击，宋抽战死！晋军战死的、投降的、逃亡的几乎全军溃散。河南郡城人民厌战，也恨晋政府的贪污腐化，不恤民命，因而群起向刘渊投降！裴整竟然也混在民众群中归降石勒。

是年(310)秋，刘渊生病，他为了准备后事，封刘和为太子，任命刘聪为大司马、大单于，这是执掌国家最高指挥权的职位。任命陈留王刘欢乐为太宰，协助刘渊治理国事。江都王刘延年为太保，长乐王刘洋为太傅，位列三公，共同参与国家大事。

在首都——平阳西郊建造单于庭，为诸胡部落酋长联合办公署。任齐王刘裕(匈奴族)为大司徒，行宰相事。鲁王刘隆为尚书令，执行国务。北海王刘乂为司隶校尉，执掌京畿卫戍治安总司令。始安王刘曜为征讨大都督，兼单于左辅，总司全国军事作战。安昌王刘盛、安邑王刘钦、西阳王刘璿等都兼武卫将军，分别统帅皇家禁卫军。

刘渊的汉赵河瑞二年，西晋怀帝永嘉四年(310)，刘渊病重，召各军事首长回来首都听命，河北、河南、山东等地才得稍安一时。

刘渊做了四年的“王”，又做了三年的“皇帝”，是年(310)七月十八日，病死在平阳，太子刘和继位。同年九月葬刘渊于山西省洪洞县东的永光陵。

刘和性情刚愎，寡恩无义，他的舅舅呼延攸更是品德败坏，刘渊早想杀了呼延攸，但因为他是皇后的弟弟而没有杀，只是不重用他，也不准他过问皇家事务。可是刘和却专门听呼延攸的摆布，刘和坐上皇帝宝座，立即开始整肃朝廷中的王公大臣与功勋显要们。弄得满朝人心惶惶。

刘聪兵变

当刘和正要动手谋杀大司马刘聪的时候，当时掌握实际兵权的刘聪立即强烈反应，率领近卫兵团攻进禁中西明门、光极殿，把做了十八天皇帝的刘和以及他的同党呼延攸、刘乘、刘锐等数百人一起斩首、焚尸。刘聪自立为“汉昭武帝”，改年号为“光兴”。

刘聪文武兼备，精通儒学，还写得一手很好的毛笔字，又擅长诗赋，并且还能挽动三百斤重的大弓。他在西晋首都太学读书的时候，曾结交了很多晋室的贵族、达官、显要。当时最有实权的皇太弟司马颖就很器重他，还封刘聪为“积弩将军”。那时候的晋室豫章王，也就是后来被刘聪掳去杀害的西晋怀帝司马炽还送给刘聪桑木弓和银砚台，可是刘聪做了皇帝后，第一个作战目标就是掠取西晋首都——洛阳，掳去晋怀帝——司马炽。

流落在河南南阳一带的陕西难民首领王如、侯脱、严嶷等，集结了四五万青壮年和难民，把晋征南将军山简、南中郎将杜蕤的部队赶走。侯脱自称“大将军”，司州、雍州刺史，难民也都群起响应。王如暗中通知刘聪，表示愿意归附，刘聪立即派石勒率兵接应，可是王如等又不愿意石勒来夺取他们的地盘，于是派军进驻河南襄城，来阻挡石勒所部进入宛境(河南省西南部)。王如的总指挥部在河南最西部的邓州(穰城)。襄城在河南中部(距南阳一百五十公里)，在南阳(宛)、邓县(穰城距襄城县二百二十公里)的东北方，正是石勒进路的要冲。石勒一举攻下襄城，王如所部一万多人全部投降。王如在大后方的邓州，知不敌石勒，立即与石勒联络投降，并要求石勒急速进军南阳。石勒很快攻下南阳，斩了侯脱，严嶷请求投降，石勒把他装在囚车解送平阳并把当地难民所组成的部队全数收编成正规军，而后乘胜南下湖北省的襄阳、樊城等三十多个军事要地。这时候石勒有继续东犯建康的野心，听他的部属建议，回师消灭了王如的所有部队，使河南省各郡县全为刘聪所有。

刘曜、王弥率四万之众在豫（河南省）东、皖（安徽省）北、鲁（山东省）西一带流窜，攻陷不少寨堡。王弥命安东将军曹嶷自安徽进犯山东，晋青州刺史苟晞率官军五千围剿，先胜后败，晋军乘夜退却。曹嶷追到东山，晋兵集体投降，苟晞单骑逃往高平（山东省巨野县东南与金乡县西北），曹嶷遂成为盘踞山东最久的大军阀。

是年（310）冬十月，汉赵河内王刘粲（刘聪的儿子）率众四万进攻晋首都洛阳。约与镇东大将军石勒领军两万在大阳（山西省平陆县）地方会师，渡河进攻河南渑池，把晋监军裴邈所部打得大败溃散。刘粲大军长驱直入黄河以南的洛川，再陷轘辕（河南省偃师市以南），抢遍了禹州、汝州一带。石勒一支则陷成皋（河南省荥阳市）、虎牢关而取陈留，被晋郡守王瓒击败，石勒退守延津县东北的文石津，准备过河北窜。

石勒与司马越

晋怀帝永嘉五年、汉赵刘聪嘉平元年，公元311年春，石勒窜扰黄河下游的河北、山东南部、豫东、苏北一带。当时晋东海王司马越率洛阳二十万大军追剿，石勒所部骑兵居多，活动力很强，晋军以步兵为主，大部队行动比较慢，捉摸不到石勒军主力。更不幸的是司马越在这个时候病死军中。随军太尉王衍领军，决定先护送司马越的灵柩安葬山东郯城任所。行经河南鹿邑，为石勒大军追到，王衍命将军钱瑞断后掩护，钱瑞被石勒打得惨败，钱瑞战死，晋军大乱。石勒分派骑兵团团围住，铁骑横冲直撞，加之箭如雨下，晋廷最后一支最强有力的国家部队将士十多万人，被马踏死的、被乱箭射死的、伤的、被俘的、被斩的，没有一个幸存。太尉王衍、襄阳王司马范、任城王司马济、武陵王司马澹、西河王司马喜、梁王司马禧、齐王司马超、尚书刘望、廷尉诸葛铨、豫州前刺史刘乔、太傅长史庾敳等三百多人，统统被绳索捆绑关进民宅，夜半时分兵士推倒屋墙，把这一群平常只知道争权夺利、醉生梦死，国难临头又东躲西藏、贪生怕死的贵族官僚们活活压死。

石勒劈开司马越的棺柩，把司马越的尸体斩碎，再用火烧成灰烬，把骨灰扬在路上让行人践踏，并当众宣告："乱晋天下者实由此人，现在我为天下人泄恨!"并下令把被杀死的晋军尸体肥壮的割下肉煮熟了当饭吃，其余一律放火烧了。这时候西晋的另四十八个王爷全被胡军掳去，大部分被杀，少数年轻的以及其眷属，都被卖给大户人家为奴婢、妾侍。晋廷最后一支最有战力的军队完了，八王之乱结束了，西晋的命运也到尽头了。

司马越留守洛阳的旧属何伦、李恽等接到兵败的战报后，立即由世子司马毗动员数万人，和司马越的全家眷属自洛阳急急出发，宣称是支援王衍所部，实际上是骇怕司马越的政敌乘危报复，所以借机逃出洛阳。结果行经许昌的洧仓地方和石勒军遭遇，自然不是石勒的对手，一经交战，晋兵大败，多数逃散。随从的官员和军事干部们大都被杀害。世子司马毗战死，所有眷属也各自逃命。何伦逃往江苏，李恽逃往河北，司马越的爱妃裴氏逃离战场，流落民间，被人买来卖去，为奴为娼，几年后才辗转逃到南京东晋元帝司马睿处。

石勒又攻陷许昌，把晋新蔡王司马确全家及平东将军王康三千多部属全部杀死。

西晋、司马炽

是年(311)六月，刘聪命汉大将军呼延晏率禁兵二万七千人自宜阳进犯洛阳。在黄河南岸和晋守军几次激战，晋军先后战死有三万多人，大败。接着流窜河南的刘曜、王弥等也与石勒会师洛阳，猛攻内城，胡兵所到之处，尽是杀人放火，一夜之间洛阳城内已成火海。官府衙门以及晋室宗庙全成灰烬。刘聪纵兵大肆抢掠，所有民间或宫中国库珍宝、古玩与妇女，都被抢掠一空。

晋怀帝司马炽，本来准备好了船只停靠在洛阳城南的洛水待命，打算必要时由洛水进入黄河，再顺流逃往开封的，可是这批船只被汉赵将军呼延晏发现，于是连同装备、器械全部放火烧掉。司马炽被困皇城，最后关头就从华林园翻墙逃出，打算西奔长安，很快又被胡兵追到，终于司马炽和太子司马诠、吴王司马晏、竟陵王司马楙一起被擒。

刘聪下令搜捕晋廷朝臣右仆射曹馥，尚书阁邱冲、袁粲、王琨，河南尹刘默以及王公以下二百多人进行屠杀并投入火中焚尸。洛阳城内民众、兵士同时被难的总数在三万人以上，胡兵掳得宫中妇女千人，分赏诸将士。

早在春秋时代，楚国和晋国在洛阳交战，晋国大败，晋军战死的、跳黄河淹死的不计其数。当时楚军指挥官要把晋军尸骸在黄河边上筑垒堆积成一个骷髅台，用来炫耀于后世，可是当时的楚庄王否决这个计划。一千年以后的刘聪好像有意向楚庄王挑战，他竟下令把战死的晋军尸体在洛水边垒积成“万人景观台”来炫耀他的战功。又下令发掘洛阳附近的历代帝王陵墓。西晋怀帝司马炽、太子司马诠及传国六玺，由呼延晏押送平阳呈献给刘聪。刘曜在洛阳把晋惠帝司马衷的羊皇后掳去做歌伎。

最可笑的是刘聪在平阳封掳来的晋怀帝为“光禄大夫平阿公”，又把内宫贵人刘娥送给这位“平阿公”为妻，再晋封平阿公为“仪同三司”“会稽郡公”。最可悲的是刘聪大宴群臣，使这位“会稽郡公”穿着酒保衣帽来斟酒，随从旧臣不满，刘聪就毒杀了这位年仅三十岁的“会稽郡公”和他的随侍近臣们。刘聪又收刘娥回宫为贵人，两年后封刘娥为皇后。大赦天下，改元“嘉平”来庆祝他的胜利。

汉赵镇东大将军石勒进攻河南的新蔡郡，又夺得南顿(河南省项城市西)，晋新蔡王司马确战死，石勒再陷许昌，晋平东将军王庸力战不胜乃自杀以殉。

汉赵安北大将军赵固、平北大将军王桑，联手进攻晋属彭城(江苏省铜山区)，晋驻守彭城的徐州刺史裴循被杀。

石勒命王弥率兵东进，驻屯项关(河南省项城县)。这时候晋督造兵器服具的司空苟晞，拥立晋怀帝的近亲豫章王司马端在豫东商丘成立临时政府。石勒立即袭击，掳去苟晞和司马端，用铁链锁着苟晞的脖子，缚在马的左边，戏称他是“左司马”。石勒又攻陷河南杞县的阳夏，晋守将王瓒据城固守，激战数日，石勒军伤亡惨重。最后王瓒也因粮食吃完而投降，连同司马端和苟晞的家族数百人都被石勒斩首。

翌年(312)夏，长安得到晋怀帝遇害的消息，皇太子司马邺在长安宣布即皇帝位，改元为“建兴”。这是西晋的末代皇帝——愍帝。

王弥是山东青州的世家出身，他领导家人起义反晋是激于正义，希望拯斯民于衽席，他对石勒之流的土匪行径，当然不以为然。因此石勒与王弥之间无形中裂痕愈深。

石勒听说王弥打算联合驻屯山东的曹嶷，谋杀他而称王青州的计划。于是在己吾(河南省宁陵县)设宴扬言为王弥庆功，王弥不知道是计，就轻兵简从赴会，酒过三巡，石勒就在席间亲自动手杀了王弥。然后向皇帝刘聪报告说王弥曾向刘曜建议据洛阳称王，又说王弥已经准备引兵青州自己称王。

王弥所部，除了安北将军赵固、平北将军王桑率部投奔西晋并州刺史刘琨外，其余都为石勒收编。

刘聪极其痛恨石勒擅杀大将，但是又不敢惩办石勒。权术、政治，让刘聪终于忍气低头，又下令封石勒为镇东大将军，领导幽、并二州诸军事。石勒引兵遍掠河南、安徽、江苏等地方，到长江北岸又回师屯兵河南新蔡北七十里的葛陂一带，筑垒、囤粮、征兵、造船，赶造各式兵器，准备进犯建康——东晋的首都。

西攻长安

晋牙门将赵染戍守蒲坂(山西省永济市)，当洛阳沦陷后，赵染感到孤立无援，他向司马模要求调职黄河西陕西的冯翊，而司马模不准，赵染一气之下率所部投降汉赵。刘聪封赵染为平西将军，配合安西将军刘雅率骑兵两万，赵染为前锋进攻长安，刘曜、刘粲率军督战。

赵染熟悉司马模的布防情形，也深深了解司马模的战场心理，所以一举突破了潼关防线，长驱直入渭南。并且说动防守长安的晋凉州兵团“指挥官”北宫纯率领所有部众出长安城投降汉赵。这时候长安城内已经没有粮食了，士卒大量逃散，司马模只好开城投降。刘粲下令把司马模和他的家人斩首碎尸。刘聪封刘曜为车骑大将军、雍州牧、中山王，驻镇长安。

这时候的陕西地区，天灾严重，再加战乱不已的人祸，人民战死的、饿死的、自杀的、逃走的，剩下来的不到百分之一二。他们吃的是草根、树皮、死人的尸肉。麦秸、玉米秆本来是喂牛、喂马的，可是牛马都被胡人抢走了，有的也被杀吃掉了，人们没有粮食可吃，就把麦秸、玉米秆子捣碎、煮烂来充饥。长安城外遍地都是死尸白骨。曾经多少人的哀号，多少家的悲伤，都在这种惨象中没有了声音。这就是用我们祖先的血、肉和生命所写成的历史，这就是我们祖先们所承受的事实。汉赵皇帝刘聪就是命令他的族弟刘曜踩着那些死尸白骨坐上“雍州牧”“中山王”的宝座。

甘肃省陇西赤亭地方的烧当部落酋长姚弋仲，深通兵略，有勇有谋。汉中山王刘曜封姚弋仲为“平襄公”“平西将军”。为了指挥方便，命姚弋仲所部移民到陕西省千阳县的榆眉郡。

司马邺规复长安

司马模被杀之后，他手下的都尉陈安率领残军保护着司马模的世子司马保逃到甘肃天水西南的上邽郡，陈安自称“大司马”“秦州牧”，在甘肃招募不少氐羌族青壮成军。

西晋尚书令荀藩与秦王司马邺，相率逃到河南新密，荀藩要司马邺在许昌成立临时政权，又被石勒攻下许昌而打散。他们再逃往长安，而长安又被刘曜占据。于是就在长安西凤翔县附近会合冯翊太守索琳、安夷护军麴允、安定太守贾疋(雅)等，整合各地方团队五万人反攻长安。晋雍州刺史麴特也率众十万来助战。他们先在长安外围重要据点——陕西省淳化县的黄嵚山与汉赵军决战，晋军以压倒多数的优势打败了刘曜。再东进攻击占领新丰的刘粲，是役汉赵的刘雅所部全军覆没，战场遗下三万五千多死尸，刚投降汉赵的赵染只身逃离战场。刘曜率残众奔回平阳老窝，临撤退时还裹去当地八万多男女百姓。于是晋军声势大振，很快规复长安，拥立司马邺为皇太子。

这时候的长安城已经残破不堪，野草丛生，居民不到一百户，官方、民间只剩下四辆车子。晋廷的官员们也没有官服，每人手中只拿一个桑木板，在板上写着自己的官衔名号来作识别。

赵固本来是汉赵青州刺史王弥部下的平北将军，一年前石勒诱杀了王弥，收编了王弥的部众。当时赵固不愿师属石勒，曾和安北将军王桑率领所部自山东去山西汉赵的首都，由于军粮不继，只好转向晋并州刺史刘琨投降。刘琨立即委任赵固为雍州刺史，王桑为豫州刺史，但都是侨置邑，并无其地的虚名而已，仍然都驻屯在山东和河南境内原防地。

过了不久，赵固与王桑又联名向汉赵接洽反正，刘聪出兵接应，在中途王桑的长史临琛、将军牟穆竟率部众一万人投奔邺城西晋的刺史刘演。王桑又带领余众转向山东青州，打算投奔曹嶷。赵固会同刘聪的接应部队追王桑到河北永年，抓住王桑斩首。王桑残余部队归降晋兖州刺史刘演（刘琨的侄子）。刘聪命赵固为侨置荆州刺史兼河南洛阳郡守，驻镇洛阳。

西晋永嘉六年、汉赵嘉平二年（312），是汉赵王朝的关键年。驻节山西也是晋廷最具实力的并州刺史刘琨曾下总动员令，使各郡地方团队约期在十月中会师平阳（汉赵的首都——山西太原距离平阳二百二十公里），决心一举消灭汉赵王国。

那时候的刘琨确实有这个力量，可惜的是他平时私生活太不检点，玩戏子、玩女人，败坏军中风气，浪费了很多金钱和时间，耽误很多公事。待人又不明是非，不辨忠奸，严酷无情。士卒怨声载道。他有一个名叫令狐盛的护军，是最忠于他的，屡次上言规劝，刘琨嫌他啰唆，竟然听信谗言，把令狐盛斩首，还灭其三族。令狐盛的儿子令狐泥逃奔平阳，投降汉赵，把刘琨的各种机密完全泄露给刘聪。

于是刘聪立即命刘曜、刘粲（刘聪的儿子）率领大军乘刘琨正在用兵雁门的机会进攻太原。令狐泥为前导将军。晋太原太守高乔、并州别驾郝聿等对刘琨素有怨恨，乘这机会开城迎降汉赵军。

刘曜、刘粲的军队入城，令狐泥先杀了刘琨的父母与家属五十多人以泄杀父之恨，刘曜纵兵大掠三天，城中庐舍为墟，最后放火烧城，烟焰蔽天，十多天还没有熄灭。居民少壮男人被掳去充当军夫，年轻妇女被赏给胡将胡兵为奴婢、侍妾，幼童集体被送到平阳做奴工。战死的、饿死的、被抢的、被杀的尸骸满街满巷！

鲜卑族出兵

刘琨在雁门关接到太原的战报后，立即邀约在大同的代郡鲜卑族拓跋猗卢(拓跋珪的曾祖父)出兵，联合反攻刘曜。这时候的太原已经焦土一片，刘曜所部也因为已经饱掠财物而无心恋战了。

拓跋猗卢派他的儿子拓跋六脩、侄儿拓跋普根，将军卫雄、范班、箕(或姬)澹等率众数万为前锋，由刘琨向导反攻太原。拓跋猗卢亲率二十万步骑兵进驻阳曲东北的狼盂声援。

刘曜与拓跋六脩在汾水东岸会战，由于汉赵士卒每人都腰缠累累的财物，无心恋战，刘曜身中数处箭伤坠马，幸好被部将营救，才得以和他的侄儿刘粲落荒蒙山(太原西北五里)逃回平阳。

拓跋猗卢指挥主力进攻留在太原的刘曜残余部队，汉赵征北将军刘丰战败被俘，晋前降汉赵的邢延被斩，三千多士卒战死，刘曜全军覆没。汉赵占据太原的势力完全被清除。

刘琨派胡将箕澹、段繁等驻镇太原，刘琨率部属驻阳曲整合残众。是役一败，在首都平阳的汉赵的皇城禁卫军司令梁芬弃职逃奔长安向晋军投降。

汉赵的政策仍然是攻占长安，推翻晋廷。所以他的军事行动完全为了配合这个政策。公元311年，刘曜和晋平西将军贾疋在黄嵚山下会战一役，贾疋把俘虏来的汉赵凉州刺史彭荡仲斩首。翌年(312)刘曜就派彭荡仲的儿子彭天护为凉州刺史，并令他率领各胡族部落酋长进攻长安附近的贾疋大营。彭天护伪装战败、急急撤退，贾疋不知道是诱敌之计而纵骑急追。夜色蒙蒙中被彭天护的伏兵绊下马来活活捉住。彭天护把贾疋斩首、碎尸，烧成灰烬以报杀父之仇。

西晋建兴二年、汉赵嘉平四年(314)，刘曜再攻西晋的首都长安。这时候西晋中央的军事大权都掌握在大都督麹允手里，主力部队驻守长安以北三原县的黄白城，由麹允直接指挥。刘曜一面派大军严密监视黄白城，不时派遣斥候骑兵骚扰，使麹允所部不敢动弹，一面派赵染率精骑五千，乘夜奇袭长安。晋将军王广战死，晋愍帝躲在射雁楼才没有被掳走。赵染所部放火烧了禁城各宫、各军营，杀了晋兵一千多人，抢掠一整夜，天明时退到长安西北角的逍遥园。

麹允自三原进攻刘曜，大战两天两夜，刘曜且战且退到白水的粟邑，整合败阵各部队回师山西平阳。

晋河南尹魏浚集合各胡族的流民和汉人逃荒的难民，在洛阳故城东、洛水北岸构筑一个石梁坞，直接威胁汉赵军的精神堡垒——洛阳。刘曜在洛阳下令攻击石梁坞，魏浚急向兖州刺史刘演、河内郡守郭默等求援。刘曜获得情报，就施行“围点打援”战法，加紧包围石梁坞，分兵迎击援军。晋郭默与刘演都被击退。魏浚求援无望，乘夜突围逃走，被刘曜军擒获斩首。石梁坞遂为汉赵所有，解除了威胁洛阳的外围压力。

这时候的中国西北、华北以至淮河以北，到处都有战争，到处都有盗贼抢掠，到处都有人杀人、人吃人的事件发生，到处都有杂胡的流民和逃难的汉人。总而言之是天下大乱，只有晋琅邪王司马睿所统治下淮河以南地区还算一时安定。所以北方的豪门、政客、知识分子、稍有财力的平民，不约而同地奔向淮南、长江地带去逃生，无形中造成东晋的豪门政治。

刘聪这个人

匈奴族早在冒顿单于时代就有很完整的军事制度。自公元311年汉赵嘉平元年以后，汉赵王国的地盘迅速扩张到整个华北、大西北。除了代郡的鲜卑族对他是一种威胁外，南方的东晋根本没有能力向北扩张。这时，刘聪把历年在战争中掳来掠去所强制的移民，要做一个全盘性的调整和安排，使各郡县依其现况平均分布。实行分田制度，使各地新移民户土著化；并制定管理办法，置“辅汉大将军”统辖，使新移民户安心农耕。

首都近畿施行军事管制，各地区都设置“司隶校尉”，类似现在的警备司令，各管二十多万户人家。每一万户置“内史”一职官来负责管理户政、地政。对于羯、氐、羌、鲜卑、巴蛮、乌桓诸胡族则设单于左辅或右辅官，各管十多万落(户)。

匈奴非常重视领导人物生母的出身氏族，认为这是成为领导人物的必备条件。刘聪是刘渊的妾侍张夫人所生。刘渊的正妻单皇后(氏族著名酋长单徵的女儿)生刘乂。公元310年刘聪杀刘和时，为了应付舆论，就曾表示皇帝位应由当时为北海王的刘乂来继立。因为刘乂为刘渊正妻单皇后所生，这是匈奴族宗法制度所讲究的传统。可是刘乂却以刘聪年长为理由，坚决不接受。事实上刘乂记取五年前刘聪暗杀刘恭，现在又公然杀刘和的教训，他非常明白在那种有兵权才有天下的现实环境里，如果他真的继任皇帝位，很快就会被刘聪所杀的。

刘聪继位之后，立即封刘乂为“皇太弟”，这是“太子”的地位，也就是刘聪的法定接棒人。刘乂住进东宫。

刘聪又大封诸王，皇子刘恒为代王，刘逞为吴王、刘朗为颍川王、刘皋为零陵王、刘旭为丹阳王、刘京为蜀王、刘坦为九江王、刘晃为临川王。又任命王育为太子太保、王彰为太尉、任颢为司徒、马景为司空、朱纪为尚书令、范隆为左仆射、呼延晏为右仆射。

有些创业皇帝成功之后，大肆屠杀功臣，设法使他的皇位能够顺利地传给他的子孙。而其继承者，大都不知道守成不易而荒淫无道。刘聪也不例外，当他登上皇帝位置后，立即把他父亲刘渊的三宫六院，除了他的生母张皇后以外，统统纳为他的妃嫔。尤其是刘渊的正式皇后单氏(刘乂的生母)，由于她长得美艳动人，刘聪看在皇太弟刘乂的份上，把她和自己的生母张氏同封为皇太后。但他却与单氏公然通奸，这是匈奴族“兄终弟及，父死娶母”的传统，本来也没有什么不对，只是受到汉文化影响很深的刘乂却极力反对，单氏也因自己亲生儿子的反对而羞愧自杀，从此刘聪对刘乂的宠信也变质了。刘聪先派前、后、左、右四卫帅的五千多精兵来保护东宫，另外还派一批随时随地侍奉刘乂身边的官员(舍人)来为刘乂的日常生活服务，实际上都是来监视刘乂的特务。

刘聪的建元二年(316)，刘乂的舍人荀裕向刘聪检举刘乂要发动政变，刘聪就下令把刘乂的家庭教师(太傅)崔萍、太保许遐抓来杀了，又把刘乂软禁东宫。这就是为他自己的儿子刘粲做法定继承人的初步措施。

刘聪除了继承他父亲的三宫六院外，又和他所册立皇太后(原是他父亲刘渊的皇后)单氏公然通奸。他到幸臣靳准家中，见靳准两个女儿长得很美，立即召进宫去封为左、右贵人。又把司空王育、尚书令任颢的女儿封为左、右昭仪。又把中书监范隆、中军大将军王彰、左仆射马景等人的女儿们召进后宫为夫人。右仆射朱纪的女儿封为贵妃。昭仪、夫人、贵妃，都佩紫带黄金印。

刘聪先收纳刘殷两个女儿刘英、刘娥为贵嫔，位在昭仪之上。又把刘殷的四个孙女同时封为贵人，地位虽然低于贵妃，但是宠爱超过后宫所有美女。

同年又把他的表亲、常侍在朝的辅汉将军张寔的两个女儿张徽光、张丽光收进后宫封为贵人。又纳宣怀的养女封为中皇后。

刘聪整日耽迷在后宫脂粉堆里，每每沉醉几天不理朝政，把国家大事都交付他的“皇子相国”刘粲处理。他身边的亲近人员，都是些狐假虎威、专权横行的特权阶级，朝中功勋大臣都是侧目而视，敢怒而不敢言。一群奸佞小人为了讨好太子刘粲，就设法陷害皇太弟刘乂，把刘乂身边忠于他的人，或朝中同情刘乂的官员们，一个一个都杀了，把刘乂孤立起来了。

两年后(318)的夏四月，刘粲派人对刘乂说：“宫中有变！皇帝召刘乂入宫勤王。”刘乂不知道这是“敲山震虎”之计，立即率领身边甲士进宫。而刘粲又使宦官向刘聪报告说“刘乂造反！已经反到宫中来了”。刘聪没有查明真相，立即命令刘粲包围东宫，诛杀东宫全部官员数十人，武装士卒五千人都被掘坑活埋！刘聪糊里糊涂地免了刘乂现职，贬为北部王，两年后刘粲又使靳准把刘乂杀了。

刘曜三攻长安

这时候平阳北方的晋并州刺史刘琨，对于汉赵平阳的压力很大。汉赵大司马刘曜以攻为守的进军晋属的上党(山西省潞城市)，北上襄垣，把刘琨的战斗部队打得大败北走。刘曜正要进军攻击刘琨的根据地——阳曲之时，刘聪突然下令要刘曜回师，进驻蒲坂(山西省南部永济市)准备进攻长安。

当年(312)秋，刘曜自蒲坂发兵，进攻长安以北的晋属北地郡(陕西省耀州区)。晋大都督麹允(北地郡守麹昌之弟)率步骑三万增援。刘曜围城放火，烟焰弥漫蔽天，麹允误以为北地城已经失陷，乃下令紧急撤退，一时军心大乱，部队溃散大半。麹昌弃城逃走，刘曜占领北地郡后，一面派间谍人员自吴堡(陕西省榆林市)渡过黄河，策动陕北绥德县上郡的氐族部落扩张战果，扩大后方占领区以充实粮源、兵源，一面攻陷长安北防要镇冯翊(陕西省高陵区)，继续向长安挺进。

在渭河以北所有晋属郡、县，全部为刘曜占据。晋廷建威将军鲁充、散骑常侍梁纬、少府皇甫阳等高级官员以及梁纬家人等数十人被俘后集体自杀，刘曜以礼葬之。

是年(312)秋，刘曜兵临长安城下，晋安定郡(甘肃省泾川县)郡守焦嵩、新平郡(陕西彬州)郡守竺侠、弘农郡(河南省灵宝市)郡守宋哲等分别率领他们的地方团队来援救长安。散骑常侍华干下令长安、冯翊(陕西省高陵区)地方团队进驻蓝田布防，可惜这些地方团队本来就没有受过正规教育，加之他们对胡人都有一种畏惧感，不敢如命应战。驻镇甘肃天水的司马保派胡崧为前将军，率领步骑三千多人支援长安，在长安城西的灵武和刘曜军遭遇，一战而击败刘曜。但刘曜军并没有退出战场而转进距长安不到五十里的槐里再乘机攻陷长安外城。

刘曜另派赵染开辟东战场，自临潼的新丰进攻长安。晋廷太尉索琳亲率禁卫军出击新丰，赵染大军刚出西城门就遭遇晋军主力，激战一天一夜，双方伤亡惨重。

由于连年战争，民间所有粮食都被作战部队掠夺一空。长安城内也发生粮荒。刘曜再率部队到没有经过战事的陕西省大荔县的怀城，抢得晋军屯粮八千斛。

西晋末代皇帝司马邺

赵染在新丰失利，掉头进攻北地郡，晋大都督麴允率军奋战，短兵相接，苦战两日夜，赵染中箭阵亡，汉赵军败退。一路任性抢掠民间财物，屠杀百姓，以致“尸横遍野，三年间漫无人烟”(《魏书》)。

西晋愍帝建兴四年、汉赵建元二年(316)，关中地区到处有不同种族的流民作乱，到处都有被盗匪抢劫逃荒的难民结伙求食，以致没有安宁的地方。晋廷“政令不出都门”，长安城内“斗米值金二两”(《晋书》)，人杀人而食，吃死尸肉的事件，天天都有。那时候的官员薪俸是以粮食给付的，官仓没有粮食了。官员们也就不发薪俸了，他们只好采撷野生植物、树叶、树皮充饥。

是年(316)冬十一月，刘曜把长安近郊的各外围据点——东方的新丰(临潼)、北方的冯翊(高陵)、北地(耀州)、西方的灵武(咸阳)，一一攻陷之后，第三波进攻长安。城内粮尽兵散，唯一稍有实力的索琳也引兵回到他自己的老家槐里去了。西晋愍帝司马邺在无可奈何之下，派侍中宋敞出城和刘曜接洽投降。当年(316)十一月十一日，这位东奔西跑了五六年的西晋末代皇帝司马邺，光着上身、牵着羊，表示愿受宰杀！像狗一样嘴里衔着玉玺，拉着棺木，出城向刘曜投降。

刘曜接下玉玺，烧了棺木，安抚了年轻的司马邺。第二天就下令把晋室一百多名宦官全部处死，然后把司马邺和他的王公大臣、郡守等高级官员们一起押送到汉赵的首都——平阳，连同晋朝的玉玺一并呈送给汉赵皇帝刘聪。

刘聪封这位亡国之君为光禄大夫，怀安侯。第二年的秋季，汉赵皇帝刘聪例行出宫打猎，命令司马邺兼代车骑将军，穿着戎装、执戟前导，还要他网开一面，让野兽可以逃走，然后司马邺行礼如仪，高声朗诵汉赵皇帝好生之德(行三驱礼)。这时司马邺年仅十八岁，也许是他年轻的关系，毫不在乎地接受了，可是随从他的老臣尚书郎辛宝等都很难过，民众也有望而恸哭的。

汉赵的皇太子刘粲曾向刘聪谏议：杀了司马邺以死晋人之心。是年冬刘聪大宴群臣，又命司马邺穿着酒保打扮给群臣斟酒、洗酒杯，刘聪起身如厕，又命司马邺撑伞。辛宝羞痛难忍！竟抱着司马邺放声大哭。刘聪下令把随司马邺来的辛宝等十多人推出斩首，并焚尸扬灰，而司马邺竟然也无所表示。

晋河南(洛阳)郡守赵固、河内(河南省沁阳市)郡守联合攻下汉赵的河东郡(山西省夏县)，大军北进平阳，行至半途曲沃时，汉赵京畿地方有三万多家居民投奔晋军。刘聪派骑兵将军刘勋追击逃亡民众，杀死一万多人，晋军撤退。

刘聪见人心思晋，后果可怕。于是年(317)杀了司马邺和他的随从近侍们，西晋遂亡。西晋亡后踵之而起的胡国是刘曜的前赵、石勒的后赵(319—351)，冉魏(350—352)，前燕(337—370)，代(338—376)，前秦(350—394)，前凉(317—376)。

这时候西晋虽亡，但是爱国分子的爱国活动到处都有，除了在江南的司马睿外，在西北的主要还有占据太原的刘琨和华北的王浚。还有名义上是汉赵臣属而实际上正欲独立的石勒，在山东的曹嶷也都是刘曜的心腹大患。

石勒与曹嶷

石勒在洛阳之役后率军南下，经过河南的南阳收抚江淮间的雍州流民集团，把该集团领导人物王如、侯脱、严嶷等分别处死，然后攻下襄阳。他本来打算盘踞襄、樊，称雄江汉，可是他的谋士河北人张宾却劝他回师河北。于是他就下令所部“裹粮卷甲，轻装前进”，经过湖北、河南、安徽、江苏、山东，流窜了半个中国后，河北、山西的东北部分、河南的北部都沦陷在石勒盘踞之下。

石勒攻占河北邢台据为基地，复称为“襄国”。逐渐扩张占领区域，三年之间，河北的冀州、幽州，山西的并州、营州统归石勒据有。刘聪只好顺水推舟，派大鸿胪用正式诏书，赐石勒为骠骑大将军，又任命石勒为冀州牧，并都督四州诸军事。这时华北六州被石勒据有五个半，仅剩太原（并州）之半在刘聪势力范围。

石勒早有与汉赵争霸的野心，只是当前刘聪不断地赠勋、封爵，加之他跟刘聪的父亲刘渊曾患难与共多年，使他不好意思公然和刘聪翻脸。

汉赵刘聪的建元二年（316），汉赵的首都——平阳先是旱灾，接着蝗虫为害，连续两年没有收成。可是汉赵王国政府的差徭、赋税并没有减轻。人民饿死的、病死的、经不起生活逼迫而自杀的、逃亡外乡的有十之五六。

石勒派石越率骑兵二万、驮马一万，带着大批粮食进驻并州刘聪辖境的上党一带，在距离汉赵首都平阳不到一百里的地方赈济难民，实际上是对刘聪的挑战。难民有二十多万户跟从石勒。当时刘聪虽然表示异议，但是石勒并不理他。

盘踞在山东的汉赵青州刺史曹嶷，几年前曾是王弥的部下，现在又是刘聪最信任的悍将。以前石勒诱杀王弥，曹嶷极其痛恨。五年前他占据了山东中、南部各郡县，总指挥部设在最富庶的临淄，拥有精兵十多万。他面大力发展农业经济，使军粮充足，一面沿黄河设防，建造很多强固的纵深防御阵地以防石勒。

石勒有心消灭曹嶷，而曹嶷的实力已经强过石勒。石勒如果向西发展，而曹嶷又是他的后顾之忧。石勒权衡结果，决定先向曹嶷示好。这时候曹嶷对于刘聪的荒淫无道也很不满，于是他和石勒两人就很自然地一拍即合。

石勒任命曹嶷为东州大将军、青州牧，并封琅邪公。从此，石勒就放心大胆地集中力量向西发展了。

刘聪、刘粲与靳准

赵固在五年前是汉赵征东大将军王弥属下的安北将军。石勒诱杀王弥，部队归石勒收编，赵固不愿归附石勒，就与平北将军王桑一起投降晋并州刺史刘琨，刘琨派赵固为雍州刺史。

是年(312)秋，赵固又斩王桑，以立功而回归汉赵。刘聪任命赵固为荆州刺史兼河南郡守，驻镇洛阳。公元 317 年，赵固受晋荥阳太守李矩的反间之计而杀了长史周振父子，率领一千骑兵又向李矩投降。李矩仍命赵固驻守洛阳。执掌汉赵全国兵权的刘粲为报复赵固的反复无常，就派将军刘稚生反攻洛阳，赵固战败，逃奔到东车岭(河南省登封市)。

翌年(318)春，晋荥阳太守李矩派部将耿稚等率精兵夜渡黄河，奇袭汉赵兵团刘粲的总指挥部，把刘粲打得大营崩溃，死伤过半。刘粲退守河南沁阳县的阳乡，耿稚进占刘粲大营，缴获很多军用物资。刘粲反攻苦战二十天，虽然最后获胜，可是因为刘粲所部是汉赵军队的精华，刘粲驻地又是汉赵军事资源的总汇，这一仗军事实力(包括人员、军糈)的损失之大，已给汉赵王朝种下将要亡国的基本因素。

古今中外有很多皇帝荒于酒色而死于酒色。刘聪做了九年皇帝不以后宫而满足，在行将就木之年，又收中常侍王沈的养女为左皇后，纳宣怀的养女为中皇后，可是就在汉赵麟嘉三年(318)秋七月十九日，刘聪病死。皇太子刘粲登上帝位，成为汉赵第三个(应该是第四个)皇帝，自称“汉赵隐帝”，改年号为“汉昌”。

刘粲年轻，生性好色而残忍嗜杀，把他父亲(刘聪)的后宫妃嫔一律照单全收，这是胡人的传统。也照例封为皇太后(靳月华)、上皇后、弘道皇后、弘德皇后、贵人等。可是那些被封的女人们都还是十七八岁的少女，都是刘聪认为娇艳绝伦而纳入后宫的美女，刘粲与之淫乱欢乐，忘却国丧大事。靳准的两个女儿都在后宫，很能讨得刘粲的欢心。刘粲就封靳准为大司空、司隶校尉。这是相当于最高检察长和警备总司令的权力位置。

靳准是早就想着篡夺汉赵天下的，他先讨好刘粲，唆使刘粲先后杀了自己的弟弟大司马刘骥、车骑大将军刘逞、大司徒刘励，还有皇族近支的刘景、太师刘顗、太傅朱纪等皇室大臣，又杀了刘乂和他的亲属、近侍数十人。最惹大祸的是靳准假刘粲之命，滥捕和刘乂亲近的氐、羌族酋长十多人，把他们绑在柱子上，用烧红了的铁板烙瞎他们的眼睛，再悬挂高杆上吊死。又把东宫守卫的武装士兵五千多人全部掘坑活埋。弄得刘粲是天怒人怨，众叛亲离。

这时候在山西、陕西一带的羌、氐部落群起反抗汉赵王朝。刘粲又封靳准为车骑大将军，动员全国武装部队讨伐羌、氐各部落。

靳准动员之后，竟掉转矛头发动政变，乘夜杀了刘粲，并且把刘氏皇族，不论男女老幼，包括驻镇长安的刘曜的母亲和近族二百多口，统统斩首于东市。靳准痛恨刘聪糟蹋了他的两个女儿，就把刘聪、刘渊的坟墓掘开，挖出他们的尸骨，先斩首，再碎骨，焚烧扬灰，又放火烧了刘家的祖庙。

靳准自己宣布他是“汉赵天王”“大将军”。设立文武百官，完全依照天子制度。并派使节去洛阳见晋司州刺史李矩，表示他愿意把被刘聪所杀害的两个西晋皇帝的灵柩奉还晋廷，可是李矩并没有理他这一套。

刘曜在长安听到靳准政变的消息，立即发兵讨伐靳准。在河北的石勒也以骠骑大将军名义，自襄国（河北省邢台市）出兵，共讨靳准。

石勒命参将张敬率骑五千为前锋，向平阳进发，他自己也带精骑五万，进据平阳以西五十里的襄陵北原地方为声援。石勒进兵先占平阳以西的襄陵，一则是对平阳形成包围态势，二则是防刘曜来自长安的部队径行占据平阳这个战略要地。

陕西、山西一带的羌族、羯族四万多部落起而响应石勒。靳准曾几次出战，石勒都是坚守北原，不和他交锋。是因为刘粲在位时作恶多端，尽失军心、民心，靳准新出，可能取得军队的向心。所以石勒故意不战而挫挫他的锐气。

刘曜称帝

是年(318)冬十月，刘曜自长安发兵东下讨靳准。行军到山西河津北的赤壁，听说石勒已经兵临襄陵，他只有抢先一步，就在赤壁宣布即皇帝位，改年为“光初”元年。并封石勒为大司马、大将军，加九锡，增封采邑十郡，晋爵“赵公”。又派征北将军刘雅、镇北将军刘策率部进驻汾阴(山西省万荣县)，发表声明是支援石勒讨伐靳准的。万荣在黄河东岸，在赤壁之北、襄陵西南二百里。这个部署明显是防御石勒南下赤壁的。

靳准见情势危急，乃派卜泰去见石勒表示愿意投降。而石勒却把卜泰交付刘曜发落，意思是告诉刘曜平城无意降刘。这借刀杀人之计，刘曜也很明白。

石勒攻陷平阳外城，靳准的平阳令尹周置开放监狱，率领六千多人犯向石勒投降。巴族部落和当地杂胡也有十多万部落归降。石勒声势大振！

靳准这个人真是阴狠狡猾至极。他在刘聪面前是百依百顺，伪装忠诚，甚至把自己两个十几岁的女儿奉献给刘聪做宫娥。新皇帝刘粲登基了，他又是伪装忠顺、百方谄媚，把朝中真正忠于汉赵王朝的正人君子、王公大臣们抄家灭族。尤其是对汉人，更是无所不用其极。可是他一翻脸，竟把汉赵的刘家子子孙孙斩尽杀绝，还挖刘家的老坟、烧刘家的祖庙。当他登上皇帝宝座了，他又摆出一个面孔，向东晋表示愿意将刘聪掳自西晋的玉玺和被刘聪杀害的两个皇帝的灵柩，奉还给晋廷。当石勒讨伐大军压境了，他又派大员把皇帝御用的车辇、衣饰、仪仗等送给石勒求和。只是“自作孽、不可活”的最后报应已经临头了。

当时刘粲的旧部下汉将乔泰等，眼看形势危急，就杀了靳准，再推举靳准的从弟靳明为盟主，希望缓和一下战局。刘曜暗中使乔泰在平阳联络刘氏、匈奴各族宗长，当然这些人对刘曜要比对石勒有好感的。

石虎率领河北省的新军开到平阳，会同石勒再攻平阳内城。靳明奋力抵抗。血战两天两夜，血流成河，尸横满街满巷，最后靳明大败！只好率领残部、群臣和平阳各胡族酋长一万五千多人，带着以前刘聪掳自晋王朝六颗传国玉玺，突出重围奔向刘曜投降。

石勒放火烧了汉赵皇宫，并派员收拾刘渊、刘聪及刘粲的遗骸，重新以王礼安葬，然后回师襄国。

刘曜为了避免与石勒发生冲突，表示礼貌退让，乃自动西渡黄河移防陕西粟邑(陕西省白水县)。迎回被靳准杀害的母亲及眷属的灵榇在粟邑安葬，号称“阳陵”。陵墓高一百尺，周围二里，墓前起世光殿为享堂，墓后建光殿曰寝宫。征当地民夫六万人，日夜不停地赶工，限一百天完成。征用谁家的土地？不知道。死了多少民夫？不知道。经过多方探询，现在一点痕迹也没有了。

刘曜下令把靳明和靳家的男女老幼六百多口全部处死。

刘曜的小档案

刘曜从小失去父母，由刘渊收养。刘曜从小落拓不羁、倜傥超群。读书志在广览，从不精思章句；善属文，工书法草隶。武艺射箭能穿铁板，时人誉之神射手，对于兵书则尝能畅诵。

刘曜年轻时曾游学于洛阳，因杀人应判死刑，遂与曹恂奔往刘绥家，刘绥把他藏在书柜中载送于王忠，后来王忠又把他送到朝鲜去找工作。刘曜改名换姓做了一名县衙门的衙役。当时崔岳为朝鲜令，见刘曜器宇不凡，乃供衣食、资助读书。后来晋政府大赦令下，刘曜返回山西，隐居在山西省的管涔山。

（管涔山又名燕京山，在山西省西部，南北跨雁北、忻州两地区。主峰——黑驼山在朔州西北二十五公里。在太原西北一百五十公里。在当时汉赵首都平阳——山西省临汾市北方约四百公里。刘曜隐居此山，不知是何作用？）

再后刘曜为刘渊起用，带兵转战各地，立过不少汗马功劳。以后刘曜做了皇帝，而崔岳、曹恂、王忠、刘绥等人也都跟着鸡犬升天，崔岳做了大司徒，曹恂做了中书令，王忠为晋阳太守，刘绥为太子洗马。及至他们一一作古，刘曜仍以皇帝名义追赠崔岳为“使持节”“侍中”“大司徒”“辽东公”。追赠曹恂为“司空”“南郡公”。王忠为镇军将军、平安侯，并加散骑常侍。刘绥为左光禄大夫、平昌公。（依周伟洲著《汉赵国史》）

刘曜的光初二年（319），夏四月，刘曜还都长安，正式立宗庙、社稷，举行南北郊祀。

刘曜做了皇帝，当然也大事封他的儿子们做王侯。立皇子刘熙为太子，封次子刘袭为长乐王、刘阐为太原王、刘冲为淮南王、刘敞为齐王、刘高为鲁王、刘徽为楚王。所有宗室子弟都晋封为郡王。

刘曜还有个儿子名叫刘胤，是卜皇后所生，这次靳准之乱，他正留在平阳，藏匿在另一匈奴族黑匿郁鞠家中才幸免于难。迨刘曜平定陈安之乱天下稍为安定之后，黑匿郁鞠才把刘胤送到刘曜身边，父子得以团聚，刘曜悲喜交集，任命黑匿郁鞠为使持节、散骑常侍、忠义大将军，并封左贤王以酬其功。

刘曜封刘胤为永安王、侍中、卫大将军，都督二宫禁卫诸军事，开府仪同三司，还“录尚书事”、领“太子太傅”，号曰“皇子”。刘胤的母舅卜泰也拜光禄大夫、仪同三司，领“太子太傅”。

公元325年，刘曜被石勒打败之后，致力于整军，乃封刘胤为“大司马”(执掌全国军事)、“大单于”(匈奴族的最高领导，等于汉族的皇帝)；并封“南阳王”，以汉阳十三郡为采邑。又在渭城设置“单于台”(大单于的“总司令部”)，并选诸胡族(包括胡、羯、鲜卑、氐、羌)中精英分别任为左、右贤王以辅弼刘胤。这分明是刘曜父子又在施行胡、汉分治了。

刘曜以前曾做过刘渊封的“中山王”，而“中山”又是战国时赵国的首都，所以刘曜就把他所继承的“汉”国号改名为“赵”。传统历史学家为与石勒后来所创建“后赵”区别而称之为“前赵”。

本书为了显示“汉”和“赵”两个政权的一贯性，称之为“汉赵”。

刘曜喜好读书，对于儒学有深厚造诣，尤其对于兵学最有研究。刘曜的武功也很高强，射箭能射穿一寸厚的钢板。

汉赵光初三年、东晋大兴三年(320)，氐族、羌族、巴羯分别在陕西各地作乱，到处杀人抢掠，民间惊怖万分。刘曜分派大军剿平，把氐、羌少壮的编成正规军，老弱妇孺者迁到长安以南，分配土地给他们，以安定他们的农村生活。对于羯族乱民则迁移到陕西、甘肃的最南部，使他们不能和石勒所部有所接触。

汉赵光初十年(327)，刘曜为了长安的安全，派武卫将军刘朗进攻盘踞仇池的杨难敌，掳掠三千多户而回。

刘曜的国家建设

刘曜在长安大事国家建设，设学校。依汉、魏旧制在长安长乐宫东设太学，在未央宫西设小学。选贵族及官员子弟年在二十五岁以下、十三岁

隋唐时代的长安

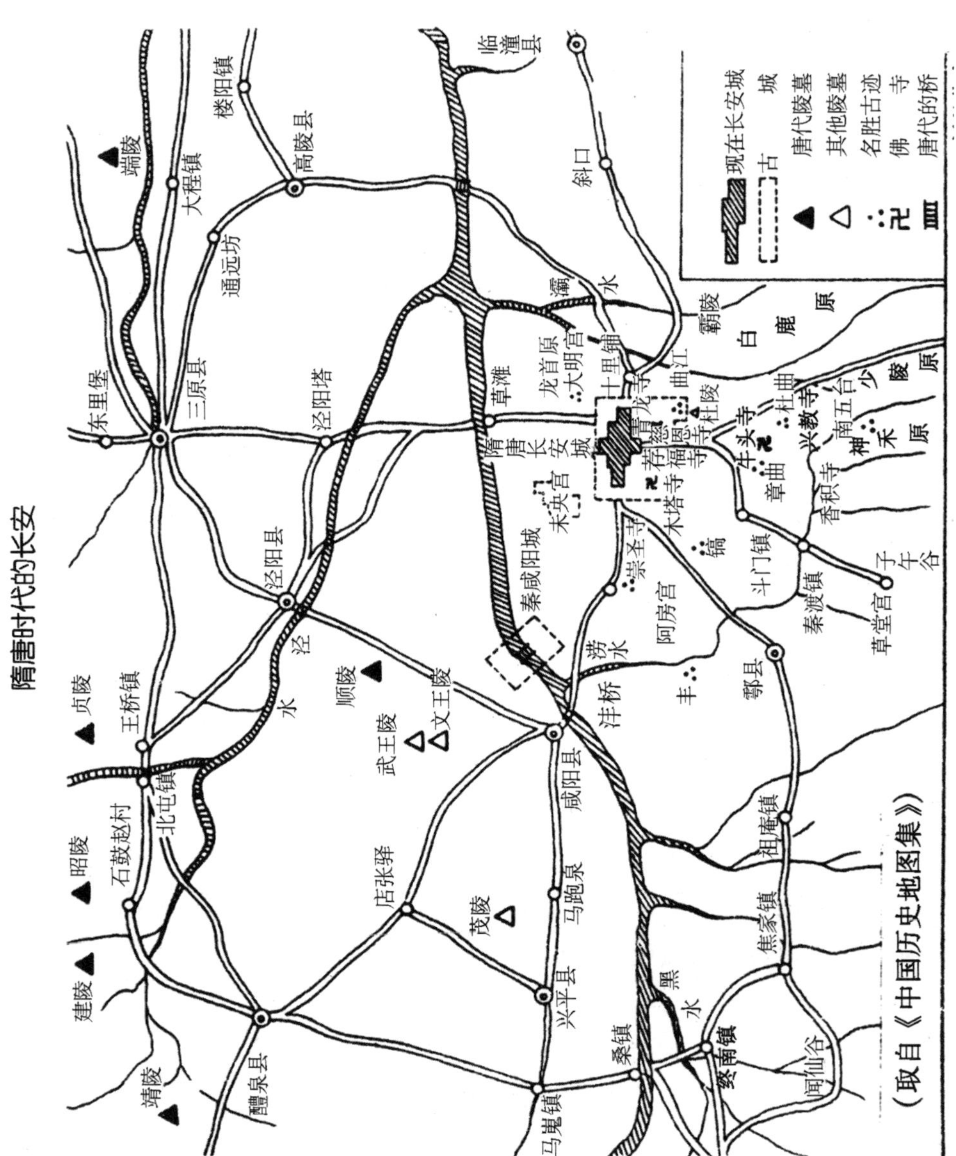

（取自《中国历史地图集》）

以上，资质优异可教者一千五百人分别入学。选朝贤宿儒、明经笃学之士任教。以中书监刘均为国子监祭酒(类似教育总监)，以明经博士、散骑常侍郎董景道为崇文祭酒(类似首席教授)。又任谏臣游子远为大司徒，专司教育(类似教育部长)，刻石写经，充分发扬汉文化的精神。刘曜还亲临太学测试学生之上第者拜为适任职官。

刘曜又仿照秦始皇的阿房宫而建造西宫，模仿秦始皇的琼台而建凌霄台。又在长安东郊准备兴建他死后的墓园，周围四里，圹深三十五丈，外郭用黄铜铸成再镀以黄金。可惜他在次年(328)就战败被俘，被石勒处死在襄国(河北省邢台市)，而石勒也不会使他归葬长安的；这个民脂民膏所铸成的陵园也只是备而无用了。据他的谏臣估计，用在这个墓园的经费如果移作军费就足够打败东晋、成汉、石勒和曹嶷。

自古以来，皇帝想做的事，没有人敢说“不能做”。皇帝要花多少钱，朝廷没有预算制度，不够，再从人民身上刮，这是所有统治者的传统。

刘曜西进

汉赵当时的统治范围，以陕西长安为中心，东方的石勒不算在内，势力范围东到河南省的洛阳，南方仅到陕西省的商州，西边境是甘肃省的兰州，北方是陕西省的延安。北方是新兴起的刘卫辰部落，东方是半独立而且又是强敌的石勒。刘曜明知道敌不过石勒，当然也不敢惹石勒，他只有尽力向西方扩展更多的地盘。自前年他轻而易举地赶走杨难敌之后，他的矛头就已指向西邻的前凉了。

是年(323)秋，刘曜从甘肃东部的陇上郡挥军西进。派将军刘成为南路指挥，进攻冀城(甘肃省天水市甘谷县)。呼延晏为北路指挥官，径取定西地区的陇西县。约定最后的总目标是前凉的首都——姑臧(甘肃省武威市)。刘曜亲自率领步骑二十八万为总预备队。大军进抵兰州，刘曜沿着黄河布置连营一百多里，可以同时强渡黄河，一鼓作气，要把前凉军沿河的边防摧毁。

这时候前凉的领导人张寔已死，由其弟张茂继任为王。张茂是汉人，又没有作战经验，本来就有些先天性的惧胡心理。当时他的幕僚强烈要求立即反攻，而张茂在不得已的情况下仅仅进驻姑臧以东的石头戍就不再前进了。

刘曜的部将们也极力主张渡河攻姑臧，可是兵学修养相当高的刘曜既很了解敌人，也有自知之明。他是希望能够兵不血刃而达战争目的为上策，所以他在前线的战斗据点上只是虚张攻势而不攻。部将再催他下达攻击令，他说："再等两天，张茂如不来降，再攻不迟。"

没有过两天，张茂果然遣使称藩，并献马一千五百匹，牛三千头，羊十万只，黄金三百八十斤，白银七百斤，艺伎二十人，还有珍宝珠玉及地方土产等不计其数。

刘曜派大鸿胪田崧代表皇帝任命张茂为"使持节""假黄钺""侍中"，都督凉南、北秦、梁、益、巴、汉、陇右、西域杂夷、匈奴诸军事，太师，领大司马、凉州牧，领西域大都护，护氐、羌校尉，凉王。

这等于张茂并没出境一步而仍为凉王外又增加了八个大官衔。

群胡变乱

掌理杂胡军事的长水校尉尹车，结合氐族部落酋长句徐、库彭等谋反。刘曜下令诛杀尹车、句徐、库彭等五十多人。因而引起在四川巴西(阆中)一带的氐族各部落群起叛变，共推句徐的儿子句渠知为领导人，宣布他是"大秦王国"，改年号为"平赵"。在四川北部、陕西南部的氐、羌、羯族各部落群起响应，集结三十多万人，打到陕西境。顿时关中大乱，城门昼闭，路无行人。

刘曜任命光禄大夫游子远为车骑大将军，都督雍、秦二州诸军事。率大军讨伐。

游子远在大军出发之前，先以政治作战为前锋，等他的大军一出长安，就有氐族十多万人归降。大军抵达甘肃泾川的安定，叛变的各部落全部归降。只有左翼的羌族十多万户，据险顽抗。酋长虚除权渠派他的儿子虚除伊余率精锐部队应战。游子远乘夜奇袭，生擒虚除伊余及其五万多精锐部队。虚除权渠请求归降，游子远报请刘曜任命虚除权渠为征西将军，封西戎公。游子远把虚除伊余所部二十多万人迁到长安近郊各郡县编为营户，平时务农，战时为兵。

刘曜再攻杨难敌，杨难敌退保仇池(甘肃省成县西)。可是仇池所属氐、羌族各部落酋长以及已被谋杀的晋廷晋王司马保的旧属陈安、杨韬、陇西郡守梁勋都向刘曜投降。刘曜移陇西郡居民一万多户到长安。然后派光国中郎将王犷游说杨难敌归降，刘曜赐给杨难敌可以代表皇帝诛杀权力的黄钺，并派杨难敌担任西域上大将军，益、宁、南秦三州刺史，都督益、宁、南秦、凉、梁、巴州及陇上、西域诸军事，并封为“武都王”。

陈安之变

陈安原为晋朝南阳王司马模属下的都尉。公元315年，司马模败，陈安又归世子司马保，再背叛司马保而归汉赵。

陈安要求晋见刘曜，适刘曜正在病中而没有得见，陈安误以为刘曜已死，乃纵部众大肆抢掠。

刘曜病重，乘骡驮轿回长安途中，陈安截击刘曜，打算劫持刘曜的

“尸首”向晋廷邀功。刘曜派大将呼延寔殿后迎战陈安。呼延寔与其长史鲁凭被俘，呼延寔拒降，陈安乃杀呼延寔而以鲁凭为参军。

陈安又派其弟陈集牵将军张明等引精骑二万追刘曜，汉赵卫将军呼延瑜迎战。击斩陈集，所部张明以下全被俘虏。陈安才知道判断错误，乃退守上邽(甘肃省天水市)，自称使持节，大都督，假黄钺，大将军，雍、凉、秦、梁四州刺史，“凉王”。盘踞陇右地区，得当地氐、羌诸族群的支持，有众十多万，对刘曜的西进政策构成严重威胁。这时候陈安另一属下休屠部落的王石武据桑城(甘肃省临洮县以南)投降汉赵。刘曜封王石武为酒泉王，并任命为“使持节”“都督秦州陇上杂夷诸军事”“平西大将军”“秦州刺史”。

汉赵光初六年(323)六月，陈安攻击汉赵所属的南安(甘肃省陇西县东北)，汉赵守将征西将军刘贡急召王石武自其防地(桑城)发兵攻击陈安的根据地上邽，以解南安之危。陈安果然急急地驰返救上邽，在上邽以南的瓜田与王石武军遭遇大战一日夜，加之刘贡也自南安出兵，致陈安大败，仅收残兵败将八千人投奔陇城(今甘肃省张家川回族自治县)。

刘贡包围了陇城，刘曜也引兵至。刘曜在附近各郡县大事政治号召以孤立陈安。刘曜还在当地宣布大赦。只是不赦陈安。

陈安势穷力尽，乃留下地方团队领导杨伯支与姜冲儿固守陇城。自率数百骑突围，打算再引上邽、平襄之众回解陇城之围。可是当他到上邽时，上邽已经失守，他再奔平襄而平襄也已经为刘曜占有。在走投无路之下又被汉赵兵追到，再战再败。他只好利用夜色的掩护退入逾山岭藏身山溪涧。三天后因出来觅食而被守候在路口的汉赵辅威将军呼延青杀之于涧曲。

守陇城的杨伯支见大势已去，乃杀了姜冲儿献城投降刘曜。另一陈安的部将在上邽斩守将赵募举城投降。刘曜遂把秦州的杨姓、姜姓两大豪族二千多户迁到长安近畿各郡县。

石勒与刘曜

汉赵光初三年(320)春，刘曜驻屯洛阳的将军尹安、宋始、宋恕、赵慎等向石勒表示归降，石勒派石生引兵接应。尹安等又误会是石勒派兵来攻，于是又投向东晋司州刺史李矩。晋颍川太守郭默遂乘机率兵进入洛阳。石生只接得宋始一军渡过黄河北去。

在陕西北部绥德境内的北羌王盆句除本来是石勒的新藩属，盆句除又宣布归附汉赵。石勒派石佗自雁门(山西省代县)出兵攻击盆句除，掳获三千多顶篷帐，牛、马、羊一百多万头回师。刘曜派中山王刘岳率精骑追击石佗，刘曜进驻陕西富平督战。刘岳乘石佗军渡河之际突袭，石佗军秩序大乱，石佗战死，士卒战死六千多人。残军放弃所掳的牲畜、辎重，仓皇渡河而去。从此，石勒下定决心再战刘曜。

汉赵光初十一年(328)秋，石虎乘刘曜讨伐杨难敌的机会，统领四万大军自轵关(河南省济源市西北)越过太行山，进占山西南部原为汉赵刘曜的地盘五十多个郡县，并由山西永济渡河攻占了洛阳。

刘曜先命令河间王刘述调发氐、羌部落地方团队，集中驻屯甘肃天水的西防线来防备前凉的张骏或仇池的杨难敌东犯。然后亲自率领胡、汉精锐水、陆军自陕西大荔渡过黄河，先切断石虎的补给线，在晋南闻喜的高侯原与石虎展开主力决战。把石虎打得落花流水！石瞻战死！枕尸二百多里；石虎退守河南淇县。刘曜的骑兵也已照着计划进入战斗序列。在黄河以北展开游击，主要的目标是敌后骚扰，抢掠敌人补给物资。

刘曜的主力大军自山西平陆西南的大阳渡(茅津)过黄河，进攻洛阳以东的外围据点——金墉城，决开洛阳以北的谷水堰，放水淹金墉，石虎的大将石生差一点淹死。

石勒的荥阳太守尹矩、沁阳太守张进等都向刘曜投降，大大震惊了襄国。石勒立即下令戒严，命石堪、石聪及豫州刺史桃豹等分率大军步兵六万、骑兵两万七千，分头进攻荥阳(河南省广武镇)。石虎反攻广武西北的石门。石邃都督诸军为总预备队，约定在虎牢会师。石勒亲率精锐部队四万，自灵昌津(河南省延津县境内)渡河增援石生所部固守金墉城。

刘曜的中山王刘岳率一万五千步骑联军，自孟津渡河攻下洛阳东北的石梁坞，斩首五千多，再进围金墉城。镇东将军呼延谟率湖北骑师自河南洛宁、渑池而东，打算和刘岳会师金墉。没料到在半路上被石虎出其不意地猛烈邀击，呼延谟战死，所部溃散。

石虎率步骑四万，自成皋关迎战刘岳，鏖战三天三夜，刘岳身中数箭，只好下令退守石梁坞(洛阳东故洛城洛水之北)。石虎重重包围三十天，刘岳的粮食吃完了，战马也都杀吃了。正在计划突围时，石虎乘隙冲进石梁坞，俘虏了刘岳及其将佐八十多人、氐羌兵三千多人，坑杀刘岳部士卒三千多人，刘岳被斩。石虎以大胜余威，接着攻击叛降汉赵的并州守将王腾，坑杀王腾军七千多人，王腾被俘斩首。

石勒挥军进入洛阳，刘曜集中主力在洛阳西北的金谷。由于连日苦战，士卒过度疲劳，加之军糈不继，士卒营养不良，因而连续发生夜惊，士卒奔走高呼，营中自相大乱。石勒见情势有利，就下达紧急攻击令，命石虎率步兵三万自城北西进，攻击刘曜的中央阵地。石堪、石聪各率精骑八千自城西向北挺进，攻击刘曜前锋兵团的主阵地。石勒自己全副铠甲，从阊阖门杀出，对刘曜发动猛烈夹击。

刘曜见四面都是敌人，立即饮酒一大篓，跨上战马，下令各部拼死一战。刘曜在西阳门督阵，慌乱中坐骑马失前蹄跌下石沟。刘曜身中十多箭，乃被石堪所擒。是役双方伤亡都很惨重。《晋书》说：石勒“斩首五万余级，枕尸于金谷”。晋司州刺史、颍川郡守也是由于这次战役的影响而先后投降石勒的。于是河南中部(司州)、东部(豫州)，江苏北部(徐州)，山东西部(兖州)，全入石勒势力范围。

刘曜被押送到襄国，石勒要他写信劝他的太子刘熙归降，为刘曜拒绝。石勒遂杀了刘曜和随从的几十个官员。这是汉赵光初十一年(328)的事。

石勒派石虎镇守洛阳，清理战场。嗜杀成性的石虎不仅对遍地死尸不予清理，仍然一味搜索晋室、刘曜的遗臣、大老以及有关官员们，统统揪出杀害，没收财产。年轻妇女集中到寺院，任由胡兵轮奸，再配给胡官做奴婢。然后又发兵西进，攻击长安。

刘曜的太子刘熙，在长安听说刘曜已经遇害，当时关中各胡族流民、移民群起作乱，同时石虎的大军也已兵过潼关，刘熙只好放弃长安，率领皇族、百官们奔往上邽，打算保守秦州。

刘曜的将军蒋英、辛恕等率众数十万，据长安而降石虎，顿时关中大乱。汉赵的南阳王刘胤，集结陇东的胡人、汉人仓促成立联军数万，自天水来救长安，走到仲桥(陕西礼泉)才知道长安已经被石虎占领。正在犹豫中又遭石虎夜袭，一支没有经过严格训练，又没有战斗经验的杂牌队伍也已经溃不成军了。刘胤率残众逃回天水，石虎也紧追到天水，汉赵军已死过大半，枕尸千里。石虎一口气攻进天水城，虏获刘熙、刘胤、公侯、亲王、文武官吏三千多人，全部掘坑活埋。又把关中各郡的匈奴族中最强大的一支“屠各”五千多人集中在洛阳活埋。还把甘肃东部(秦州)，陕西中部、北部(雍州)的豪门巨族九千多户，强制移民襄国各郡县。

石虎将所获汉赵的传国玉玺、太子玉玺、金玺，派主簿赵封兼程呈送石勒。

刘曜做了十二年的皇帝。自刘渊在西晋惠帝永兴元年(304)称帝，传刘和、刘聪、刘粲、刘曜凡四帝，计二十六年。

石虎乘胜余威，进军河西，攻击集木且羌族部落，俘获数万落(户)，迁氐、羌族十五万落(户)到司州、冀州。自此秦、陇地带平安十多年。

汉赵的政治制度

不少中外考古学家的论著，大都是说在远古时代匈奴族一直统治着俄罗斯、蒙古、西伯利亚这个广大的地区。嗣后由于自然的人口增殖、权力的斗争，到秦汉时代已经很显明地分化了。柔然这一族系的成长、强大，对匈奴族的压力日甚，于是匈奴族有些向西发展，到西伯利亚、北欧、东欧地区去求生，到现在人类学家还发现东欧、北欧某些地区还有匈奴文化的痕迹。

刘渊的老祖先渗入内地至少也已两百多年了。刘渊自幼就在洛阳为侍子，读了不少的儒家之书，交了不少政治人物，又做了晋朝的官，可以说是汉化已深的胡人。当他建立汉赵政权时，其政治制度也采取汉文化的传统模式，基本上是承袭汉魏以来的政治制度，以汉文化为其建国基础也是自然而然的事。不过在汉赵建国之前，在塞内各地的匈奴族群基本上还保持着他们传统的部落生活方式与习俗，虽然魏、晋政府曾把他们分为五部，并以匈奴贵族为部帅(领导)或都尉(军事领袖)，但对其政治组织的官爵名号仍依其旧，例如西晋永兴元年(304)，刘渊建国前夕曾据离石而自称“大单于”，并以其子为右贤王、鹿蠡王，还有左於陆王刘宏，右於陆王刘景，左独鹿王刘延年等。

刘渊正式建国之后又成立两套政治制度。其一是以汉魏政治制度来代替匈奴原有的官制与称号以慰广大汉人之心；其二是沿匈奴传统设立“单于台”(庭)统御“六夷”诸胡族群以稳固其基层组织。周伟洲著《汉赵国史》乃称之为胡汉分治。这是汉赵政权的政治特点。

前者，在中央的官职设丞相、御史大夫、太尉及六卿诸如：

以刘宣(左贤王)、刘曜(右贤王)等为相国，总制百揆。以左於陆王刘宏为太尉。以汉人崔游、呼延翼、陈元达等分别为御史大夫。

公元308年，刘渊正式称帝后即仿效晋廷而置大司徒、大司空、太宰、太师、太傅、太保、大司马等六卿之职。

开府仪同三司，是仿汉制。三司，指三公，意乃没有“三公”之职而给予“三公”同等待遇。

特进、汉制，是对没有官号、没有属员的官员给予编制以外的属员车服。如刘渊封其好友王弥与被俘去的晋怀帝司马炽等。

中央政府也依汉制设置机关，有尚书省、中书省、门下省。

在“枪杆子出政权”的时代里，汉赵对于军事建设当然极重视，依晋制，大司马、太尉都为“三公”之列。三公以下者有大将军(还有上大将军)、骠骑大将军(石勒)、骠骑将军、车骑大将军、车骑将军、左右车骑将军、卫大将军(刘胤)、卫将军、抚军大将军(刘乂、刘粲)、抚军将军(刘聪)、中军大将军(王彰)、冠军大将军(乔智明)、冠军将军(乔晞)等。

冠以战斗任务的大将军、将军战斗任务繁重，兵力较强者冠以“大”字，属下战略单位军头只称“将军”。如：灭晋大将军刘景。冠以战斗任务“灭晋”为汉赵独有。

四征军官职：汉赵有征东大将军石勒、征北大将军刘灵、征东将军刘操、征西将军刘骥、征南将军刘悝。

四镇将军(汉制名称)：汉赵有镇东大将军石勒、王弥，镇东将军呼延谟，镇南大将军田崧，镇西大将军韦忠，镇北将军靳冲等。

四安(汉制)：汉赵有安东大将军石勒、安南大将军赵染、安北大军赵固、行(代)安东将军曹嶷、安西将军刘雅。

四军(后汉制，光武七年省，魏复置)，前、后、左、右。汉赵曾任呼延晏为前军大将军、刘黑为前军将军、刘干为右军将军，其他如汉赵独有的不在汉魏制的杂号将军。

忠义大将军：（此为汉赵赐颁有功的其他族群首领的封号）

平虏将军：汉赵刘景任之

辅汉将军：汉赵赐石勒、张寔等封号

卫军将军：刘和、呼延瑜等任之

镇远将军：梁伏疵

讨虏将军：傅虎

荡晋将军：兰阳

冠威将军：卜抽

中护军将军（中宫的护军将军）：靳准

骑兵将军：刘勋

镇军将军：刘袭、王忠

辅威将军：呼延青

安国将军：盆句除

汉赵还有无名号的将军或将。

在将军以下的还有校尉：

长水校尉：典胡骑（马厩近长水——关中一小河流，故名）

平羌校尉：韦忠

护南氐校尉：杨难敌（氐将）

东夷校尉：石勒初附刘时任之

地方官吏

汉赵地方官吏的职称，在刘聪嘉平四年（314）以前，和刘曜建前赵以后，其地方行政制度基本上是仿魏、晋以来的州郡制，例如：

（一）“司隶校尉”一职，按《周礼》说“司隶”乃秋官之属，掌帅五隶以给劳役，捕盗贼。汉因其制而置司隶校尉。魏、晋“司隶校尉”犹州刺史之任。王弥降刘渊，被刘渊封为司隶校尉、侍中、特进(见《晋书·王弥传》)。

《十六国疆域志》也说：“刘聪又分置左右司隶部。”左司隶统御司州、平阳诸郡。右司隶统治荆州、河南诸郡地。

(二)州牧与刺史

汉武帝置刺史，掌奉诏六条察州。成帝更名州牧，哀帝复为刺史。隋、唐雍州置牧，余州并置刺史(《通典》)。雍州，是隋、唐的京畿之地，称州牧，其他各州称刺史。好像州牧比刺史大一些。

前赵曾以郭默为殷州(河南省武陟县东南)刺史。

嘉平四年设梁州，以卢水胡族的彭荡仲为刺史。(《晋书·地理志》)

《晋书·地理志》还说：刘曜“以朔州牧镇高平(宁夏固原县)。以幽州刺史镇北地”。

刺史、州牧，都是汉制州级的主官。

至于郡级的主官职称，有称“尹”的，也有称“太守”的，都是汉制。汉赵承汉制，于京都平阳置平阳大尹，《晋书·石勒载记》：石勒攻平阳小城，“平阳大尹周置等率杂户六千余降于勒”。其他如弘农太守呼延谟、河内太守尹平、太昌太守刘元海、钜鹿太守张寔、晋阳太守王忠。

任官方面

从汉赵的任官方面可以看出刘渊建立的汉赵，其所统治下的主要地区大都是汉族人民聚居之地，原住民(汉人)人口占绝大多数，而且文化普及，经济发达。所以刘渊才打着“汉”旗号以笼络绝大多数的汉人。他一开始就极力网罗汉人知识分子、世族豪门，例如重用范隆（西晋名儒）为大鸿胪，崔游为御史大夫。他这一政策给后起的十六国政权一个很大的启示，尽管后起胡国有以佛教为其主要的政治资本，但是重用汉人还是所有胡国的共识。

汉赵的疆域，依《读史方舆纪要》说：东不过太行（太行山），南不越嵩、洛（概指河南省的嵩山、洛阳），西不逾陇坻（即陇山，在陕西省陇县，意谓：没有过陇山之坡），北不出汾、晋。即汉赵建元二年（316）灭西晋取关中之地区后的最盛时期。

另外，汉赵以汉文化为其建国基础的事实就是其依汉、魏以来的年号制度。

刘渊的年号：

元熙（三〇四年十月—三〇八年九月），有五年。

永凤（三〇八年十月—三〇九年元月），有二年。

河瑞（三〇九年二月—三一〇年六月），有二年。

刘聪的年号：

光兴（三一〇年七月—三一一年五月），有二年。

嘉平（三一一年六月—三一五年二月），有五年。

建元（三一五年三月—三一六年十月），有二年。

麟嘉（三一六年十一月—三一八年七月），有三年。

刘粲的年号：

汉昌（三一八年八月—九月），只一个月。

刘曜的年号：

光初（三一八年十月—三二九年八月），有十二年。

单于台的省思

汉赵以汉文化为政治基础的政治组织来统治广大族群的汉人。另外还设一套统治“六夷”(诸胡族少数胡族群)的单于台。这是一套深具政治谋略的政治艺术。

汉赵河瑞二年(310),汉赵国成立已经六年了,其政治体制也已经大致稳定了。刘渊任命他的儿子刘聪为大司马(掌国家军事)并录尚书事(掌国家行政)、大单于(统治六夷,匈奴族系传统意念中的政治领袖——皇帝),单于台(府)设在平阳之西,平阳是刘渊的首都。在一般政治理念里,地理位置在国都附近,人事上是太子级的人物来主导。

刘聪做了皇帝就任命皇太弟刘乂(刘聪的异母弟弟)领大单于、大司徒。又在单于台置单于左右辅、左右司隶,各主六夷十万落(户)。每一万户置一都尉维持治安,也是重量级人物主理大单于,据《通鉴》说刘乂为大单于,氐、羌诸酋长都很服从,这是说明单于台的显著功能。

汉赵嘉平四年(314)十一月刘聪疏远刘乂,另任命皇太子刘粲为大单于。刘粲要谋害刘乂,就命靳准向诸胡族部落酋长找证据,靳准就收诸氐、羌部落酋长严刑拷问,强其供认与刘乂共谋。这又说明单于台的形式是分治胡汉,其实际执行方式上仍是依汉魏传统的基本理念来处理的(胡俗不须经过这种法律程序)。

汉赵之设立单于台(或称庭)是在其确定汉魏官制之后(310)才设立的。也许是建国六年来发现只用汉魏之法不足以使大多数汉化不深的匈奴族众顺服,所以才另设单于台为辅以治六夷。当时在汉赵治下的六夷是指《晋书》上所说的胡、羯、鲜卑、氐、羌诸少数族群。而事实上是指后来迁入塞内仍以游牧方式为生活的匈奴族。

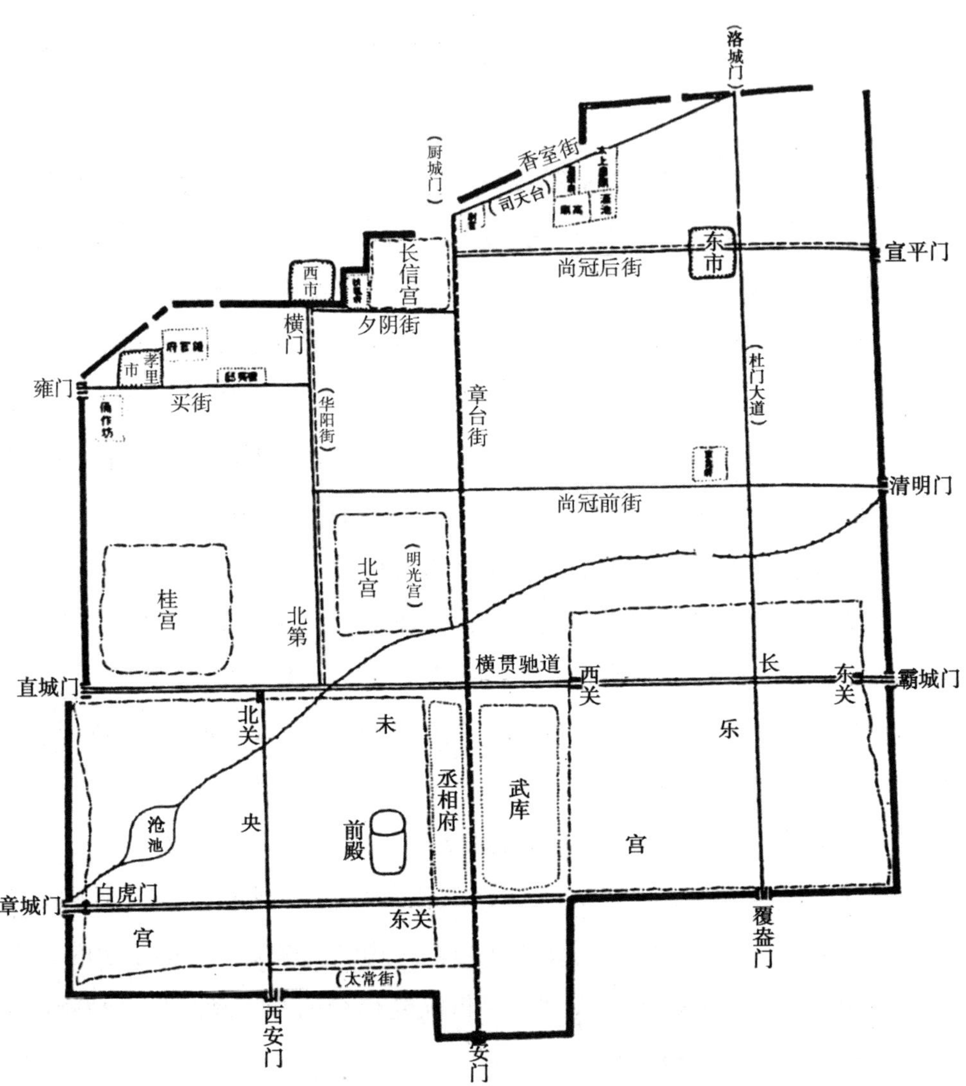

（洛城门）
（厨城门）
香室街
（司天台）
东市
宣平门
长信宫
西市
尚冠后街
横门
夕阴街
市
孝里
雍门
买街
（华阳街）
章台街
（杜门大道）
清明门
尚冠前街
北宫
（明光宫）
桂宫
北第
横贯驰道
西关
长
东关
霸城门
直城门
北关
未
乐
丞相府
武库
沧池
央
前殿
宫
章城门
白虎门
东关
宫
覆盎门
（太常街）
西安门
安门

汉赵时代的长安城

单于台虽是新设，但其主管大单于乃是沿袭匈奴数千年来的旧制。从前匈奴统治下，大单于就是皇帝，而今汉赵皇帝却只以皇帝晚一辈的太子担任，这是说明还是以汉制官职为主的。

大单于之下，汉赵置有单于左右辅，就是匈奴旧制的左右贤王，都是由匈奴皇族担任，而其所属都尉、司隶之官则以胡、羯、鲜卑、氐、羌豪杰任之。

在那时候汉赵帝国统治之下的人民中多数原住民的汉人(晋人)是以农业生产或商贩为生，其诸胡族群中除匈奴皇族、贵族的统治者外，其余汉化不深的匈奴族众，或其他少数族群有以游牧为生的，有以畜牧手工业为生的，也有已经安于农耕的，更有自汉赵建国以来先后自他国掳掠而来的汉人和胡人，例如：

公元 311 年刘曜掳掠池阳百姓一万多人到长安。

公元 312 年刘曜迁长安四周郡县仕女八万多人于平阳。

同年又迁怀县士民二万多口于平阳。

公元 320 年刘曜迁上郡氐、羌部落二十多万口于长安。

公元 324 年迁仇池民八千多人于长安。(《晋书》)

在这样生活方式不同、风俗习惯不同的现实环境中，设置两个统治系统是有必要的。至于所谓“胡汉分治”，也可以说是一种政治艺术的运作而已。

后赵（羯）

民　　族：羯族——匈奴族系的一支

建 国 者：石勒。五胡十六国中第四个建国者

时　　间：公元 319—351 年，计三十三年

疆　　域：石勒最盛时期盘踞中国北方十州之地

计：河北省的冀州、幽州

河南省的豫州、司州

山东省的兖州、青州

江苏省的徐州

山西省的并州

陕西省的雍州

甘肃省的秦州

首　　都：襄国（河北省邢台市）

历代帝王：高　祖石勒：公元 319—333 年

海阳王石弘：公元 333—334 年

太　祖石虎：公元 334—349 年

谯　王石世：公元 349 年

彭城王石遵：公元 349 年

义阳王石鉴：公元 349—350 年

赵　王石祗：公元 350—351 年

先说石勒

羯胡传说是自西汉时入居塞内十九匈奴部落之一，两汉以来都游牧在山西省榆次、左权县的羯室地方。《古今韵会举要》说："羯、地名，（山西省）上党、武乡、羯室。晋时匈奴别部入居之后，因号胡戎为羯。"最近出版的《新疆民族辞典》"石国"条："东晋十六国时期创建后赵的石勒为姓石的羯胡。当是汉、晋时迁居内地的石国人的后裔。"此说大有问题，因为"石勒"这个名字是石勒闯荡流寇时投靠汲桑，由汲桑取名的。同时《中国古代物质文化史——魏晋南北朝》（开明出版社）又明确指出：

"石勒的父亲周曷朱性情凶暴；胡众不愿意接受他的领导。周曷朱常使石勒代理其职务，胡众都很信服石勒。"石勒的父亲名叫周曷朱，石勒自然也不会姓"石"，更有可能是没有名字，有如现在人常以"阿毛""阿狗"呼之。不过，我们不必多此一争。时邬县（山西省介休市）地主郭敬、阳曲县（山西省太原市北）地主宁驱等时常资助石勒，石勒也感谢他们的恩惠而为之努力耕作，这是古时农业社会常有的情形。

西晋太安元年（302），山西（并州）连年歉收，饥荒、大乱，石勒乃离开部众出外求生。旋又自雁门关回到阳曲投靠宁驱。当时华北各地到处风行买卖奴隶，尤其是地方恶霸利用势力到处捕捉流民、壮丁，卖到山东等地方去做农奴。时晋朝北泽都尉刘监要抓石勒，幸为宁驱把石勒藏匿起来而免此难。

石勒潜逃出来，路遇恩人郭敬，道尽饥寒之苦，郭敬非常同情，相对而泣。郭敬拿衣带换来些粥食，并给衣服助石勒逃亡。

石勒向郭敬建议：现在大家都没有饭吃，我们不可以守穷等着饿死。

他劝郭敬利用官方势力，诱使饥民到冀州集合，然后把这些饥民集体卖到山东去做奴隶。饥民可得饭吃，你又可以赚钱，此之谓两赢两利。郭敬深以为然，乃去见他的朋友建威将军闫粹，向晋并州刺史司马腾建议发兵全面性地捕捉散胡青壮，两人一个枷锁，纵队用长绳串连，集体押解到山东奴隶市场，卖得钱来充军费。时年二十岁的石勒也在被卖行列中，且常受鞭打酷刑，郭敬时予援救。

石勒就这样被卖给山东茌平人师惧家中为奴，由于他是师惧家的养马奴，因而结识了晋军马牧场的主管汲桑。

当时，晋室正在闹“八王之乱”。在山东、河北、河南到处都有乱兵、乱民、乱胡结伙抢掠，晋成都王司马颖的部将公师藩受命在河北招兵买马，准备起事讨伐刚刚即位的皇帝司马伦。年轻少壮又勇武有力的石勒就约合一伙年轻人投效公师藩。不久公师藩事败被杀，部将汲桑逃回山东茌平牧马场整合旧部，石勒这一伙也亡命到茌平县，又集合一些杂胡流民和散兵游勇偷得牧马场中数百匹马，到处打家劫舍。最后又投靠汲桑。石勒很受汲桑器重，得名“石勒”，并被封为讨虏将军。从此，石勒确定了名字。

石勒与前赵

石勒在动乱不安的环境中生长，受尽了官员、豪门的压迫和欺凌，又被卖为奴隶，吃了不少苦头，于是形成了极其强烈的反抗、破坏和报复心理。加之共事的都是些山林强盗、杂胡、流民、亡命之徒，他自然而然形成了凶狠、残暴的野蛮性格。

这时候石勒觉得农村已经被乱兵、乱民抢得十室十空了，于是他们改向城市、寨堡动手。他们攻破了当时最为富裕的商业都城——邺城(今河北省临漳县)，抢得不少财物后，屠杀邺城一万多人，火烧邺城宫殿，然后再东进山东，攻陷兖州府。晋兖州刺史苟晞率军围剿，在平原(今山东省平原县)、阳平(原治河北省大名县，石赵移治山东省馆陶县)一带发生大小三十多场战役，不分胜负，最后被晋冀州刺史丁绍邀击。石勒部众死伤大半，流窜到山东惠民县，汲桑被晋兵俘虏斩首。石勒率残部逃往堂邑镇(今山东省聊城市)投靠另一匈奴部落酋长张訇督。

西晋永嘉元年、刘渊的汉赵元熙四年(307)，石勒说动张訇督率部投降刘渊。因此刘渊授石勒为辅汉将军、平晋王，派到山西东南的上党一带招募散胡流民，编练亲军。石勒又设计诱使乌桓族张伏利部落归降，因而实力大增，成为刘渊手下的名将，刘渊也就是在石勒力劝之下而自称“汉王”“汉赵皇帝”的。刘渊死后，石勒又是刘聪夺权得国的大功臣，五年后成为割据晋北、冀西以及河南、山东的大军阀。他在刘渊、刘聪属下时期的恶行已在前赵篇中说过的，现在从略。

五百公里大流窜

公元311年，石勒杀了王弥以后，汉赵皇帝刘聪知道石勒野心叵测，但是又不敢公然责备，只好虚与委蛇，乃封石勒为“镇东大将军”，全权控制幽(河北省)、并(山西省)二州的军事大政。石勒自己也很明白刘聪对他的倚重只是一种笼络手段，一旦落入刘聪手中，性命就难保了，所以他得尽量向东、向南发展，离开刘聪的势力范围。他收编了王弥余部，实力、权力都增强了很多，他需要扩张地盘，充实军需资源。于是引兵东进，掠遍了河南、安徽、江苏后，就驻屯在河南新蔡的葛陂，筑寨扎营，建立坚实根据地。开发农业，囤粮积糈；设置兵工厂，制造各式战具。建造船舰，训练水师。他计划进攻建康的晋琅邪王司马睿，完成他两年前的想法——称王于华南。

司马睿得到石勒的情报，立即调派长江以南大军，集中在安徽省的寿春一带，斥候部队进驻寿县以西二百里的颍上(安徽省颍上县)，派长史纪瞻为总司令，准备以攻为守的态势讨伐石勒，阻止石勒东进。

石勒得到晋军的部署情报后，立即召开军事会议，讨论如何应敌。与会将领主张投降的理由是天降连阴雨三个月了，军粮已经不足，兵士病死、逃亡的过半，战力不敌晋军。主战的理由，听起来也铿锵有声，分路进击，乘夜奇袭，进入晋地，因粮于敌。

参军都尉河北省高邑人张宾的建议是：战，不能胜敌；降，有损名誉，不如走为上策。他明白指出：安徽境内的湖泊、河流很多，淫雨又使城市到处淹水，自己的水师还没成型。同时汉赵皇帝刘聪既封主上为镇东大将军，兼督并、冀二州诸军事，我们就应该到并州、冀州去发展，可免招腹背受敌之虞。况且河北省的邺城为北方最富裕的名城，在军事设施上有三台之固。还有邯郸、襄国，都是地理上形势险要而又富庶的古都，取其一就足以控制北中国大平原，养马、练兵，然后再图南下江东。司马睿经营建康没有多长时间，军事实力、政治基础都还不很稳固，他集合大军在寿春，只是拿攻击的姿态以达防守的目的罢了。

石勒接受张宾的建议，下令全部辎重部队由参军都尉为总指挥，分批夜行北进。石虎率骑兵两千向寿春挺进，声言进攻晋军主帅大营；实乃掩护辎重部队北进。石虎军在行军途中遇到晋军的运粮船，由于几个月来一直缺粮，士卒饥不择食，因而争相抢粮，一时失去控制，遂被晋军打得落花流水，大败而北遁。晋军纪瞻乘胜追击，正巧和石勒所率领的殿后主力部队遭遇；纪瞻不敢恋战，退回寿春。

司马睿下令全国戒严，在河南地区施行坚壁清野，使石勒部队在行军途中抢不到粮食。石勒下令见人、牛、羊就杀，杀了吃肉，就是不准杀战马。石勒非常艰苦的走过这三百多公里的路程，到了河南省延津县的文石津渡口，石勒命战将孔苌搜集民间高粱秸，捆成渡筏，率精兵乘夜偷渡黄河，抢得晋军汲郡守兵的船只、粮秣，大军渡过黄河。有了粮秣，人马才能吃饱，石勒的军队士气大振，于是挥军直取邺城。

驻守邺城的是当代晋廷名将、并州刺史刘琨的侄儿刘演，邺城又是当时华北的重镇，最重要的战略据点。刘演虽有数万之众，但都是没有经过严格训练的胡、汉混合部队。石勒在五年前曾经是纵横河北、山东，著名的骁勇善战、杀人不眨眼的大土匪。现在晋兵听说石勒已经渡过黄河了，所部一哄而降石勒，刘演仅剩亲信数千人缮城固守。

石勒也依幕僚的建议，行军途中不作攻坚之战，于是绕过临漳(邺城)，兼程疾行，主力很快占领了邯郸。石勒迷信邯郸以北的邢台(古襄国)是春秋时赵国的故都，必有王者风水，于是留兵驻守邯郸，准备与邺城构成掎角之势，他的主力部队直取邢台(襄国城)。

这时候晋廷驻在华北的大臣，一个是驻镇山西的并州刺史刘琨，另一个是驻守河北已经多年的冀州刺史王浚，都是实力雄厚而且战无不胜的名将。石勒所据的襄国和西邻刘琨有太行山之隔，可是东边的王浚却是朝发夕至的广阔平原。石勒敢在这两大军事集团之间的环境中冒险，他全仗着身边相当高明的一班汉人幕僚团。

汉赵嘉平二年(312)，石勒刚刚据有襄国，接受幕僚建议，下令辖区内提前收割秋季庄稼，粮食集中管制，一面分兵进攻附近郡县、寨堡、搜掠粮秣，集中于襄国，一面向刘聪报告现况。随即，汉赵皇帝刘聪任命石勒为都督幽州、冀州、并州诸军事兼冀州牧，并封爵为上党公，这是“地区总司令”大臣。

石勒占据襄国，晋冀州刺史王浚有如芒刺在背，于是派都护王昌率段匹碑、段疾陆眷与段末柸等五万鲜卑兵进攻石勒。

段疾陆眷是当时最负盛名的鲜卑悍将，所部都是能征惯战的精兵，尤其段末柸营，是著名的敢死队，也是王浚的一张王牌。

段疾陆眷进驻距离襄国东北百千里的河北任县，发布战斗序列：段匹碑营攻襄国东城，精兵主力段末柸营攻北城，段疾陆眷督阵两营之间。

石勒则在城外筑成很多地堡，布成了弓弩手的掩护阵地。另以隔城重栅的拒马战法来阻挡段军骑兵。又命勇将孔苌在北城墙下挖了很多小洞，又在城外布置数道擅长射箭的伏兵，每人配给响箭一百支，规定一定射完。城墙上的守兵稀稀落落，表示没有出城应战的打算。

当段末柸营进入攻击位置的晚上，孔苌亲率勇士数百人自各小洞口冲出，奇袭段军。瞭望哨猝不及防，顿时喊杀之声震天动地。段末柸自恃勇猛过人，就挥军出击，孔苌则留下部分战士，率领部分急急退回城来。段末柸不知是计，紧追紧赶，结果陷入箭阵，响箭满天飞，中箭的倒了下去，没有中箭的光是飞箭响声，也被弄得头晕脑胀。段末柸为躲飞箭而伏地，被石勒兵士所擒。孔苌留在段营的部分突击队，乘虚进入段末柸的马厩营到处放火，顿时战马乱奔，段军大乱。连段疾陆眷的指挥大营也溃不成军。石勒率主力出城追杀，于是"(鲜卑)枕尸三十余里，(石勒)获铠马五千匹"(《晋书》)。段疾陆眷收拾残余，退守河北任县西南的渚阳。

晋廷的王浚所派的都护王昌的前锋部队败退，已进驻任县苑乡的后续部队，晋将领游纶、张豺等见大势已去，率领所部地方团队数万人向石勒投降。石勒不战而获得任县，为了保障任县，顺势又攻陷信都(河北省冀州区)，斩了晋冀州刺史王象而回师。孔苌、支雄、桃豹、逯明等将领分头扩大战果，河北省各胡、羯部落大多归附。

公元313年夏，石勒命石虎再攻河北临漳(邺城)，晋守将刘演弃城逃奔河南范县(廪丘)，临漳所有逃荒的难民都投降石虎。石勒派石虎镇守临漳，安抚难民。

石虎进攻临漳以东一百多里的廪丘，刘演又逃奔驻屯河北段文鸯。石虎追刘演到河北威县的上白地方，获晋青州刺史李恽，斩之而后回师临漳。

石勒对待俘虏来的段末柸非常礼遇，又派石虎护送段末柸回营，段疾陆眷喜出望外，随即和石勒订下互不侵犯条约。石虎又和段疾陆眷在渚阳盟誓结为金兰，段疾陆眷遂撤军回辽西。从此鲜卑族在东方的段家部落无形中归附石勒，王昌所部也撤回蓟城(北京市大兴区)。

两年后，王浚派他的女婿枣嵩驻防易水(河北省易县——易州，为防卫北京的重要据点)，并征召段疾陆眷出兵联合进攻石勒，可是段疾陆眷拒绝了。

石勒稳住襄国城后，就派大将孔苌率大军向东扩展。先占领威县、广宗、定州，斩晋兖州刺史田徽。王浚辖下的青州刺史薄盛望风投降，影响所及山东西部各郡县相继归降石勒。

向北，他也必须争取更多的据点来保障襄国的安全，于是他的大军先后攻下宁晋(巨鹿)、正定(常山)，这时候石勒的部队已经有十多万人了。

石勒收容投靠他的士大夫群，有的是晋朝的现职官员，有的是儒学之士，有的是地方士绅，还有一些失意政客，设立一个庞大“君子营”开始整军经武，由张宾为“军功曹”主持军中人事，由孔苌、支雄、桃豹、逯明等为将领，并州各胡、羯部落大多归附。

千里长征

这时候给石勒压力最大的是驻山西的晋并州刺史刘琨，还有驻镇蓟城的王浚。并州和石勒的襄国隔着一道太行山，而蓟城和襄国(今河北省邢台市)之间虽有一千多里路程，但却一迈平原。刘琨与王浚都是拥有重兵的实力派，刘琨比较稳健持重，王浚却纵情酒色，又有叛晋称帝的野心，加上幽州连年水灾，王浚却不恤民间疾苦，依然横征暴敛，大兴土木修建豪华宫殿，以致内部忠良人士离心，四方胡族叛乱。

石勒接受谋士张宾的设计，先和刘琨挂勾，表示愿意归顺，只是怕王浚因嫉妒而扯后腿。刘琨和王浚本来不和，接到石勒这封信后，立即回答石勒表示同情与支持。这个回应，无形中鼓励了石勒和王浚对立，所以张宾又建议“出其不意，用兵千里”之计。当时在石勒想象之中第一个敌人就是王浚，其次才是刘琨，主观因素是三年前王浚派王昌、段疾陆眷攻击襄国之恨。客观因素是当前王浚统治下的社会很乱，以前忠于王浚的鲜卑族最具实力的段家帮也与王浚分裂，倾向石勒这一边。

西晋建兴二年(314)，石勒派近侍王子春携带大批珍宝、珠玉、古董，进贡给王浚，又送给王浚的女婿枣嵩、谋臣朱硕等很多金银珠宝，由他们向王浚建议接受石勒投降。接着石勒又写一封信给王浚，大意是恳劝王浚称帝幽州，他愿率众侍卫。王浚非常高兴，立即回信召见石勒，共商大事。

石勒觉得机会到了，于是下达动员令：第一路以步兵为主，带着几千头牛羊立即出发，沿官道直发幽州。前五天昼宿夜行，沿途住宿，农村施行戒严以保密，五天后正常行军，沿途由王浚的防守部队供应粮秣。第二路是轻装备的精骑兵，五天以后出发，自带五天干粮，专走小路，绕过晋军各地驻防哨站。

王浚派驻镇范阳(河北省涿州市)的司马游统，早就和石勒勾结，范阳是幽州外围的重要据点，所以当石勒军疾如闪电的渡过易水河时，王浚的大营督护孙纬一面派人飞报王浚，一面下令备战抵挡，当时游统就禁止孙纬的抵抗行动。

是年(314)三月二日，石勒的大军突如其来进入蓟城，先驱牛羊群，塞得满街满巷，宣称这是慰劳晋军，实则是为了使王浚的军队不能迅速集结。

石勒直捣王浚大本营，命令甲士抓捕王浚，又使王浚的旧属徐光当面宣布王浚的罪状，然后派参将王洛生率五百骑兵把王浚押送襄国。途中王浚曾打算投水自尽，但为王洛生救起，用绳索捆绑到襄国后斩首于东市。

石勒杀了王浚的精兵一万多，王浚的近侍以及游统、枣嵩、朱硕等一百多人都以“纳贿乱政”罪名被斩首，没收家产多达亿万，焚毁了王浚的豪华宫殿，又把蓟城住民，不分胡、汉，统统迁移到襄国编为“营户”。

王浚的部属们，纷纷到石勒的大营请求恕罪，送给石勒的贵重财物堆满了营帐，只有尚书裴宪、从事中郎荀绰，既没有财宝可献，又不去求饶，最后石勒还认为他俩很有骨气，就委裴宪为参议，荀绰为参军。

石勒回到襄国(河北省邢台市)，派使节把王浚的人头送到平阳，刘聪封石勒为大都督、骠骑大将军、东单于，加封采邑十二郡。

石勒又命石虎乘胜进犯冀州，晋抚军将军段疾陆眷一族因两年前曾和石勒订有互不侵犯的约定，所以双方驻守边境没有战争。

石勒下令新占领区内各级地方政府切实调查户口，依人丁征兵，每户征收谷二斛，布两匹，于是石勒的兵力大增。

石勒、刘琨与坫城

石勒打垮了王浚之后，再一个目标就是刘琨了，而刘琨虽然和王浚不睦，先是有些“幸灾乐祸”心态，可是等石勒真的把王浚消灭以后，他又顿生“兔死狐悲”之感，同时他也已经意识到石勒不可能来归附，石勒之可怕在刘琨的心中起了一个大疙瘩。

眼看石勒的魔掌就要伸向并州了，而自己的兵力、兵源都已受到严重威胁，刘琨只有再求助于鲜卑族的拓跋猗卢，要求联合出兵消灭石勒和汉赵。拓跋猗卢本来已经同意出兵，可是正在这时候，拓跋猗卢属下的羯族部落一万多家酝酿起义投降石勒，拓跋猗卢移师讨伐这些羯族部落，把这一万多家羯族全部屠杀，事平之后，刘琨已经被石勒打败。

石勒得到刘琨的情报后，立即下定决心先下手为强。

西晋建兴四年(316)，石勒自太行山第五个峡谷——井陉关，进攻刘琨辖下的乐平郡昔阳县的坫城。这里是刘琨防堵石勒的战略重镇。守将韩据一面婴城固守，一面急向太原刘琨求援。石勒围城两天，韩据并不出战，石勒已经研判出他是在等待太原的支援了。太原距离坫城约一百公里，行军里程约需两天，于是石勒就决定采用新的“围点打援”战法。

刘琨接到韩据的战报后，正打算进攻石勒，而今石勒竟来送死，于是力排众议，倾尽兵力，组成胡汉联合兵团步骑二万人，由胡将箕(姬)澹为前锋总指挥，卫雄为阵前将军，进攻石勒，刘琨自率大军进驻坫城西北方的广牧(山西省寿阳县)为后援。

石勒在坫城山上布置疑兵，出入频繁，忙碌搬运，表示这里是主帅大营；另在坫城近郊谷地布置两道埋伏阵地，先派轻骑兵迎战箕澹，奋力冲阵。箕澹也有车阵护卫。石勒军一冲失败，立即败退四散，箕澹不知是计，下令抢攻山上石勒的“主营”。石勒军四散的骑士，很快和当地隐藏伏兵结合，左右夹击晋军。左翼都是弓箭手，万弩齐发。正面山上的滚石滚木雷阵。箕澹挥师右转，更强大的石勒骑兵像潮水般的冲将出来，把箕澹兵团打得死伤一万多人。石勒俘获全副军事装备的战马数万匹。箕澹、卫雄带着一千多残兵败将逃回代郡(河北省蔚县)，韩据也放弃坫城逃走。

石勒大军并不进攻驻扎在寿阳的刘琨，而乘胜直扑刘琨的总部所在地——山西省阳曲县。刘琨派长史李弘留守总部，石勒的大军一到，李弘立即献城投降。并州各郡县顿时陷入混乱、恐怖中，以致刘琨进退不得，只好率领他的残余部，不敢走官道，沿着太行山边绕过代郡以南的飞狐谷，投奔蓟城的鲜卑族中最忠于晋廷的段匹磾去了。

石勒把坫城、阳曲居民强制迁移到襄国各郡县，再移襄国各营户来并州。

石勒与汉赵

汉赵麟嘉三年(318)秋七月汉赵皇帝刘聪死，他的儿子刘粲继立，司空靳准发动政变，刘粲几乎被灭门。这时候石勒已经据有山西省的东北部分、河北省、河南省和大部分山东省，而且又是刘聪封的大将军，他早就有政治野心。所以他抓着这个机会借口“勤王”，发兵五万声讨靳准。乃征召幽、冀二州的民兵十多万人，制造攻城车、飞梯，进攻平阳小城。其先头部队进驻平阳以西五十里的襄陵北原地方，意图扼制来自长安的刘曜，一面却又写信给驻节长安的刘曜，约定时间会师平阳临汾(靳准的“总司令部”)。

篡位不久的靳准被杀，继任人靳明又带着印玺和文武官员向已经进军赤壁的刘曜投降。而刘曜也顺势在赤壁军中宣布即皇帝位，并派使节拜石勒为大司马、大将军，加九锡，增封十郡，进爵赵公。

石勒进入平阳，把靳准的家人、近臣、将佐数百人，不分男女老幼一律斩首，然后再收殓刘渊、刘聪、刘粲的遗骸，隆重安葬；又把平阳的羌、氐、羯族人七万多户迁到襄国附近各郡县。刘粲原有的部队改编后调往襄国，眷属都列为襄国附近的营户，另派心腹部队驻镇平阳。

石勒与刘渊是患难与共的弟兄情分，但到刘家第二代刘聪时，石勒已经是野心勃勃，时刻在想着做刘渊第二。这时候石勒和刘曜本来就是貌合神离，互为利用而已，刘曜所以不径取平阳，也就是还不愿意和石勒翻脸。石勒处理完平阳事件后，返回河北的襄国。

石勒命石虎攻击鲜卑部落酋长日六延所盘踞的朔方(河套)。日六延部落一向以逐水草游牧为生，既没有城郭设施，也没有正式武装部队，一旦遭到袭击，部众立即四散。是役石虎杀了鲜卑部族两万多人，掳走三万多人而回师。

王浚被杀之后，鲜卑族段匹磾向晋廷报命为幽州刺史，重整地方行政。石虎乘其尚未就绪，派孔苌分兵扫荡幽州所属各郡县，肃清晋军余烬。段匹磾所部士卒因没有粮饷而逃亡大半，率仅有的残兵败将，逃往河北怀来投奔代王，没料到代王拓跋郁律竟在内蒙古和林格尔地方把他全部缴械，部众溃散。段匹磾单骑逃往山东乐陵，投奔晋冀州刺史邵续。

在河南开封以南蓬陂地方的豪门陈川，组合地方团队筑坞自保。晋廷腐败无能，军阀们又各自为政，苛捐杂税，人民不胜其苦。陈川就率同浚仪(开封市)地方团队投降石勒。晋廷派征虏将军祖逖攻击陈川，石勒也派石虎援救陈川，两军在开封会战，祖逖大败，退保梁国(河南省商丘市)。石勒又派桃豹进驻蓬陂，威胁商丘，祖逖再退守淮南(安徽省寿县)。石虎把陈川所部五千户人家迁到襄国，留桃豹驻镇蓬陂。

石勒称王

这时候华北六州(平州、并州、冀州、幽州、青州、兖州)中石勒已占有五州，只剩东北角的平州还在亲晋的鲜卑族手中。石勒得意之下在汉赵光初二年(319)的十一月宣布独立，自称“赵王”，废汉赵正朔，改年号为“赵王元年”。因为他在汉赵之后，传统历史家称之为“后赵”。

翌年(320)年初，被石虎打败投奔晋朝冀州刺史邵续的段匹磾，得到邵续的奥援，进攻石勒占据下的蓟城(北京市大兴区)。石勒探听到邵续的部队大部分交给段匹磾了，现在邵续驻屯的厌次(山东省阳信市东十里马岭城)应是军力单薄的时候，于是命石虎率精骑突击厌次，另派孔苌分击各外围据点，先后攻陷十多个营寨。二月，邵续的粮源渐少，渐感惶恐。邵续率城中守军出城反攻。石虎用调虎离山之计，再以强大的骑兵截击，切断邵续后路，再把邵续团团围住，猛烈冲击斩杀，最后邵续力竭被俘。

段匹磾听说厌次被围，急急回师援救，中途又得到情报说邵续投降，因而引起军士四散逃亡。段匹磾所部又被石虎的骑兵直冲切断，分段包围，幸亏段文鸯奋力死战，段匹磾才得数人入城和邵续儿子邵缉共同坚守厌次。石勒派孔苌参战，苦战几天，段文鸯奇袭孔苌大营得手，石虎下令撤围。

翌年(321)石虎再围厌次城，并特别对段文鸯施行心战，喊话要他归降。可是矢志忠于晋廷的段文鸯开城迎战，左冲右突，石虎军队像海水一样一波又一波的涌上来。段文鸯的战马累死了，他徒步奋战，丈八长矛折断了，夺得短刀再拼，从早上战到黄昏，石虎军将四面八方围得水泄不通，段文鸯精疲力竭、倒地被俘。厌次城内的段匹磾也被邵续的儿子邵缉挟持出城向石虎投降。

石勒任命段匹磾为冠军将军，段文鸯为中郎将，幽州、冀州境内的东晋势力全被肃清之后，段匹磾、段文鸯、邵续父子都被石勒杀了。

山东之战

晋泰山郡的内史徐龛两年前(319)归降石勒，被派为兖州刺史，在山东齐水、泰山、东莞一带打家劫舍。翌年(320)春，晋征虏大将军羊鉴率大军讨伐徐龛，石勒派部将王伏都率军支援徐龛，又派部将张敬率军为后援。

王伏都这个人性情暴躁，又特别好色，他见徐龛的妻子长得很美，于是乘夜施以强暴，引起徐龛的极度愤恨。等张敬的后续大军到达邻境东平，徐龛误会是王伏都招来联手攻击自己的，于是逮捕王伏都及其将佐三百多人，将其全部斩首，回头又向晋军投降。晋廷命徐龛为泰山太守。

两年后(322)石虎率步骑四万大军再攻泰山(山东省泰安市)，晋太守徐龛婴城坚守。石虎构筑长墙围困几个月，徐龛因为城内粮尽，城外没有援军，最后率守军三千多人开城投降。石虎把降兵全部坑杀，把徐龛押解送到襄国，石勒痛恨徐龛一叛再叛，于是把他装在麻袋里，自高楼摔下，并令前被徐龛杀害的将士眷属们来剜出徐龛的心肝而食之。

东晋明帝太宁元年(323)，石虎进犯江苏的彭城、下邳，不能得手。是年秋转而进攻山东的青州。晋青州刺史曹嶷固守，石虎以人海攻击几天，都被城中军民联手击退，石虎军伤亡惨重。最后石虎用地道战法破城，曹嶷被俘，送到襄国被剥皮凌迟处死。

石虎下令把青州投降军士三万多人全部坑杀，还要洗城(杀尽全城居民)，幸有汉人谋士刘徵冒死劝阻，石虎才答应留下男女七百口配给刘徵，使镇山东青州(广固)。

翌年(324)春，石勒的将兵都尉石瞻再犯东晋的彭城、下邳、东海、东莞，掳去五千多户居民。

石勒的司州刺史石生攻击刘曜的河南太守尹平，在新安大战一场，尹平战败被俘后斩首。石生掳去居民数千户。

前赵与后赵

蒙古
鲜卑
上谷郡
辽西郡
渤海
前凉
宁夏
中山郡
定襄郡
后
赵
太原郡
襄国
兰州
前
陇东郡
赵
河东郡
陇西郡
北地郡
长安
河南郡
琅邪郡
黄海
徐州
水
淮
巴颜喀拉山
仇池
东晋
成汉

龚同光制

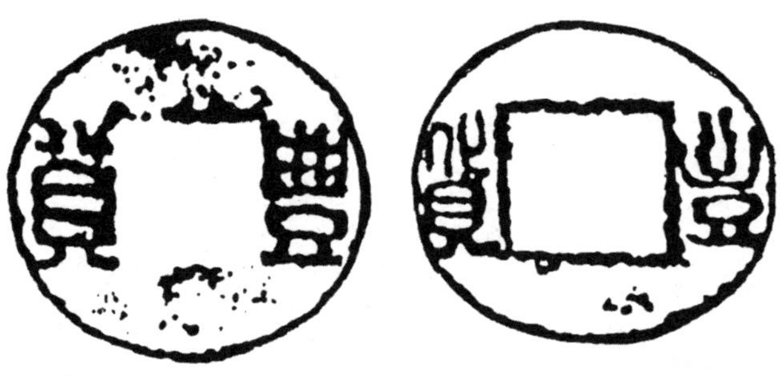

丰货钱

为后赵石勒的赵王元年、东晋元帝太兴二年(319)所铸。径一寸，重四铢。时人称之为富钱，藏之令人丰富。

后赵丰货(铜币)拓片

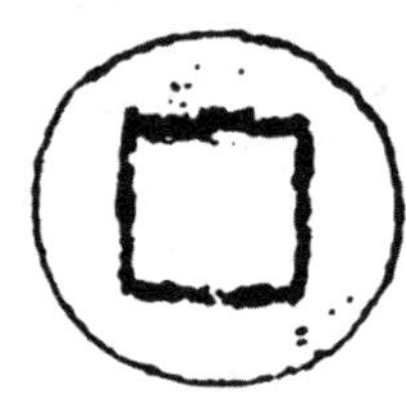

丰　货

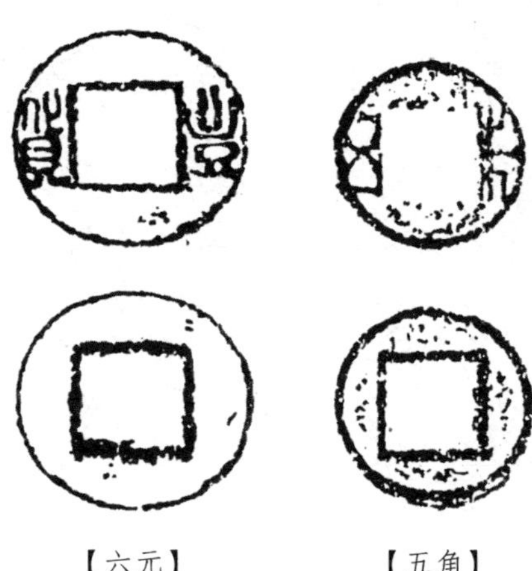

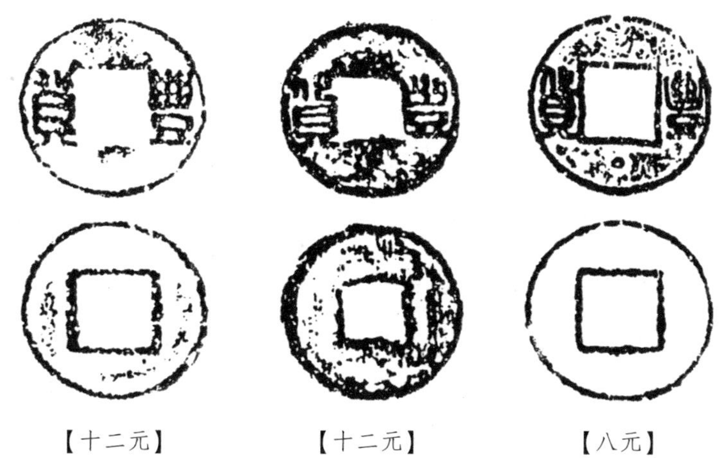

【十二元】 【十二元】 【八元】

《晋书·石勒载记》:“勒铸丰货钱。”《旧谱》曰:“径寸,重四铢,文曰丰货。”按今所见有两种,一种面无内郭,一种有内郭。

洛阳、邺城之战

刘曜的行政中心在长安,石勒必须设法占据潼关、洛阳,隔断刘曜政权的东西间连络,然后再各个击破刘曜在河南、河北、山东的地方势力。于是双方军力都集中在潼关、洛阳地带,展开拉锯式的游击战,每天都有战争,每天都有杀伤,互相攻略,潼关、洛阳一带的居民,死难的不计其数。

洛阳攻夺战(关于洛阳的攻夺战,写在前赵篇),石勒获得胜利,从此黄河下游(包括司州、豫州、徐州、兖州)完全为石勒所据有。

邺城(河北省临漳县),是三国时曹魏的行都,交通便利,商业辐辏,尤其是城防工事的构筑,有所谓“三台之固”,是石勒久想据有的地方。

邺城原由刘琨的侄儿刘演(刘琨兄刘舆之子)镇守,自刘琨相继失败死亡之后，刘演认为临漳目标太大易遭攻击而退守廪丘，临漳就成为东晋孤悬陷区的一个战略危城了，但是仍然为石勒心目中的禁脔。

石虎攻临漳的战略是采用迂回攻势，先自山东省的平原(故治在山东省平原县南二十里)动手，把当地的杂胡、乌丸、展广、刘哆等部落三万多户迁往襄国，再以平原地方团队联合部队进攻河南范县(廪丘)东北的朝城(东武阳)。这两个地方都是临漳的“兵站总部”，朝城的晋守将宁黑和三千多将士全部战死。石虎又把当地人不论胡汉掳去一万多人送襄国，再使前将军支雄、逯明占据馆陶、广平，控制着漳河的水上交通，使临漳陷于孤立。逐步缩小包围圈，强迫刘演出城应战，再一举而歼灭其全军，他终于达到这个目标了。

公元326年冬，石聪进攻晋属安徽省的寿县，晋守将祖约弃城逃走，石聪劫掠安徽合肥、全椒等地，屠杀或俘虏五千多人。

晋兖州刺史郗鉴，驻守山东邹城，由于石勒的大批骑兵流窜，活动力强，郗鉴虽然拥有几万步兵部队，也不敢出城迎战。石勒把邹城四郊的粮食抢光，强制迁走居民。郗鉴困在城内，真是上天抓飞鸟，下地掘老鼠来维持生存，最后还是撤守。

石勒再一个目标是祖逖生前的地盘，因为五年前他曾败在祖逖手里，祖逖的弟弟祖约，是东晋委派的豫州刺史，驻守在江苏淮阴。祖约手下完全是他哥哥祖逖留下来的一些地方团队，没有晋廷的正式粮饷，也没有好的军事装备，除了“刺史”这个官衔是晋廷封派之外，一切都靠他在地方征发、筹募。可是连年兵荒马乱，民众战死、病死、饿死的，逃往江南的，几乎十之七八，留下来的也都在饿死边缘挣扎。祖约在不满现实的激烈情绪下，仅率一百多族人向石勒投降了。于是江苏、安徽、河南，完全归石勒治下了。

隋唐时代的洛阳宫城图

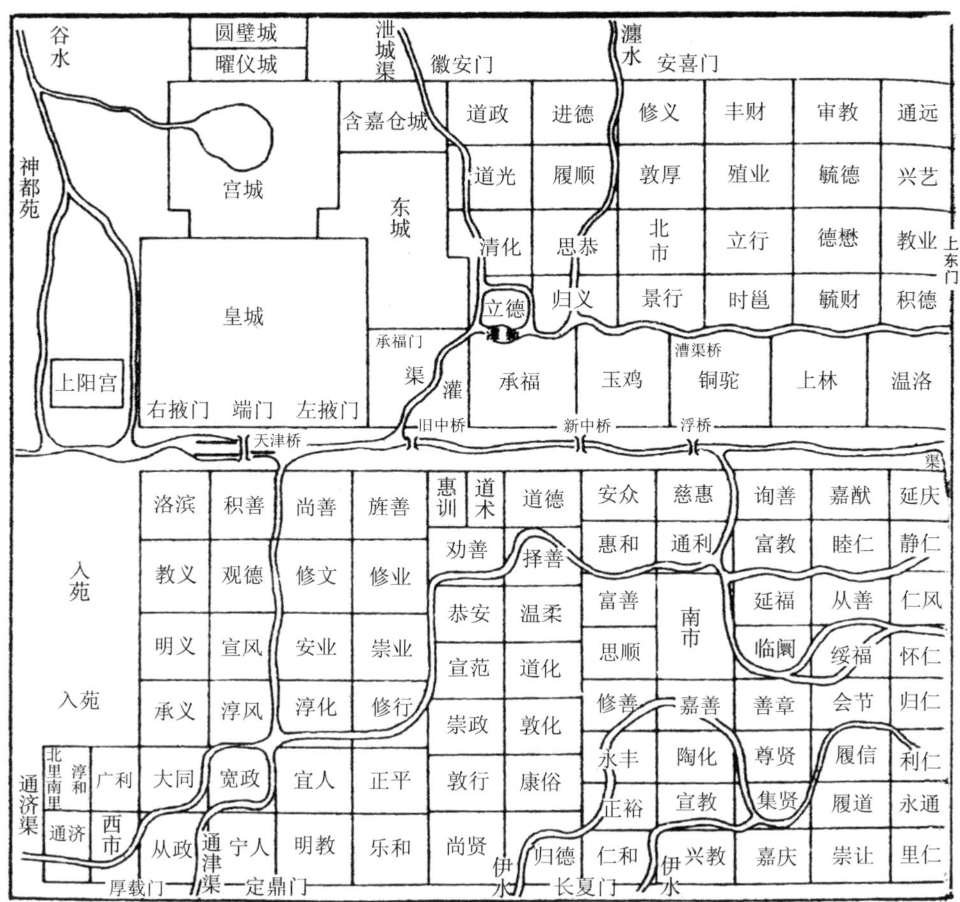

石勒的后赵太和二年(329)，石勒灭了刘曜的前赵之后(石勒灭前赵的经过见前赵篇“洛阳之战”)，又乘胜征服河西一带羌、氐各部落，俘虏数万人，羌族部落领袖姚弋仲(后秦王姚苌的父亲)、氐王蒲洪(前秦苻坚的曾祖父)都来归降，石勒把羌、氐两部落分别迁移到冀州(河北省)、司州(河南省)。

翌年(330)石勒看祖约没有利用价值了，就把他连同他的族众一百多人全部斩首，又把他们的妻子、姬妾、女儿们分别赏赐给羯族高级官员做奴婢。

是年(330)石勒派刘徵率新成军的水师数千人，乘船沿东海打劫江苏常熟地方，并斩晋南沙都尉许儒。翌年春又一次派水师南下打劫江苏昆山、武进等地，这是石勒试图南下犯晋的触角之一。

公元330年，石勒命驻在河南南阳的荆州监军郭敬进攻湖北襄阳，当时东晋驻守襄阳的是中兴名将周访的儿子周抚，周访在梁州刺史任内也曾驻防襄阳，很得当地民心，所以晋廷任命他的儿子周抚继任。郭敬攻陷樊城，由于兵力不足，就和襄阳隔汉水对峙，石勒授计郭敬：偃旗息鼓，士卒隐藏民宅，显示没有人的样子，几天后再命部属分批在汉水边洗马、饮马，日夜不停的一批接着一批，轮番不息的不断有一批批的马群在汉水洗澡、饮水，对岸的晋军前哨报告周抚说是石勒大军已经开到，估计战马一万多匹，人员一定比马多。周抚恐慌万分，决定放弃襄阳，逃奔武昌，于是石勒部将郭敬不费一兵一卒而进占襄阳。逃荒在襄阳的中州难民群，在走投无路的处境下也只好向石勒军投降了，晋将魏遐也率部众自湖北钟祥来降。郭敬拆了襄阳城墙，把所有居民强制迁移到汉水以北，准备以汉水为界，和晋军长期对峙。

石羌部落叛

盘踞在桑城(甘肃省临洮县南)的休屠王石羌部落宣布独立，石勒派石生率大军讨伐休屠王。石生大军在桑城和休屠王决战，休屠王大败，率残众投奔前凉张骏。这时候石勒气焰正高，威望好像日正当午，张骏也怕石勒借口收容休屠王而来攻击，所以就派长史马诜向石勒称臣。

这时候的东晋局处长江以南的东南角，没有力量也没有计划北上，所谓“规复中原”者，不过是晋廷的幻想、官僚政客们挂在嘴上的口号而已。

贫儿乍富，不知所以，石勒志得意满之余，计划在邺城大兴土木，建造新的宫殿，被当时他的高级幕僚们劝阻。后赵建平二年(331)，石勒又在故都襄国城建大型纪念堂(明堂)、太学(辟雍)、天文台(灵台)。九月又恢复邺城新宫殿的工程，同时宣布邺城为大赵王国的首都，洛阳为“南都”，设皇帝行营(行台)；赵王石勒宣布他是皇帝，自称为“明帝”。

翌年秋，石勒的荆州刺史郭敬，自襄阳出兵东犯安徽和县、湖北黄冈一带，做一次试探性攻击，劫掠民间财物不计其数。东晋太尉陶侃命平西将军陶斌和南中郎将桓宣乘郭敬全军东犯、樊城空虚之际进攻樊城，把郭敬的留守人员全部掳去。郭敬急急回师拦截，救回被掳人员。陶斌又攻河南新野，切断郭敬和邺城的联络线，郭敬被迫放弃襄阳、樊城，退守河南南阳。

石勒病死

石勒的后赵建平四年、东晋咸和八年(333)，石勒派使节赍厚礼前往晋都——南京(建康)，向晋廷要求“尊严”，要求承认后赵的主权独立，要求以特殊国与国的平等地位建立邦交、和平共存，为晋廷拒绝，并被焚烧了厚礼。当年秋，时年六十岁的后赵明帝石勒，做了称霸中国北方十年的“王”、四年的“皇帝”而病死，太子石弘继立。

谚语：“人之将死，其言也善。”也许是石勒作恶太多，良心发现了，杀人如麻的石勒临终留下遗嘱：

殓以平常所穿的衣服，要三天之内安葬，出殡只用平常使用的车辆载棺，不得以金玉珠宝殉葬。乘夜埋瘗在深山谷中，使人不知其所在。安葬之后立即除去孝服，不可因为他的丧事而禁国人办喜事、祭祀、饮宴。在战场或驻镇边远各要地的官员，不必来首都奔丧，免误军机。

石勒在流窜河南、湖北时期曾对他的敌人多次“鞭尸”“焚尸扬灰”，如今也许是他害怕遭过去所为的报应才做如上的遗嘱。

石弘虽然继承皇帝位，但是国家实权完全操在石虎手里。石虎本来打算立即篡夺政权的，但又顾虑到满朝文武的舆论，不得不暂时忍耐，做些表面文章。他一面把石勒的尸体乘着夜深人静的时候，偷偷地埋在深山野谷中，使人不知道在什么地方；一面于第二天再公开举行盛大的国葬仪式，把一口空棺下葬高平陵。石勒可以算是一个可歌可泣又可怜的传奇人物。

石虎与石弘

提到石虎这个人，可以说是集多疑、妒忌、躁急、野蛮、残忍在他一人身上。

石虎字季龙，体胖，本来是石勒父亲的养子，生长在有权有势的军阀世家，骄纵成性，屡次惹是生非，任意杀人！石勒几次想要杀掉他，都为母亲所曲意袒护，侥幸保着这条命。十七岁那年跟养母随石勒在军中生活，一则石勒严加管教，二则军中习武气氛的影响，使他习得一身很好的武艺。可是他的本性难移，他喜欢玩弹弓，而且专门以弹人眼睛为游戏，有一次竟弹瞎了一个战士的眼睛，营中将士对于石虎常拿兵士来当靶子早已愤恨至极，于是群情哗然。石勒听说以后立即去见母亲要求准许把石虎处死以平众怨！可是石勒的母亲溺爱石虎，只许石勒管教而不许杀他。石勒难违母命，只好在众兵士面前把石虎狠狠地打了一顿，从此石虎不敢再狂傲不羁了。后来石虎跟着石勒学了不少武艺和兵学，加之他勇猛过人，也为石勒立下不少战功，石勒也很赏识就拜他为征虏将军。

石勒为石虎聘娶当时名将郭荣的妹妹为妻，可是石虎的性格凶残暴躁又多疑，郭氏稍不注意触怒石虎，于是石虎就杀了郭氏。他又娶了当地名门望族的崔氏，没有多久崔氏又被杀了。后来石虎又看上了杂技女演员郑樱桃，娶来为妻，又娶杜氏为妾，郑樱桃给他生了儿子石邃、石遵，杜氏也给他生了石宣、石韬，也许就是这个原因，郑氏、杜氏沾了儿子的光而保住了性命。

石勒能灭了前赵，建立后赵王国，自称“大赵皇帝”，石虎的功劳算是最大的。石勒称帝之前是胡部大单于，仅次于汉人的皇帝。石勒称帝，封石虎为中山王、太尉。石虎的儿子石邃为冀州刺史，封齐王，加散骑常侍，武卫将军。石宣为左将军，石韬为侍中，封梁王。石虎满以为石勒做了皇帝，大单于的位置应该是他的了，没想到石勒竟把大单于传给他自己的小儿子石弘了，以致石虎怨气冲天，遂下决心谋杀石勒，并在他的儿子石邃面前誓言要让石勒“绝子绝孙”。

石弘做了皇帝，最怕的是当时的中山王石虎，所以刚坐上皇帝位置就立即封石虎为丞相，并封为魏王、大单于，还特别颁赐九种最高荣誉(加九锡)，总摄朝政，统御文武百官，又加封十三郡，这是封建时代做臣僚的最高荣誉。

石虎以极傲慢的态度坦然接受，并立他的妻子郑樱桃为王后，长子石邃为王太子，加使持节、侍中、都督中外诸军事、大将军、录尚书事。这都是可以代表皇帝权力的官职。

石虎命石弘的母亲刘太后迁入太子宫居住，又把石勒时代原有的美貌宫女、车马、天子仪仗饰物，统统搬到他的丞相府中。

石虎自认为后赵的天下是他打下来的，皇帝应该由他来做。他先杀了石弘的谋臣程遐、徐光等人，并灭了他们的九族。彭城王石堪和刘皇太后议论朝政、时事，石虎知道石堪本来是汉人，就借这个理由，把石堪活活烧死，再杀了刘皇太后。

河东王石生本来镇守长安的，和驻镇洛阳的武卫大将军石朗举兵讨伐石虎。石虎亲率步、骑七万大军迎战，两军在洛阳东的金墉城展开大战，石朗兵败被俘，石虎把他两腿砍掉，然后再斩首。

石虎以石挺为前锋大都督，率大军西伐长安，驻镇长安的石生遣将军郭权率鲜卑酋长慕容涉归的部众两万对抗，两军在潼关遭遇，鲜卑族是一股生力军，冲锋陷阵如虎入羊群一样，石挺兵败战死，石虎军退守渑池。鲜卑军追杀，石虎军枕尸百余里，石虎派遣鲜卑族人为间谍渗入鲜卑军中散播谣言，说慕容涉归已遭石生治罪，顿时鲜卑族军大哄，回头反击郭权，结果石虎转败为胜。石生落荒逃回长安，石虎军一路进击直抵长安，石生又留下将军蒋英守长安，他独自逃往甘肃陇南地区的鸡头山隐遁了。郭权则率残众投奔上邽投降东晋，石虎军攻陷长安，斩蒋英。

翌年(334)，晋廷任命郭权为镇西将军，雍州刺史。石虎在长安当然不能容他，于是就派章武王石斌帅部将郭傲所部步骑四万西上讨伐郭权，军队还没有到上邽，当地的豪族就杀了郭权，提头迎降石斌。石虎把甘肃东部居民三万多户，分别迁移到山西并州和山东半岛地方。

苻洪与姚弋仲

氐族酋长苻洪(前秦苻坚的祖父)，率族众割据甘肃秦安一带，自称“护羌校尉”略阳公。东晋初，他曾向晋廷称藩，晋廷封他“镇北大将军”。这时候他要扩张地盘，就赶走了邻近的羌族姚弋仲部落，遂据有函谷关以西之地。前赵的刘曜在长安称帝(318)，苻洪就归降前赵，刘曜封他为“率义侯”。在石虎攻占长安之前，他见前赵大势已去，于是自行宣布是“雍州刺史”，归附前凉。因为前凉是汉人，又是晋朝承认的政权。石虎取得长安，派将军麻秋讨伐前凉，苻洪立即又率两万户族众归降，石虎封他为“光烈将军”“护氐校尉”。

苻洪到长安晋见石虎，建议把关中地方的汉人豪族和羌族部落共计十多万户，迁到中原地区来充实首都（邺城）的人力资源，并表示愿意表率群伦，率领氐族部落东迁。石虎派苻洪为龙骧将军，移民都督，进驻河南省浚县的枋头戍，这里是黄河的渡口，又是拱卫邺城的重镇。苻洪在长安一面暗中部署精锐部队在长安附近落地生根，准备以后起事，一面声言遵行石虎的政策。

石虎下令甘肃东部（秦州）、陕西（雍州）的汉人大族群与氐族、羌族举族向关东（河北省、河南省、山东省、山西省）迁移，又派羌族酋长姚弋仲为“奋武将军”“西羌十群六夷大都督”“持节”（代表皇帝，有生杀权的官员），移驻河北省枣强县的滠头戍，作为邺城北方的防卫据点。这两支胡兵给石虎增加了很大的声势，也在“五胡乱华”中扮演了很重要的角色。苻洪的儿子苻健建立了前秦王国，苻健的儿子苻坚发动了一次惊天动地的淝水之战。姚弋仲有四十二个儿子，长子姚襄是当代名将，次子姚苌则是推翻前秦、吊死苻坚的元凶，也是后秦的开国皇帝。

姚弋仲为人廉洁公正，平易近人，治事勤俭正直，个性爽朗，言谈诚挚中肯。石虎对他非常敬重。姚弋仲也始终如一的尽忠于赵王朝。

这时候在中国境内的“五胡”，只有石家班的“后赵”和汉人主政的“前凉”、氐族的“仇池”和“成汉”。东晋还据有淮河以南的江苏南部、浙江、福建、广东、广西、贵州大部分，江西、湖南、湖北大部分，河南的信阳、南阳，在东北还有辽宁、黑龙江一带的鲜卑族慕容部落和宇文部落与东晋维持着藩属关系。石家班的后赵已囊括了河北、山东、河南、江苏北部、山西、陕西、甘肃和内蒙古的大部分。

石虎在长安部署完妥之后，就班师回襄国。这时候的皇帝石弘，好像有不祥预感似的，自己捧着玉玺印绶、皇帝所用的文房四宝，步行到宰相府，要求石虎接受后赵的皇帝位，可是石虎还故作姿态，拒绝接受，又给石弘一个无能的罪名，把他和他的生母程太后、秦王石宏、南阳王石恢等一起囚禁在太子宫，三天之后又把他们母子以及其近族、子孙七百多人全都斩首于东市。

佛图澄的灵严寺

灵严寺在今山东省长清县，寺中存有佛图澄在此传教的甚多遗迹。佛图澄系天竺人，为后赵的石勒、石虎所笃信。

石勒去世的次年，石虎杀了石弘之后，自行宣布他是大赵帝国的“天摄王”，改年号为“建武元年”，封郑樱桃为天王皇后，儿子石邃为皇太子。石虎听信印度和尚佛图澄的建议，自襄国(河北省邢台市)迁到邺城(河北省临漳县)，定邺城为首都。

三年后(337)改称为“大赵天王”。公元349年，后赵太宁元年乃自称

“赵皇帝”。

封长子石邃为皇太子，加使持节、侍中、大都督、都督中外诸军事，大将军、录尚书事，国家大权一把抓，等于今天的副总统兼行政院长。

石虎把他所有的儿子都晋封为王，而且都掌握实权：

封石宣为河间王，使持节，车骑大将军，冀州刺史；

封石韬为安乐王，前锋将军，司隶校尉(“警备总司令”)；

封石遵为齐王；

封石鉴为代王；

封石苞为平王。

禽兽之家

俗话说：“有其父，必有其子。”石邃比他父亲石虎更残暴、更荒淫。他根本不懂政治为何物，被封为太子了照理应该过问政事，而他却每天只知道喝酒、玩女人，时常夜间闯进民家奸淫民女；官员的眷属被他看上眼了，不管她是不是同意，一定强使之和他通奸，稍不如意就把她杀了。朝中官员们人人怨恨，但都是敢怒而不敢言。最残忍的是当他兽性大发时，把筵席上服务宫女的头颅砍下来，洗净血渍放在端菜的托盘上给宾客传看、欣赏、评论，不发言的或事谏议劝阻的，都被杀头。那时候佛教盛行，他常挑选一些美貌尼姑入宫供他奸淫，玩弄之后杀了，和牛羊肉煮在一起吃，还分赏赐给随侍们品尝，鉴别哪一块是牛羊肉，哪一块是尼姑的人肉。

石虎时常谴责石邃，因之石邃怀恨在心，有一次石邃对他的秘书(中庶子)李颜等说：“官家(指石虎)的脾气怪，很难使他称心如意，我想效法冒顿单于，你们愿意跟我一起干吗?”李颜等叩头伏地，不敢应对。

石邃所说要效法“冒顿单于”是指在公元前201年时，冒顿杀了他父亲头曼而夺得匈奴族领导权的故事。从此也可以直接证明羯胡确是匈奴族的后裔。

石邃宣称有病，不上朝，率领太子宫的文武宫臣五百多骑到李颜的行馆饮宴，在筵席上石邃当众宣称，酒后即去冀州杀石宣，有不从者斩。然后上马奔向冀州，他的侍从官员都吓得四散奔走，只有李颜跪地苦谏，石邃才在酒醉中昏昏噩噩而回。他的母亲天王皇后郑樱桃听说后吓出一身冷汗，忙派使者到太子宫去规劝石邃，而石邃却把来使斩首。

石虎听说石邃生病，正要前往探病，为和尚佛图澄劝阻。石虎派身边亲信女尚书前往探省，石邃正要借机发泄，乃唤女尚书近前叙话，顺势把她杀死，把血淋淋的人头送回给石虎。石虎气得火冒三丈，立即把李颜等叫来审问，李颜把石邃说给他的话以及其所作所为照实供出，石虎下令斩了李颜等三十多个太子宫的服务人员，又把石邃幽禁在东宫。

这时候的石邃不仅不知愧对三十多条为他而牺牲的人命，反而公然挑战石虎。也许就是自作孽不可活的天律所定，石虎下令把石邃废为庶人；当天晚上又派人把石邃和他的妻妾、子女共二十六人统统杀死装在一个大棺材里埋了。然后又杀了东宫的宦官、宫臣和石邃的党羽二百多人，又把皇后(石邃的生母)郑樱桃废为“东海太妃”。

石虎的建武五年(339)，石虎立杜氏为他生的石宣为天王皇太子。石宣有他父亲石虎遗传的胡人相貌，鼻子高、眼窝深、连腮胡子，所以他最忌讳他人道说有关这一类的话，更有他父亲残忍、多疑的细胞，也是自然的事。有一次侍奉皇帝左右的汉官崔约和他的属下孙珍开玩笑说：你的眼窝深可以存尿，石宣怀疑是讽刺他的，于是下令杀了崔约的全家。

石宣和石虎一样喜欢打猎，石虎打猎时要有一千人的女骑士为仪队，这些女骑士们人人头戴紫纶巾，身穿绣锦裤，腰扎金银镂带，脚上穿花纹织成的靴子。石虎率领这样猎队出发，前呼后拥、威武非常。石宣的威仪比石虎的还要数倍以上，另外还有十八万虎贲将士跟随，石宣围的猎场比他父亲围的还大一倍，每边长百里，用人围成长墙，把远近禽兽都赶进围场中心，晚上行猎，仪仗队员各执火把，照耀如同白天。石宣带着他的宠姬显德美人乘辇观赏射猎活动，文武官员立着或跪着组成人墙守候在围场，如果野兽跑出围场(冲破人墙)，官员就得受罚。有爵位的下马步行一天，没有爵位的就鞭挞一百。所以每次出猎都人心惶惶，士卒因而饿死、冻死的成千上万。

石宣还有个同母弟弟石韬，是石虎最小的儿子，很受石虎的偏爱，因而引起石宣的妒忌，石宣便命心腹属下乘夜杀死了石韬，并把他的眼睛戳烂、肚子划破、肠肚外流，血肉模糊。

石虎查明石韬是被太子石宣害死的，盛怒之下就把石宣抓来关进席库里，剥光了衣服，反绑起来用铁线穿透他的下巴，像牛一样锁在席库中的柱子上，在他面前放一个大木槽，把人吃剩下的残汤剩饭倒在木槽中，让石宣就像猪、牛一样去舔着吃喝，又把杀石韬的刀放在石宣面前，让石宣舔那把刀上的血。使狱卒不分白天、晚上鞭打石宣，打得他凄惨嚎叫的声音震撼全城，夜深人静时分，更是令人毛骨悚然。

石虎亲自设计了一套处死石宣的方法，在邺城北墙外堆积了比城墙还高的木柴，中间竖立一根高大铁柱子，柱顶上装置绞绳盘的辘轳。石虎集合满朝文武官员和宫中妃嫔以下数千人登上铜雀台监看行刑。

石虎派石韬生前的亲信——郝雅、刘霸，拔光石宣的头发，割断他的舌头，砍掉他的手、脚，挖了他的眼睛，剖开他的肚子使内脏外流，把石宣弄得就像他弄死石韬一样的血肉模糊。再用绳索吊着石宣的下巴，转动辘轳把石宣吊上柱子顶端，四面放火烧掉已经血肉模糊的石宣。最后还把骨灰撒在各城门的要道上任人践踏，任风吹扬。

石虎又把石宣九个妻子儿女和随从亲信、宦官等三百五十人，全部用牛车拉断四肢(五牛分尸)后丢到漳河里让鱼、虾、鳖、蟹去吃。还派人拆毁石宣住过的东宫，改成猪圈、狗窝。原属石宣指挥的东宫卫士十多万人，全部解除武装，集体放逐到梁州(陕西南部、四川)做苦工。

在此事发生之前，散骑常侍赵揽，曾建议石虎天文异常，“应防生变”。事后石虎怀疑赵揽事前知情而不报，就杀了赵揽，并灭了他的三族。

石宣有个最小的儿子才四岁，石虎平素也最喜爱这个小孙子，这时候抱着石虎的腿，哭着喊：“爷爷！爷爷……”石虎竟然无动于衷，狠着心肠让武士夺去杀死！这小孙子紧紧拉着石虎的衣带不放手，在这孩子大哭大喊“爷爷呀！爷爷……”声中拉断了石虎的衣带，最终孩子也断送了性命！石虎回去也因这一场惨绝人寰的经历而生病了。

睚眦必报，是游牧民族的共同性格，可是报复手段之绝，有史以来，恐怕是石虎第一。九年前石勒的右长史程遐建议石勒兴建邺城宫殿，命世子石弘带一万禁卫军驻镇邺城，这时候石虎已在邺城驻屯多年了，当然不愿意离开这个富裕繁华的地方。他被迫移防，就怀恨程遐的主使，于是派壮士数十人，半夜进入程遐家中把全家人捆绑起来，再把程遐的妻子儿女衣服剥光，由士兵轮暴之后还把他们的衣服全部抢走，声言要使他们没脸见人。八年后石虎夺得帝位，又杀了程遐的全家。

石虎的特权

石虎为了准备做皇帝，在襄国城兴建“太武殿”，殿基高二丈八尺，南北长六十五步，东西宽七十五步，文石做墙，殿顶上的瓦都漆上生漆，黏在椽子上的、屋檐下的露头椽子和柱子上都镶着黄金、白银做成的装饰品。用珍珠编织成帘帏，床是白玉做的，珠帘为帐，上嵌黄金莲花，摇曳生姿，满屋子都是黄金珠玉，极尽豪华精致，地下层是可以容纳武装卫士五百人的地窖。

另外又建造了九个配殿，选拔民间美女一万两千多人，由女太史督导，胡、汉官员的女儿为干部，分别训练她们为骑射卫士。还有能歌善舞、弹奏管弦的乐队，以及各种杂艺技巧人才，以备石虎随时召唤、享受之需。

农业生产在当时是政治、军事的主要资源，各级政府官员的薪俸全是拿粮食给付的。军糈(粮、饷、车马、军械)全靠农业生产。所以石虎做了皇帝的当年(335)就下令振兴农业，凡是已经开垦的田地和桑园如有废耕的，主管官员要受严厉处分。三年后又实行均田制，土地重行划分，重新分配。

他又大事提倡佛教，民间寺庙可享各种特权，但是他仍然随时随地杀人如麻。他迷信天象与时事相关，特别建造观台四十多所，派专门人员注意天象变化，又仿秦始皇的阿房宫制，动员民工四十多万自临漳到襄国建造一座天桥。

三年前，石勒曾把洛阳的铜马、翁仲移在襄国的永丰门，而今石虎又不顾境内“大旱数年、斗米斤金”的灾荒，派守门将张弥把晋廷留在洛阳的大钟和钟虡(吊钟的铜架子)、九龙雕饰、翁仲、铜驼、风神飞廉的铜像等，统统迁移到临漳。这些极其笨重的铜铸品，据说在当时是用一种特制的四轮太平车，把车轮包上一层厚厚的麻纤维，使行车有些弹性，走在崎岖的路上不致震动，所以叫做“缠辋车”。还征发三四十万民夫参与工作，一只大钟掉到黄河水中，由三百个潜水夫下水，用竹子制的绠绳，由一百头牛拉动辘轳，才打捞上来，再用特制的大船运到临漳。

早在一百多年前的三国时期，曹操在邺城(河北省临漳县)经过三年(东汉建安十五年到十八年，公元210—213年)的时间建造了历史闻名的三台(铜雀台、金虎台、冰井台)。其中铜雀(爵)台高十丈，周围殿阁一百二十间，铜铸的铜雀高一丈五尺，置于楼顶，铜雀头顶“承露盘”承接露水，每天早晨曹操饮此露水期望长寿、成仙。

殷朝的纣王造“鹿台”是为了收藏他的金银财宝。曹操兴建邺城三台的重点目标是在军事，所以冰井台中冰室内有深达十五丈的冰井数口，井中储藏饮水、冰、燃料(石墨)、各种粮食和食盐等战备物资。三台相距各八十步，以阁道空桥相连，如遇特殊状况，断阁道空桥以阻敌人进路而且三台可以各自为战。

石虎迁都邺城后，重修三台，专以色情享受为中心目标。在铜雀台上加造五层楼阁离地三百七十尺，楼阁四周加造一百二十个房间，每间置女监、女伎，置御床，名为“金纽屈戌屏风床”。床上挂着蜀锦、流苏斗帐，帐四角挂着纯金龙头，口含五色流苏，挂着纯金香炉，炉中香烟缭绕，帐顶置金莲花，花中悬挂金质[illegible]囊，内装外国进贡来的高贵香料，异香扑鼻。帐外挂着香囊十二个，每逢石虎大宴或御临时，盛装美艳的歌伎表演歌舞于床前。

金虎台有一百三十个房间，石虎避讳虎字，乃在金虎台上置金凤凰一只，金虎台乃改名为金凤台。

冰井台中冬季储存大量冰块，以备石虎夏季消暑之用。

(北齐文帝高洋时，又把这个三台改名，铜雀台改名为“金凤台”，金凤台改名为“圣应台”，冰井台改名为“崇光台”。)

邺城有三个南门，石虎听信堪舆师的建议，把西凤阳门加高到二十五丈，六层楼阁，楼顶安置一只高达一丈六尺的铜凤凰，城楼粉墙红漆柱，甚是耀眼，富丽堂皇，饮誉天下，这也正是石虎重修三台、三城门的真正目的。

石虎在邺城西营建的桑梓苑，内有许多豪华宫殿，许多来自中外各地的美貌女郎，还有许多来自外国的珍禽异兽，石虎常游此苑宴饮自娱。

从襄国到邺城二百里途中，石虎兴建大小行宫十多个，每行宫中有专供侍奉石虎的夫人一个，侍婢奴十或十数个不等，由黄门官守卫，使石虎往返于襄国、邺城之行中精神愉快。

蒙古由于水资源缺乏，加上寒冷季较长，所以蒙古人的生活习惯一年只洗澡一次，穷人甚至几年不洗澡，这是自然环境所造成的。石虎生活在河北省多年了，对于生活享受方面无所不尽其极，光是他所使用的浴池、石材、木材都是别出心裁、精雕细琢。所谓九龙吐水浴，引漳水至太武殿前，每隔几步就分别装置铜龙疏，用葛布、纱布将滤过的水缓缓流入玉盘。皇帝、皇后洗浴之后的水再由玉盘流过盘下铜龟之口，经铜龟的尾部流出宫外建春门。

陪伴皇帝洗浴，给皇帝按摩、擦背的当然不只是皇后或宫娥，这是不言而喻的事了。

石虎称帝

石虎常以受汉文化洗礼最深自诩，每次大会群臣，他必头戴通天冠，把玉玺带在身上，依周礼的规则演奏礼乐后再行君臣饮宴。还有各种杂技表演，殿上灯光照耀，灯下有数十鼓乐班同时演奏，鼓乐喧天，数百名宫女在琴瑟伴奏之下翩翩起舞，她们头上那些金光灿灿的头饰，在灯光下闪烁，黄金海浪般的耀眼。

金殿前设置高可一人的金龙，美酒佳酿自金龙口中吐出，下有大型白玉缸承接，群臣自行持樽取用。

石虎还在邺城南的漳河上建造飞桥，征发民夫三十万，自带干粮来开山、挖石，投石漳水，费尽数千万亿，死伤民夫十多万人而没有成功。石虎竟迁怒民夫不力，将征来的民夫全部逐下漳河淹死来掩饰他的失算。

东晋咸康二年、后赵建武二年(336)，春正月，群臣建议石虎称帝，石虎大喜。左校成公段设计一只大型走马灯祝贺，灯柱高十多丈，柱顶装置燎盘，添油点燃，柱下座盘环立几十个彩衣宫女，各执火把使火焰上升，催动燎盘旋转，燎盘转动生风，燎盘火花和着盘下彩衣宫女的起舞，使人眼花缭乱。石虎也很喜欢这贺礼。正当满朝文武官员山呼万岁的时候，上边燎盘中的油漏到下边盘座起火燃烧，彩衣宫女都被烧死或重伤。石虎大怒，立即腰斩成公段和他的家人。马屁精的下场应该如此。

河南、河北、山东一带，由于连年战乱，加上久旱不雨，差徭繁重，百姓苦不堪言。被迫迁移来的杂胡、流民、饥民群，为争生存以致社会秩序大乱。石虎下令调查各地富豪囤积情形，把饥民分配到各个富豪家中去就食。年轻流民编入营户，世世代代服兵役，年纪大的上山采摘橡实或下水捕鱼以维生。

石虎动员

石虎把他的占领区划分为三个军事后勤区，下令黄河以南四州(洛州、豫州、徐州、兖州)筹妥南下犯晋的一切军糈准备。令并州(山西省)、朔州(河套)，秦州(甘肃)、雍州(陕西省)四州准备好大军西征前凉时所需要的各项军事物资与装备。又下令青州(山东半岛)、冀州(河北省中部)、幽州(河北省北部)三州准备大军北伐前燕时的军糈物资。全国总动员，除诸胡族营户全体动员备战外，其余不论胡汉，家有三个壮丁的征发二人，五个壮丁的征发三人，两个壮丁的征发一人，每个壮丁还要带来一匹马。另外征发制造兵甲武器的工匠五十万人，担任船夫十七万人。应征的人民每五人捐车一辆，牛两只，丝绢十匹。每个人还再捐米十五斛，违抗命令的收斩全家。这个动员令一下来，河南省的农民大部分都逃往江南去谋生了，剩下来的不到三分之一。人民有卖子女来应付这种苛征暴敛的，有被逼得上吊自杀的，路上倒毙的人尸、牛尸、马尸到处可见。造成这种人间地狱的悲惨世界，石虎反而更加疯狂备战。

北伐段辽

盘踞东北辽宁省西部和河北省边境的鲜卑族段辽部落，二十五年前曾在晋大将军王浚麾下时一度归附石勒，后来又倒戈降附晋将邵续。他的北邻是和他同族(鲜卑)但却是世仇的前燕。南邻是正在强悍巅峰的后赵——石勒。西邻也是鲜卑族但还没有利害冲突的北魏前身——代国。北邻的鲜卑慕容氏时时在想着把段辽部落赶走，兼并了他的土地，而段辽也时常向后赵的边境掠地，因而石虎也不时以武力相向。公元336年间，慕容氏的反对派领袖慕容翰投奔段辽部落，加深了慕容氏的愤恨。慕容氏当时的领导人慕容皝就暗中联络后赵石虎，要求两家联手南北夹击，一举消灭段辽部落。于是两国约定翌年(337)对段辽部发动总攻击。

石虎对于攻击段辽已经早有准备，他曾在段辽部内招募三万多名鲜卑族勇士，加以严格训练，全委任为龙腾中郎将，每人配给汉人兵士若干人，组成很多强有力的步兵战斗群，由龙骧大将军支雄为总指挥。先向段辽部落内部渗入，羌将冠军将军姚弋仲兵团任前锋，支援支雄所部，石闵为游击将军，所部备战候命。另派横海将军桃豹、渡辽将军王华积极训练水师，准备沿海北上登陆辽宁。

段辽也早已得到情报，在石虎还没有发起攻击行动之前，先派从弟段屈云率军深入敌后二百多里，袭击后赵幽州的所在地(北京市大兴区)。后赵的幽州刺史李孟向南退保雄县，凭大清河固守。石虎得到情报，立即进驻雄县西北的易县(黄金台)，下令水、陆两军反攻。支雄所率领的精骑兵团长驱直入，一战而收复大兴。接着连续攻取四十多个城、堡，在所向无敌的军威下，段辽所属的渔阳(北京市密云区)、上谷(河北省怀来县)、代郡(河北省蔚县)先后向后赵军投降。同时后赵的水师也已登陆辽宁，段辽见大势已去，就率领家属、贵族一千多家和近卫部队，放弃他的都城令支，逃往横山(北京市密云区境)。石虎派麻秋率轻骑追击段辽，杀段军两千多人，俘虏段辽的母亲和妻子，段辽匆匆逃往深山，派他的儿子段奇特真带着名马、珠宝向石虎投降。石虎把段家部落二万多户居民，分别迁移到河南省、山东省和陕西省。

段氏部落这次虽然战败，但还没有灭亡。一年后(338)，段辽又自密云山归降他的世仇慕容皝。又一年(339)，段辽在前燕国内计划造反，被慕容皝斩首。鲜卑段氏部落除段匹磾始终效忠晋廷外，段辽、段兰、段龛、段勤三代在战乱中搅混了四十年，到段龛、段勤在山东降晋以后，其后算是无形地散佚各地了。

在这一战役中，慕容皝只出动少数兵员，提前在约定时间采取攻击行动，在段部落中大肆抢掠财物牲畜以后退去。并没有配合后赵作战，也没有如约会师。石虎在战事结束后大有受骗的感觉，气愤之下，决心用兵报复慕容皝。

石虎仍依渗透战法，先派许多游说之士深入慕容氏境内，号召汉人和鲜卑族以外的胡人来降。只是这一招，石虎就取得十几座城池。石虎开始大军围攻慕容皝的首都——棘城(辽宁省朝阳市东一百七十里)，慕容皝的参谋慕舆根提出“坚守城池，观察变化”的作战计划，十多天后石虎屡攻不下，由于粮食缺乏而士气涣散，正当石虎要下令撤兵的时候，慕容皝派出他的第四子大将慕容恪率铁骑二千突然出城袭击石虎大营，霎时间后赵军惊惶失措，在混乱中被杀的、被俘的有三万多人，还有不少临阵逃散的，损兵折将，石虎大败。只有游击将军石闵的部队因没有受命参战，才保住全师而回，成为石虎的禁卫兵团。

石虎回到邺城，一面派中郎将王典整合散失归来的部属一万多，在自幽州（北京市大兴区）而东北到白狼（辽宁省凌源市）地带开荒屯垦，储备军糈。一面又命青州政府积极建造战船、训练水师。

另外石虎又下总动员令：命幽（河北省北部）、冀（河北省中部）、青（山东省半岛）、徐（江苏省北部）、司（河南省北部）、并（山西省）、雍（陕西省西北部），各州胡汉居民家有壮丁五人的出三人，壮丁三人的出二人，编成常备军队，配合驻屯城郡的原有部队总数为五十万人。又在邺城附近的漳河、黄河中集结大小战船、民船一万多只，从黄河顺流入海，运输粮秣千百万斛储存在河北东部近海的乐亭，派征东将军邓恒率军数万进驻乐亭。并积极制造攻城战具，又把边境的辽西（河北省迁安市）、北平（河北省遵化市）、渔阳（北京市密云区）各郡居民一万多户强制迁移到兖（山东省西部）、豫（河南省）、雍（陕西省西北部）、洛（河南省）各州。又掠夺移民的骡马四万多匹充作军马，准备再战慕容皝。

慕容皝得到情报，知道石虎的大军主力在近海的东线上，他立即派平狄将军慕容霸进驻徒河（辽宁省凌海市），海陆布防，使邓恒不敢轻举妄动。另亲率轻骑劲旅，利用不宜作战的冬季，出乎石虎意料之外，向西从居庸关（蠮螉塞）进入长城，越过妙峰山，奇袭石虎的大后方，这是石虎料想不到的新战线。慕容皝大军长驱直达蓟城。这里是石虎北上的联勤基地，当然防守甚严，慕容皝的作战目的是扰乱，所以不作攻坚之战，于是绕过蓟城，南下高阳（博野）而武强（武遂津），以威胁邺城，在这一带裹挟居民三万多户而沿子牙河顺流回师。

这一次慕容皝深入敌后的战备强行军，虽然没有和石虎军接战，但却强烈震撼了邺城，使石虎不敢再轻举妄动了。石虎只好派遣横海将军率舰队从海路袭击慕容皝的近海城市，一则争个面子，二则对慕容皝产生牵掣作用。

石虎的财政

战争的基本资源是钱，在当时货币仅是辅币性质，而且很乱，真正铸钱是在五胡后期的北魏朝才见记载。战乱时期对于官员薪俸都是用粮食给付的，各种赏赐或政府支用都是用帛、布、牲畜、金、银等，所以政府的主要财源是向民间课征粮食、丝织的帛、丝等。地方政府再在国税以外看自己的用度而任意附加，造成合法贪污的风气非常严重。

石虎政权的苛征暴敛，已经弄得民不聊生了。再加上地方官吏的贪污横行、层层剥削，强制迁来新移民加重了吃饭问题，当地人民的生活艰苦万分，吃树皮、吃草根、吃观音土，人杀人，人吃人，吃死人肉为生的时有所闻。犯罪被杀的、病死、饿死的、忍受不了现实生活压力而自杀的到处都有。这些惨绝人寰的时事，石虎都不听，他要的是战争，疯狂的战争。

石虎在慕容皝的强力反弹下，不敢大事兴兵，仅派征东将军邓恒率军数万进驻河北乐安(乐亭)，准备北进时，发觉慕容皝已有应战准备，再也没有进一步行动。

汉族的皇帝，每年举办祭天、祭地、打春牛，祈求农业丰收，他的政权方能保持稳定。胡人的生活传统是打猎，所以石虎为了维护他祖先的传统而于每年秋高马肥的季节举行盛大狩猎会。石虎的年纪大了，身体发胖了，不方便骑马射箭了，于是派主管山泽鸟兽的中郎将征发各地工匠四千人，在东平冈山特制猎车一千辆。每车辕长三丈，高一丈八尺，捕野兽的网高一丈七尺，另造格虎车(又称蹋虎车)四十辆，车上造行楼二层，为弓箭手与石虎共乘。由河南延津以南，东自阳都(河南省鹿邑县，一说是山东省沂水县)，西至河南荥阳，周围广达九百多公里，为御用围场。设御史监司管理，其中野兽不准居民捕捉，违者处死。因此这里的管理官吏更是擅作威福，横行霸道，常向民间强要美女、好马或牡牛，如有拒绝，动辄就诬陷居民，以“擅捕围内野兽”论处，人民因此而死难的不知其数。

石虎兼并诸胡、占据中国北方后，由于幅员辽阔，统御不易，他想起过去的烽火台，用它来建立军事通信系统。又建驿马制度，分东、西、南、北四线，每百里设一站，每站征发当地好马二十匹，轮替接力传递邮件，由辽北到邺城一千多里路，规定当天到达。这样四通八达地向他传送各地资讯。

先发制人

东晋命蔡谟为太尉兼征北大将军，筹划北伐军事。石虎得到情报，立即命令尚书令夔安为大都督，帅石闵、石鉴、张貉、李农、李菟等步骑五万，分头南下进攻晋属湖北、安徽等地。

是年秋九月，石闵突破晋军沔水(汉水)防线，斩晋将蔡怀，渡过汉水，大破晋军。夔安也在湖北随县大有斩获。李农在安徽攻陷晋军基地多处，晋将郑豹战死。张貉攻陷郑城(湖北省武昌市对岸)，晋守将南豫州刺史毛宝在突围渡江时淹死。晋军被杀六千人，直接威胁着晋属武昌市，义阳(河南省信阳市)，守将黄冲、刺史郑进等被迫联合向后赵投降。夔安攻下胡亭(湖北省安陆市北)后，进围石城(湖北省钟祥市)，晋守将李阳率精锐部队反攻，后赵军有五千人战死，夔安军大肆抢掠汉水以东地区，并裹挟居民七千多户，移置在河北省的幽州、冀州地带。这一仗打得晋军再不敢轻言北伐。

石虎的汲郡(河南省卫辉市)太守石聪，本来是汉人，为追求名利而为后赵立功很多，石勒收为养子而赐姓石。这时他已深深体悟到石虎的残酷无情，于是联合谯郡(安徽省亳州市)太守彭彪同向东晋中央反正。晋廷派大营督护乔球接应，却被石虎抢先一步，把石聪、彭彪抓去碎尸万段，并灭三族。

东晋穆帝永和元年，石虎的后赵建武十一年(345)，石虎扩大他的围猎场，广袤一千多里，并颁“民有犯兽者斩”的酷法。征发民夫十六万人修洛阳宫，为了便利犯晋运兵，下令在延津县的灵昌津渡口建造黄河桥，费用五百多万人工没有造成。石虎斩了督工和设计师。

翌年(346)春，又征发河南、陕西各州男女民夫十六万人、车十万辆，自备口粮来邺城建造一个方围数十里的“华林苑”。不分白天、晚上加紧赶工，其中没有如期完工而被处死的、工作不力而被打死的、受伤的、病死的、受不了劳累而自杀的、自备口粮不足而饿死的，总在半数以上。

在全国征发二十岁以下、十三岁以上的民女三万多，依其姿色、身世、年龄分成等第，分配给皇宫、公侯、功臣们为妾为侍。因为应付这个差事，郡县强夺民女、民妻的有近万人。民妻稍有姿色，为了夺她而杀她丈夫的，或为妻被夺去而丈夫自杀的，河南省一地就有三千多起(《通鉴纪事本末》)。

石虎下令征收民间牡牝牛两万多头，送到羯胡老窝——河北省蔚县一带牧放繁殖，征发民马四万多匹，拨归军用。又令各州、郡进贡青麒麟、白鹿等稀有动物到华林苑供石虎玩赏。

石虎盘踞中国北方十州(河北省冀州、幽州，河南省的豫州、司州，山东省的兖州、青州，山西省的并州，陕西、甘肃省的雍州、秦州，江苏省的徐州)之地，聚敛民间金银财宝以及外国进贡的奇珍异宝，府库堆积如山。可是石虎仍不满足。公元 347 年，后赵建武十三年、东晋永和三年，石虎下令发掘所有前代帝王陵墓，搜求殉葬宝物。

先掘秦始皇墓，仅得铜柱几根，石虎下令将这几根铜柱铸成兵器。邯郸城西石子岗上有春秋时赵简子的墓，石虎下令挖掘，挖到地下二丈多深处而无棺椁，只见泉水清冷。抽汲一个多月，水仍满如故，石虎才下令停止。

石虎迷信天象，更迷信和尚道士的命运学说，沙门吴进向他建议："胡运将衰！晋当复兴，宜苦役晋人以厌其气。"(《通鉴》)于是石虎命令尚书张群，征发附近州县男女十六万人、车十万辆，在邺城以北运土构筑长墙数十里来防鲜卑慕容皝。风雨无阻、日夜赶工，有几万人累死，工程完竣，又把所有工人就地活埋以保密。

西征前凉

后赵建武十三年(347)，石虎凉州刺史麻秋率部众八万大军进攻前凉属的第一大城——枹罕。麻秋的用兵一向是"攻城洗城"的灭绝战法，他先环城挖掘壕沟以防守军突围，地上运用各式云梯、地下挖掘地道，围城强攻，战斗非常激烈！

城中前凉守将是大名鼎鼎的宁戎校尉张璩，他很了解麻秋的战法，因而早有准备，白天运用长枪手配合弓箭手，用石头、滚木来对付云梯战法。夜间城墙上掷下火球照明，使麻秋军行动暴露。再在地道所指地方挖横沟，燃烧干草木柴，火熏麻秋兵，使麻秋的地道战法失败。相持十多天，麻秋的攻城部队死伤一大半，被迫退到临夏整补。

石虎又派征西将军石宁率并州(山西省)、司州(河南省)的地方团队二万人增援麻秋。前凉王张重华也派军师将军谢艾，率步骑合成兵团三万人沿黄河西岸布下防御阵地，在后赵军发动正面攻击时，另派游击将军张瑁率一千轻骑兵绕道奇袭后赵军的补给线。后赵军心大乱。正在撤退中，又遭谢艾的精干突击队渡河袭击。后赵将领汲鱼、杜勋战死，战士被杀、被俘一万三千人，麻秋单骑逃回甘肃临夏。

嗣后，麻秋又曾纠合各地援军十多万人，两度进攻，决心消灭前凉，可是都遭失败。是年秋八月在姑臧的神岛(甘肃省武威市)战役，谢艾发动一百多个河防堡垒的前凉军，全面反攻。后赵军猝不及防，谢艾大破后赵军。麻秋败下阵来，逃回金城(甘肃省皋兰县西北)。

石虎虽然遭此惨败，但是他要消灭前凉、兼并陇西的决心坚定不移。武力不行用文的，战不胜敌，可以利诱，他拿大批黄金、珍宝，买动前凉枹罕护军李逵，是年秋率七千多部众投降后赵。于是甘肃兰州以南地区的羌、氐部落相率归附后赵。

石虎的暴政造成民不聊生，诸胡流民、逃荒难民，当地居民铤而走险，为匪、为盗，到处抢劫掳掠。石虎政权要粮、要差时，就派军队驻镇催征，达到目的之后又移防其他地方，接着盗匪再来洗劫。以致农村十室十空，大富豪跟着晋室迁往江南了，一般富有的人家相互结合，筑堡、寨以自保。

石虎改年号

后赵建武十五年、东晋永和五年(349)，石虎自己知道他的来日无多了，一开年就宣布他是后赵“太祖”，改年号为“太宁”。满朝文武各增位一等，大赦天下，只是不赦石宣案有关人员。被放逐的原东宫卫士们在梁州的半路上听到石虎大赦天下而不赦他们的消息，群情哗然，由胡人颉独鹿为首，倡议共推梁犊领导东还，并自称是晋朝的东征大将军，全体回头东向。经过和石虎的长安、新丰等地方部队的几次大战后，竟集结了十多万之众冲出潼关，他们没有兵器，除了夺自石虎部队少数军械之外，大都以掠自民间的锄头、斧头、镰刀做武器，先后攻下河南的洛州、新安，打败了石虎的正规军李农、张贺度、张良、石闵等部队，进掠荥阳、陈留一带，最后还是被石虎的王牌羌将姚弋仲击溃。梁犊被擒斩首，余众溃散。

公元349年，石虎已经五十五岁了，在他自称后赵“太祖”，改年号为“太宁”的当年四月间病死，太子石世继立。石世是石虎的幼子，这年才十一岁，他的生母是前赵最后一任皇帝刘曜的最小女儿——安定公主。二十年前石虎攻陷前赵最后一个据点上邽（甘肃省天水市）时，安定公主被石虎的前锋将军张豺掳获，献给石虎做侍妾——昭仪。那年刘氏才十二岁，美艳动人，石虎十分宠爱。年前石虎为准备自己的后事，召集大臣议立太子时，张豺极力劝石虎立石世为太子。现在石世继承皇帝大宝，当然要尊刘氏为皇太后，刘氏临朝听政，又授权张豺执掌朝政大权。

石虎生前做了三年的“王”，做了十三年的“帝”。综其一生，在五胡帝王行事中应该得到五最“冠军奖”：第一是杀人最多；第二是杀自己的儿子最多而且手段又最绝、最残忍；第三是兴建宫殿、围场工程最大而耗费公帑最多；第四是使石勒绝子绝孙，石勒被他从小养大、培养成人，而他却把石勒的子孙斩尽杀绝，最后他自己也是绝子绝孙；第五是五胡的“均田制”是从他开始。

石闵出线

是年（349）五月间，石世同父异母的哥哥（石虎的第九个儿子）彭城王石遵，自河南温县的李城发难，率兵九万进驻河南汤阴，威胁邺城，以征虏将军石闵为前锋。石闵军前进到安阳，与邺城只有一水之隔。张豺为探试石闵的军实，佯装迎接石闵与石遵而来到石闵军营，石遵下令立即把张豺收监，押到平乐市斩首，并诛灭了他的三族。

石遵进入邺城，升太武殿假传太后旨意以石遵为皇帝，石遵就把做了三十三天皇帝的石世贬为谯王，刘氏为太妃。七天后又把他们母子和近侍等人全都杀死。

石遵另一个同父异母的兄弟沛王石冲，自河北冀州发兵五万南下伐石遵，沿途号召各地方石氏家族的胡人部队，得十多万人，集结在平棘(河北省赵县)。石遵派能征惯战的石闵及李农帅精骑十万迎战，在苑乡(河北省任县东北)展开大战。

石闵是当地(河南省内黄县)的汉人，他的父亲冉瞻曾受石勒之命作为石虎的养子，因而改姓石。石闵长大成人，不仅骁勇善战而且有谋略，会用兵，在石虎的孙子辈中他是最受石虎宠爱的一个，也是最为诸胡将领所忌惮的一个。

石闵派遣驻屯在襄国(河北省邢台市)的精锐步兵迎战石冲的前锋部队，阻止其南进。另遣骑兵分批截击石冲由平棘(河北省赵县)而苑乡(河北省任县东北)的后续部队，把他们截成数段，使已经抵达苑乡的石冲主力困在任县，大战十天十夜，石冲乃向平棘以西退却。盼能会师平棘基地，等他发现平棘已经为石闵部将李农占据之后，再向西退守元氏(河北省元氏县)，正中石闵诱敌之计。石冲在元氏被俘，为石遵赐死，被俘战士三万多人，全被石闵下令活埋。

是年(349)十一月，石闵派将军苏彦率甲士三千人，乘夜冲进邺城，在琨华殿杀了石遵、郑太后、张后、太子石衍以及近臣一百多人。石遵做了一百八十三天的皇帝，石闵拥立石虎第二儿子义阳王石鉴即皇帝位。石鉴此前曾驻镇长安，因为他苛扰百姓而为石虎免职，并派石苞代理长安镇守使。

古谚所谓“狡兔死，走狗烹”。石鉴做了皇帝，立刻晋封石闵为大将军、武德王。同时也感觉到石闵有些“功高震主”的气势，于是触动杀机，石鉴暗中指使他的堂弟乐平王石苞、中书令李松和殿中将军张才等，乘夜袭击石闵。可是具备军事长才的石闵早有警觉，结果石苞和李松被击退，石鉴为了推卸责任，先斩李松、张才，再斩石苞以灭口。这一场内讧，一夜之间自凤阳门到琨华殿，血流成河，尸横满街，石闵也把石鉴软禁在宫内御龙观中。

侍中石启、中领军石成等计划暗杀石闵和李农，消息为石闵知道了，石闵就把石启、石成处死，并灭其三族。龙骧将军、羯人孙伏都率羯族侍卫三千伏击石闵，也为石闵、李农所击败而被斩首。石闵遂下令所有胡人不得持有武器，违令者立即斩首，并下令城门大开，宣布愿意跟皇帝一条心的可以留在城中，不愿一条心的，随时可以自由出城。这道命令一下，邺城附近的汉人涌进城来的很多，原在城内的胡族文武官员一万多人，相继出奔，有大部分去襄国投奔石虎另一个儿子新兴王石祗去了。

石祗联合羌将姚弋仲、氐将蒲洪，通令全国声讨石闵。石闵命汝阴王石琨为大都督、总指挥，太尉张举、侍中呼延盛等率步骑七万分路讨伐石祗，可是石琨倒戈相向，竟然回头向石闵宣战。

这时抚军将军张沈占据滏口(河南省武安市)，张贺度占据石渎戍(河北省临漳县西方)，建义将军段勤据黎阳(河南省浚县)，刘国据阳城(河南省登封市)，段龛据陈留，姚弋仲据滠头戍(河北省枣强县)，蒲洪据淇门渡(河南省浚县西南)。这些人都是支持石祗反对石闵的。而且每人都拥有重兵，在现实形势上对临漳已成包围态势，给石闵相当大的精神威胁。

石闵善于运用骑兵奇袭，这时候他订的战略计划是先对付北方的石琨，因为石琨与王朗虽有重兵七万，但他自冀州远道而来，而且又是以步兵为主力，石闵以逸待劳，先给他一个迎头痛击，所以石闵仅率一千多轻骑兵在距邺城二百多里的地方拦截石琨部队，骑兵冲阵，所向无敌，斩首三千级。石琨所部已经行军八天，相当疲劳，还没有进入战地就被石闵突袭，立刻阵脚大乱！石琨仅率近侍一百多人逃去。

石渎戍距离邺城最近，当石闵出兵北击石琨时就派李农布阵监视石渎戍的张贺度部。石闵在北战场击败石琨后，立即回师会同李农部三万之众，步骑联合以众击寡的气势，一战而歼灭了张贺度部队。

后赵石鉴的青龙元年(350)，石闵以大将军职权假借神明预言把“赵”的国号改为“卫”，“太宁”元年改为“青龙”元年，把“石”姓改为汉姓“李”，意图彻底消灭石姓族种的统治权力和传统精神。

这时候在邺城的“卫”主石鉴，深深感到石闵的一切作为十分可怕，于是写一封密信给张沈，想乘石闵用兵在外的大好机会，乘虚进入邺城勤王。不料这封密信竟然送到石闵手中，石闵立刻回师邺城(临漳)，杀了登基一百又三天的石鉴，又杀了石虎孙子辈三十八人，石姓皇族不分男女老幼一律处死。石闵知道羯族人并不支持他，愤而发起一个惊天动地的“灭胡运动”。他下令凡杀一个胡人的文官再晋三级，武官大门竖旗杆。这道命令一下，一天之内就有几万胡人被杀，石闵又亲督汉人将士搜杀胡羯，不分男女老幼与贵贱，见了就杀，杀了弃尸荒山中让野兽吃，有些汉人脸型像胡人的也同时遭殃。邺城被杀的胡人有二十多万，石闵又下令各州郡县的汉人军官将领，一起诛杀胡羯。

这时候石虎妾侍所生的儿子原驻镇襄国的石衹宣布他是后赵的皇帝，改年号“永宁”，并派汝阴王石琨将兵十万征伐石闵，石琨大败，石闵再攻襄国，石衹的部将刘显杀了石衹而后宣布自己是皇帝，很快又被石闵消灭，后赵到此完全灭亡。

石虎共有十三个儿子，八个是他自己家中父子、兄弟们自相残杀的。石闵杀了四个，另一个最小的汝阴王石琨，在公元352年石衹被杀后携带着他的妻妾子女向晋廷投降，最后在南京全家被斩。后赵亡，而石氏也随之灭绝。以后姓石的后裔，当与石勒族系没有血缘关系了。自石勒、石弘而石虎、石遵、石鉴传三代，计三十一年。在十六国中他是第三个立国也是第三个灭亡的。

后赵建武四年(338)造鎏金铜佛坐像。这尊佛像是我国发现第一尊有确切纪年铭文的佛像。在中国佛像雕塑史上意义重大，因其风格韵致上都明确显示出中国化的典型例子，要比云冈石窟、龙门石窟的汉化进程还早出一百余年。我们必须谨记胡汉历史演化中的一点一滴。此像不知何时何因流落到美国旧金山亚洲美术馆。

(本图撷自《中国美术全集》雕塑篇三)

前凉（汉）

民　　族：汉族

建 国 者：张轨。五胡十六国中第四个建国者

时　　间：公元 311—376 年，计六十六年

疆　　域：甘肃省全部，新疆维吾尔自治区的全部，内蒙古西部。东邻苻秦的银川长城为界。南邻青海东部。北接蒙古。

首　　都：甘肃省武威市（姑臧）

历代帝王：自西晋怀帝永嘉五年（311）张轨受西晋封为镇西大将军、西平郡公，盘踞凉州算起，到末代帝王张天锡，计九传：

武王张　轨：公元 301—314 年

明王张　寔：公元 317—320 年

成王张　茂：公元 320—324 年

文王张　骏：公元 324—346 年

桓王张重华：公元 346—353 年

哀王张曜灵：公元 353 年 11 月—353 年 12 月

威王张　祚：公元 353—355 年

冲王张玄靓：公元 355—363 年

悼公张天锡：公元 363—376 年

张轨与西晋

张轨，是西晋末代皇帝——晋愍帝司马邺时的镇西大将军、西平郡公，驻镇甘肃的“凉州”——姑臧。

那个时候的凉州“盗贼纵横，鲜卑为寇”(《通鉴》)正是“五胡乱华”的开始时期。匈奴族的前赵王刘聪把西晋怀帝司马炽劫持到平阳杀害。西晋永康二年(301)春，张轨当时是驻镇在黄河以西——陕西、甘肃地带的安西大将军。他要求晋廷给他凉州刺史一职，到任后任用了宋配、氾瑗为幕僚，立即把凉州治理得很好，所以声望大著。

西晋永兴二年(305)，晋陇西太守韩稚的儿子擅自攻击并杀死晋秦州刺史张辅，张轨派中督护氾瑗率军两万讨伐，韩稚向张轨投降。

鲜卑部落攻击凉州，张轨派司马宋配迎战，斩鲜卑酋长若罗技能，俘虏鲜卑士卒十多万人，张轨的威名于是大振。

西晋怀帝永嘉二年(308)张轨中风，行动不便，派他的儿子张茂代理政务。当地豪族曾发动夺权，幸由长史王融、参军孟畅等宣布戒严，以军事镇压之；张轨的长子张寔也适时自长安回来，得以平定。

这时候西晋朝廷不仅令不出都门，而且连京畿以内的粮糈供应都成问题。

西晋永嘉四年(310)的冬令季节，张轨得知长安的晋廷穷于经费，立即贡献毯布三万匹，马五百匹。并通告各州郡吁请拥护晋廷。

西晋怀帝司马炽为前赵刘聪劫持，张轨又极力拥护秦王司马邺主政。并派遣前锋督护宋配率步骑二万速速进发长安，又派他的长子张寔率禁卫军三万，武威太守张玙率胡兵两万继后进京(长安)拱卫西晋朝廷。

公元313年，西晋秦王司马邺即皇帝位，是为晋愍帝。就封张轨为太尉、凉州牧、西平郡公。不到半年张轨病死，他的大儿子张寔继承了他的官职和爵位。

西晋愍帝建兴四年(316)夏四月，前赵刘聪举兵犯长安。张寔派军前将军王该率步骑五千援救长安，晋廷就拜张寔都督陕西诸军事，张寔的弟弟张茂为秦州刺史。

公元316年刘聪再围长安，张寔派司马韩璞率师战刘聪。这时候的陇右地区(甘肃陇坻以西、新疆乌鲁木齐以东、青海东北部)、秦(甘肃省天水市)、雍(陕西)地方兵连祸结，先有匈奴汉赵刘曜连年的进扰，又有汉人军阀焦崧、陈安等割据为乱，人民死于兵燹十之八九。是年西晋愍帝投降刘曜，张寔据守凉州，保守实力自固。

东晋大兴三年(320)六月，凉州天梯山有个名叫刘弘的妖道，勾结张寔的帐下闫涉、牙门赵印，密谋夺权，拥立刘弘为帝。闫涉杀了张寔，而刘弘被捕收监，由于他妖言惑众，于是割了他的舌头，他要夺权当皇帝，就被吊死在姑臧大街上。同党数百人都被捕杀并灭其三族。

张寔既死，他的左司马阴元，联合故旧共商善后大事；因为张寔的儿子张骏年幼，就共推张寔的弟弟张茂来继承张寔的公职和爵位。而张茂也立他的侄儿张骏(张寔的儿子)为世子——继承人，改元“永光”。历史上称他为“前凉”的开始。

东晋元帝永昌元年(322)，张茂遣将军韩璞领兵向西扩张地盘，攻取陇西(甘肃旧兰州)、南安(甘肃旧巩昌府)，设置行政长官秦州牧。

东晋明帝太宁元年(323)八月，前赵刘曜西犯凉州，他的作战序列：第一路是由到咸进攻甘谷县的冀城，这里张茂的守将韩璞虽善用兵，但众寡悬殊，自然败下阵来。第二路是呼延宴进攻张茂的宁羌护军阴鉴，刘曜亲率戍卒二十八万，在黄河岸上扎营绵延一百多里，使兵士日夜大声喊杀鼓噪！以致张茂的临河守军胆战心惊望风溃散。张茂迫不得已派遣特使表示称藩。刘曜就封张茂为“凉王”，加九锡；并掌军政大权于凉州。

张茂，很有儒家传统知识分子的风格，他没有受过晋廷的正式任命，可是他一直忠贞不二地效命于晋廷。在那个天下大乱的时代，他仍要求他的子侄和部属们坚持正统立场，严守国家礼制，临死还告诉他的继承人不要用朝服为殓，因为他不是“命官”。在那时候真是“朝有乱命、乱臣，野多乱士、乱民”(《通鉴》)的大动乱时代，像张茂这样忠贞国家，洁身自恃的风骨情操实在难得。

东晋明帝太宁二年(324)五月，张茂病故，他的侄儿(世子)张骏嗣立；晋廷拜张骏为大将军、凉州牧、西平公。前赵的刘曜也派特使吊唁，追赠张茂为“太宰”成烈王。拜张骏为上大将军、凉州牧、凉王。

当时前凉的国际敌人是在东方的匈奴族前赵(刘曜)。张骏为了巩固他的行政中心，才把首都自凉州迁移到一水之隔的姑臧(今甘肃省武威市，前凉、后凉、南凉、北凉以及唐初李轨皆曾都此)以巩固国防，并将陇西、南安一带汉族居民两千多户移民姑臧，以充实他的防卫力量。张骏是个贤明领导，内政方面一面勤奋做事，振兴农业，使人民生活富足。一面充实军备、精兵政策。在外交方面：一面结好占据四川第一个称兵建国的氐族成汉，并且还写信劝成汉主李雄向晋廷称藩。另一面派遣精明将领杨宣率领干员深入西域(中国新疆及中亚细亚)说服龟兹(新疆库车县)、鄯善(新疆鄯善县)，于是焉耆、于阗(于田县)等王国都到姑臧朝贡。

张骏还派参军麴护向晋廷谏议说：“胡乱一天比一天扩大，被胡人占据的地方一天比一天更多，几十年的动乱，老一代的快要死完了，新生代对于正统的伦理道德与思想意识一天比一天淡了。应该及时下动员令，尽快收复失地。”

东晋成帝咸和二年(327)、张骏太元四年夏，羯胡后赵王石勒大败前赵刘聪的军队。张骏看风使舵，立即宣布放弃刘聪所封他的官、爵，又向晋廷表示称臣。晋廷封他为大将军、凉州牧。这一行动已经给前赵刘聪很大难堪了，而张骏为了夸张自己，又派武威太守窦涛、金城太守张阆、武兴太守辛岩、扬烈将军宋辑等率步骑数万，东与韩璞会师，联合进攻前赵所属的秦州诸郡。

前赵的守将刘胤，也是很会用兵的名将，他先采守势，等把前凉的大军吸引了以后，便分遣小部队在敌前敌后采取游击性的骚扰。另派一支较大部队佯攻枹罕。张骏接到枹罕护军辛晏的告急时，立即又命韩璞、辛岩回师救枹罕。凉军在枹罕东北的沃千岭扎营，辛岩认为自己的兵力要比前赵军多几倍，所以他主张以压倒性的优势速战速决，可是韩璞却以为刘胤后继无力，不可能相持太久，自己先行稳扎等待时机再动。于是两军隔着洮水相持七十多天。

韩璞令辛岩到金城运粮，刘胤料定辛岩必会走黄河顺流而下，刘胤乘机派弓箭手三千沿黄河分段突袭，辛岩措手不及而大败。刘胤另以主力急进直逼韩璞大营，由于当时的战报都是失利的消息，金城、枹罕相继降赵，以致韩璞无心应战而败退。刘胤随即进占了前凉所属的令居（兰州市西北）和振武（甘肃省永登县东南），于是张骏在甘肃黄河以南的各郡县陷落在前赵之手。一直到两年以后（329），他才趁着后赵灭了前赵的机会而收复那些失地。把边界向东推展到狄道（甘肃省临洮县），设立五个屯垦区，恢复行政体制；部署五屯护军以防后赵犯境。

那时候的国际关系，都是互相挞伐，互相利用。后赵灭了前赵，立即拜张骏为征西大将军、凉州牧，还加九锡，这是相当尊崇的荣耀。可是张骏总认为与胡为伍是一种耻辱，所以就拒绝了，而且还扣留了后赵派来的使臣——孟毅。

前凉太元十年、东晋咸和八年（333），张骏派专使假道四川成汉境到南京（建康）上表晋廷表示输诚之意，晋廷拜张骏为镇西大将军，并邀陇西贤士贾陵等十二人辅助之。

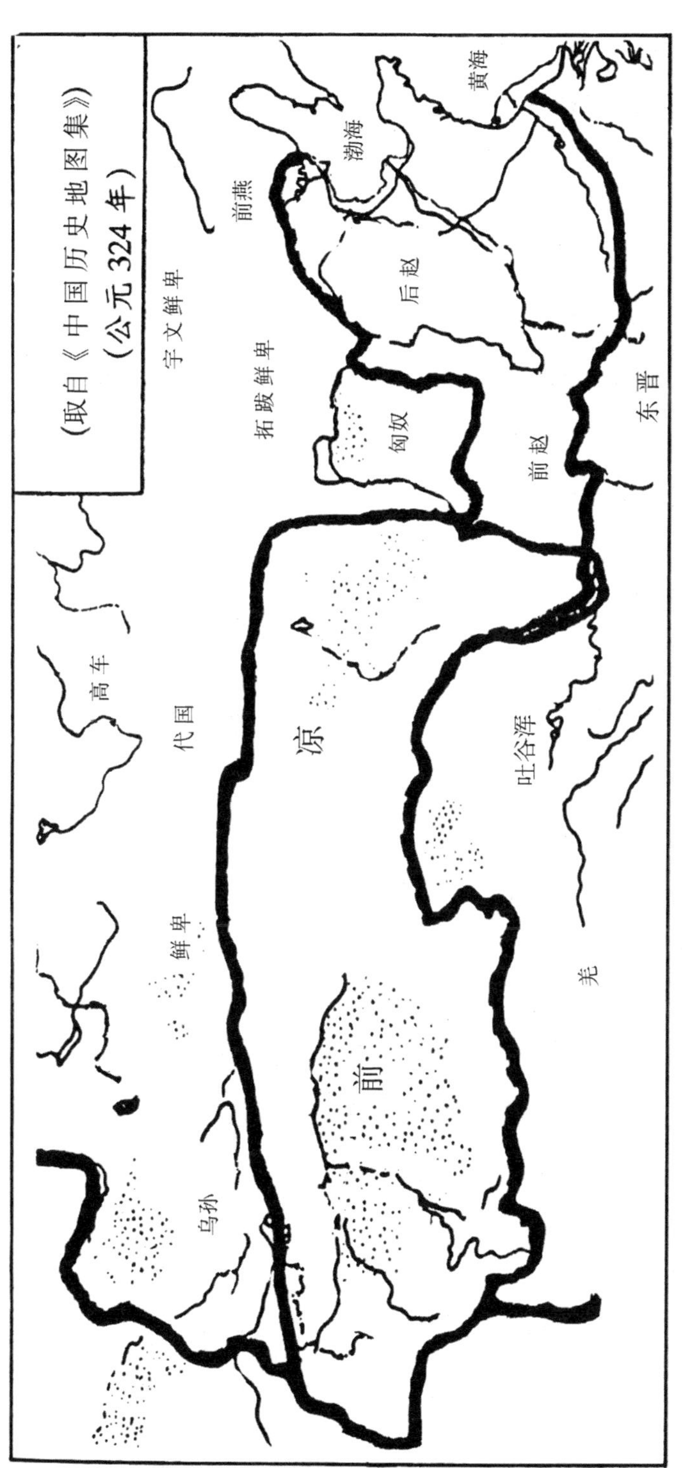

(取自《中国历史地图集》)
(公元324年)
宇文鲜卑
拓跋鲜卑
前燕
渤海
黄海
后赵
匈奴
前赵
东晋
高车
代国
凉
吐谷浑
鲜卑
羌
前
乌孙

前凉疆域图

东晋成帝咸康元年(335)、前凉太元十二年，张骏派沙州刺史杨宣率众越流沙，伐龟兹、鄯善、于阗，所向披靡，最后进军焉耆，大战二十天，焉耆大败，国王龙熙率其众四万人肉袒请降。于是西域诸郡县完全归入前凉版图。

东晋咸康八年(342)，前凉太元十九年，张骏派大将军和驎、前将军谢艾，再讨伐反叛的南羌、于阗、焉耆。

在五胡十六国时期，一般称王的不分胡人、汉人大都出身流寇、土匪、军阀，割据称王。张骏虽然出身公侯门第，而且又是忠于正统的世家，但当他实力具备的时候，仍然是要称霸一方的。

东晋穆帝永和元年(345)、前凉的太元二十二年冬，张骏西伐南羌、于阗、焉耆诸胡胜利之后，他就有要做皇帝的打算了。他先划武威、武兴、西平、张掖、酒泉、建康、西郡、湟河、晋兴、须武等十一郡为凉州，以世子张重华为刺史。分兴晋、金城、武始、南安、永晋、大夏、武成、汉中八郡为河州，派宁戎校尉张瓘为刺史。分敦煌等三郡及西域都护三营为沙州，以西胡校尉杨宣为刺史。张骏自称大都督、大将军、代理凉王。督摄三州。并开始仿照晋廷设置官守。

东晋穆帝永和二年(346)，前凉太元二十三年夏五月张骏死。世子张重华(张骏第二子，时年十六岁)继承王位，是为凉桓王。是年后赵石虎派将军王擢乘前凉国丧进攻甘肃成县的武街，凉州刺史麻秋、将军孙伏都攻天水的金城。前凉驻武街护军曹权与胡宣迎战，大战一日一夜，曹权战死，胡宣被俘。赵将王擢移当地七千多户居民到雍州，前凉金城太守张冲举城降后赵，震惊了凉州。张重华下令戒严！动员全国兵力，派征南将军裴恒为指挥来抵抗后赵军。裴恒进至广武，不敢再前进，于是两军胶着。张重华再拜主簿谢艾为中坚将军，率步骑五千进袭麻秋，在永登的振武地方交战。谢艾先使骑兵诱敌，再以步兵结阵冲击，斩麻秋军五千级，后赵军大败！

翌年(347)夏四月，后赵麻秋率众八万进攻枹罕，前凉宁戎校尉张璩固守。赵军围堑数重以云梯地道攻法都被张璩用火攻击退，麻秋兵死数万。后赵石虎又派右将军刘浑等率步骑两万增援麻秋，赵军几度登城，几度冲进，但都被张璩督军火攻，烧死赵军二百余人而击退之。

张重华又派谢艾率精骑开辟第二战场来制衡麻秋军，大战数日，麻秋军死伤过半！乃退保临夏县东南的大夏去整补。

后赵石虎命中书监石宁为征西将车，率领并州(山西省)、司州(河南省)地方部队两万多人增援麻秋。后赵这一虚张声势，诱致凉将宋秦等率领诸胡部落两万多户归降，使后赵军声势大振。

张重华又派曾经大胜后赵麻秋的谢艾为全权军师将军，率步骑三万进驻黄河岸。谢艾是个儒将，他本来是主管秘书业务——主簿的文官，所以他用兵艺术大有诸葛孔明之风。他在阵前便衣便帽，匹马轺车，鸣鼓前进，好像没有把强敌放在眼里。麻秋大为光火！于是派遣黑稍龙骧三千骑急驰冲阵。接近谢艾时，谢艾又踞坐胡椅，纹风不动的指挥若定。但却早已部署别将张瑁率轻骑从小路抄袭麻秋军后路。后赵军惊惶万分，首尾不能相顾，立即溃不成军。

谢艾乘势进击，斩杀后赵军一万三千余，赵将杜勋、汲鱼都战死！麻秋单骑落荒而逃回大夏本营。是年(347)夏五月，后赵石虎派麻秋再率石宁所部十二万人进驻黄河南岸准备再攻枹罕，使刘宁、王握两军攻略枹罕北方的广武、西北方的晋兴，赵军越过洪池岭(甘肃省武威市东南的大山)，乃使姑臧大为震惊！石虎这一着，在北伐战场，直接威胁着前凉的首都——姑臧；在南战场已经对枹罕形成包围，切断其外援了。

前凉张重华派将军牛旋出击，不利；牛旋退守枹罕。张重华派谢艾为全权使节，都督征讨诸军事；行卫将军索暇为军正将军，率步骑两万对抗后赵军。比较接近枹罕的是赵将刘宁部大本营在沙阜(甘肃省临夏市境内)，前凉谢艾命令别将杨康以轻骑突击，直冲刘宁大营，使刘宁措手不及，几乎全军覆没。刘宁退守金城(枹罕东北，今兰州市境)。

是年秋七月，后赵石虎再派征西将军孙伏都，将军刘浑率步骑两万渡过黄河增援麻秋，进攻前凉属的遂城(兰州市境内)、长最(永登县以南)。这时候凉将谢艾在神鸟(兰州市境内)成立前锋指挥部，全军盟誓而后发，当天就击退后赵王擢部。谢艾接着进击麻秋本营，大胜后赵军；麻秋逃回金城(兰州市)。

谢艾又还师讨伐称兵反叛的斯骨真部落，斩首千余级，俘虏两千八百兵士，牛羊十万余头。

麻秋退回金城利用这个机会整补，重新部署战斗序列；同年秋九月进攻前凉军张瑁部，斩首三千余级，前凉军大败。这一战役的影响所及，致使前凉枹罕护军李逵率众七千向后赵投降。黄河以南的氐族部落，羌族部落都归顺了后赵。从此后赵对前凉展开政治作战。

张重华的国际情势

东晋永和九年(353)，晋廷拜张重华为护羌校尉、凉州刺史，并予全权命使。这时候后赵石虎的都将军王擢为秦将苻雄攻击，举部归降前凉张重华。当时张重华就派将军张弘为督军、宋修为司马督，同王擢所部步骑五千东进攻击前秦属地龙黎(故陇州)。秦师以逸待劳，乘前凉军还没有扎营而迎头痛击，结果前凉军大败！张弘、宋修被俘，王擢率残部投奔姑臧。

是年夏，张重华使王擢率众两万反攻前秦地上邽(甘肃省天水市)，王擢施行分兵游击各郡县以面制点，各郡县都来响应。最后围攻上邽，前秦守将苻愿战败弃城，奔回长安。张重华向东晋中央要求晋廷同时出兵，东西夹击前秦，免得他日久坐大。可是晋廷仅擢升张重华为凉州牧，并没有重视张重华的出兵要求。

是年冬，凉桓王张重华(年仅二十七岁)病死军中。他才十岁的世子张曜灵继立，张曜灵为了讨好晋廷，自动改称凉州刺史、西平公，奉东晋正朔。这时候张重华的从兄张祚，先与重华的寡母私通，然后发动政变；由凉州长史赵长等倡议应立嫡长，于是废张曜灵，而立张祚为凉公。

张祚自幼不务正业，所以张重华在世时就预先立宠妃裴氏生的儿子张曜灵为世子。张祚这时得志了，掌握生杀大权，于是把张重华的宠妃裴氏先奸后杀，又集体屠杀了大将谢艾等数百人；张祚在姑臧自立为凉威王，改晋建兴四十二年为“和平元年”。

侍中郎中丁琪郑重警告张祚离开晋朝的藩属而独立，将来是很危险的。张祚大怒！把丁琪斩首宫门。

张祚秉性多疑，并且残酷嗜杀，以致文武官员人人自危，上下怨愤！张祚疑拥有重兵的河州刺史张瓘有叛变的意图，于是就派他的近臣索孚去接掌张瓘的兵权，并命张瓘率一部分军队讨伐叛变的匈奴部落；张祚另派易揣、张玲率步骑一万三千人在中途袭杀张瓘。张祚这个阴谋计划，张瓘早已经知道了，当索孚到枹罕布达了张祚的王命时，张瓘立即斩了索孚，并通知各州郡，起兵推翻张祚，再立张曜灵。将军宋混也联合地方部众一万多人响应张瓘的号召，拥戴张曜灵。

易揣、张玲大军已经渡过黄河，张瓘发兵迎击；易揣大败，抛弃残军单身匹马逃回姑臧。

张祚在朝中听到这些消息后，立即把年仅十二岁的张曜灵勒死。又要捕杀张瓘的弟弟张琚时，事泄，张琚乃打开姑臧西门，迎宋混大军进城。

骁骑将军宋混也集结一万多武装部队支持张瓘，占据姑臧东北的郭河(谷水)为张曜灵举行追悼大会，然后誓师进发姑臧。

张祚的近臣领军将军赵长等为了先发制人，急急请出来张重华的母亲马氏，传达懿命立张曜灵年仅七岁的幼弟张玄靓为大将军、西平公。可是张祚另一亲信部将易揣等率军闯进宫内，当场诛杀赵长等人，张祚执剑在殿上指挥众军士，却被他自己的军士所杀，割下他的首级暴尸街上，张祚篡立三年而亡。

张瓘、宋混进城，稳住大局；杀了张祚两个儿子，拥立张玄靓为凉王。废“和平”年号，恢复以前的“建兴”年号，为四十三年。前凉王也授张瓘最高权力“使持节”，都督中外诸军事、尚书令、凉州刺史，并封“张掖郡公”，任命宋混为尚书仆射。

甘肃陇西地方豪族李俨，占据县城拒绝张瓘的领导；并奉晋正朔，沿用永和十一年。张瓘派部将牛霸率军讨伐，同时青海西宁地方的人卫綝也宣布声援李俨；甘肃酒泉郡守马基又起兵声援卫綝。虽然他们都先后失败了，但对张瓘的新兴军阀势力却有重大影响。

张瓘顺势攻占陕西宝鸡的三交城，赶走原为后赵的守将王擢。

张瓘、张琚两弟兄在朝中擅权，辅国将军宋混与宋澄举兵为凉王肃清反侧。张瓘率众出击宋混，结果张瓘战败，兄弟二人自杀；宋混又灭其三族。

张玄靓就封宋混为都督中外诸军事、车骑大将军、假节，辅政。“假节”就是赐予“尚方宝剑”，“辅政”就是执掌国家大事。宋混劝说张玄靓撤销“王”号仍以“刺史”名义为东晋的独立藩臣。公元361年宋混死了，由他的弟弟宋澄继承爵位。张玄靓的右司马张邕看不惯宋澄专横，于是杀了宋澄，灭了他全族。

张玄靓又封张邕为中护军，封叔父张天锡为中领军，和张邕共同辅政。张邕没有把年仅十二岁的张玄靓放在眼里，也看十六岁的张天锡没什么大用，于是建立私党，不断诛杀贵族官员。张邕看不起年轻人，而年轻的张天锡却又偏偏派两个年纪不满二十岁的刘肃和赵白驹刺杀张邕，又收抚了他的部众。当权不过三个月的张邕在众叛亲离的绝境下自刎而死，家族党羽也全被诛杀。

张玄靓任命张天锡为冠军大将军，授权“使持节”，都督中外诸军事，主持国家政事。

是年(361)冬再奉东晋正朔“升平”五年。东晋任命张玄靓为大都督、凉州刺史、护羌校尉，并封“西平公”。

公元363年秋，张玄靓的庶母郭太妃和侍中张钦密谋诛杀张天锡；事泄，张钦等全被张天锡处死，张天锡又派刘肃乘夜冲进皇宫杀了郭太妃，再杀她的同党数百人。最后刘肃又毒死张玄靓，对外宣称他是暴病而死的。张玄靓时年才十四岁，在位九年。

张天锡自己对外宣布他是大都督、大将军、凉州牧、西平公。派司马纶骞带着报告书到南京东晋中央请求任命，晋廷也只有顺水推舟一切准如所请了。

前秦天王苻坚也派专司藩属事务的大鸿胪到凉都致贺，并任命张天锡为大将军、凉州牧、西平公。

张天锡太清五年(东晋太和二年，公元367年)春，驻镇陇西的李俨举郡投降苻秦。张天锡派将军杨遹进驻金城(甘肃省兰州市)，常据进驻左南，张统进驻白土围剿李俨；张天锡自率精兵三万进屯仓松(甘肃省永登县)督战。张天锡攻取大夏(甘肃省临夏市)、武始(甘肃省临洮县)二郡，张天锡进驻左南。常据在葵谷(甘肃省临夏市东)和李俨主力决战。常据先以轻骑袭营，然后再以步兵为主进攻；大战一日夜，李俨兵败，退守枹罕。这时候苻秦派遣杨安、王抚、王猛三支大军来救李俨。张天锡本来的战略是围困枹罕、打击来援的，可是兵力过于分散，敌不过苻秦大军，枹罕城东一战损兵折将两千多乃兵败。张天锡就把当地五万多居民强制随军西迁姑臧。秦将王猛遂占领枹罕，整编李俨残余部众后押解李俨东还长安。

张天锡太清九年、东晋太和六年(371)夏，秦王苻坚让四年前打败过张天锡的王猛写信给张天锡，要他识时务，明大义，免得将招致战争后悔莫及。张天锡接到这封信后，立即派使者代表他到长安向苻秦称臣；苻秦拜张天锡为凉州刺史、西平公。

当年冬，秦命张天锡把凉州政府从姑臧东迁到金城。姑臧就是现在的甘肃省武威市，在祁连山脉以北，有天梯山、洪池山岭为屏障。金城就是现在的皋兰县。在姑臧(武威市)东南四百余里，比较接近长安，也就是前凉与苻秦边界的一个重镇。如果张天锡把行政中心迁到金城的话，就是等于暴露敌前，犯了兵家大忌。张天锡当然意会到苻坚这一招的狠毒可怕！于是召开会议，宣布和东晋为盟，把誓约盟文派韩博送达晋廷，并致书给那时晋廷当权派首脑大司马桓温，约定明年(372)和晋军在上邽(天水市)前秦境内会师东进长安。

当时苻秦的占领区，北至内蒙古自治区的河套(朔方郡)，南至长安以南的京兆郡，成县(武都郡)、文县(阴平郡)。至于陕西南部的山阳(荆州)、汉中(梁州、汉中郡)、南郑(秦州)都还在东晋的治下。从军事地理的观点上看，张天锡与桓温相约在长安西方重镇的天水(上邽)会师再东进长安，也是很可行的作战计划。可惜的是不到两年时间，桓温去世，晋廷内部又陷于权力斗争，以致没有攻秦的能力，反而又给苻秦制造了南下连陷秦州、益州的大好借口。

这时候张天锡的前凉版图，大约是现在的甘肃全部、新疆的大部分和内蒙古的西部。东以苻秦所属的银川以西的长城为界。西疆包含新疆的全部。南邻青海的吐谷浑，北接蒙古柔然。

张天锡的太清十四年、东晋孝武帝太元元年、苻秦建元十二年(376)，苻坚派武卫将军苟苌，率骑兵十三万至前凉境内，然后派尚书郎阎负、梁殊去邀张天锡同到长安朝见苻坚。张天锡的母亲很了解当时形势，力劝张天锡以和为贵。可是张天锡的幕僚却认为这种大军压境强制征召，对张天锡是一种要挟，也是一种污辱！于是张天锡在恼羞成怒之下，把两位来使阎负、梁殊绑在军门乱箭射死；随即部署大军，准备对抗苻秦。

是年(376)秋八月，秦军渡过黄河，张天锡派龙骧将军马建率步骑两万驰援河会城与缠缩城。秦军四路进攻甘肃皋兰西的河会城，前凉守将梁粲开城迎降。秦将苟苌自皋兰西石城津会同梁熙攻下甘肃永登南的缠缩城。河会城与缠缩城都是姑臧东南方的前敌外围要塞。马建的兵还没有到就失守了，马建立刻退守武威东南的清塞，并报告张天锡要求增兵，张天锡这时候才了解真正敌情，立即派征东将军常据率众三万进驻甘肃武威市东南的洪池岭布防，他自己也进驻清塞督战。秦兵迫清塞，张天锡派司兵赵充哲进驻赤岸戍迎战，被秦兵俘虏去的、杀死阵前的有三万八千人，赵充哲战死。张天锡亲自出城迎战，又败。龙骧将军马建见大势已去，于是举城——清塞降前秦。张天锡败下阵来，见城内马建降秦，自率残众数千骑逃回姑臧。

秦兵主力很快向前凉的首都姑臧推进。

洪池岭是姑臧的最后防线，也是由张天锡最靠得住的爱将征东将军常据驻守。秦军以锐不可当的气势，把常据所部在一日一夜之间打得全军覆没，士卒溃散，常据自杀，军司席仂、偏将董儒、中卫史景等大将都战死沙场，秦军长驱直逼凉都姑臧。

张天锡亲自迎战，又被打得一败涂地，最后只有“素车白马，舆榇出降”。凉州诸郡县也都相继降秦。秦兵屠杀凉兵三万八千人，又将凉境七千多户富豪迁移到关中。秦将苟苌把张天锡解送到长安，苻坚封张天锡为“归义侯”，以重光县东宁乡的二百户为张天锡的封地。苻坚在长安城中还给他造了别墅，安顿他住下来。

这是公元376年(前凉太清十四年、前秦建元十二年)八月的事。

张大豫的复辟运动

苻秦建元十九年(383)苻坚举兵犯晋，张天锡时为苻秦仆射，也随秦军东下，与苻秦度支尚书朱序敌前逃亡，投奔东晋，晋孝武帝司马曜封张天锡为散骑常侍、西平公。

张天锡之前在姑臧失败，仓促向秦投降时，张天锡年幼的世子张大豫没有来得及逃走，躲藏在苻秦的长水校尉王穆家中。初时为顾虑张天锡在秦的安全，一直潜伏在故国境内；张大豫在七年后，年事稍长，又略知兵事，现在听说张天锡投奔晋廷又被封为“西平公”了；王穆乃联络河西鲜卑族酋长秃发思复鞬支援张大豫在魏安(甘肃省古浪县)和地方人士张济、焦松、齐肃等整合散兵游勇与流民数千人，在揟次(古浪县境)，据昌松郡遂自称抚军将军、凉州牧，改元“凤凰”。王穆又得岭西各郡援兵三万多进占杨坞(甘肃省武威市)；张大豫驻屯城西，王穆率众三万和秃发思复鞬的儿子秃发奚于驻屯城南。打算利用苻坚在淝水新败、关中情势混乱的机会进军故都姑臧。

正巧遇到苻坚派往西域的吕光自西域凯旋东归，刚占据姑臧。自称“护西域大都督”的吕光当然也不容许已经被苻秦灭亡的前凉“死灰复燃”。所以吕光得到张大豫和王穆的消息时，立即派遣精骑向王穆闪电进击。王穆所部都是在当地收编的散兵、流民临时杂凑成军，战斗力不堪一击。吕光先把所部分成三个战斗群：第一个战斗群是步兵，在城西布阵而不叫阵，只是监视着张大豫；第二个战斗群是骑兵，直接向王穆侧翼冲阵；第三个战斗群则施行中央突破。混战一整天，秃发奚于阵亡，士卒战死两万多。王穆率残部奔建康(甘肃省高台县南)，乘势攻占酒泉，自称大将军、凉州牧。不久又被吕光击败，王穆被斩。

张大豫逃到临洮，驱当地居民五千多户保守临洮西南的俱城。吕光调派精骑追击，破俱城；张大豫再逃往甘肃皋兰县西一百二十里的广武(甘肃省永登县)。

吕光派间谍渗入广武，煽动地方人士反抗张大豫。就在当年，张大豫的部属劫持了张大豫，押送到姑臧，吕光下令把张大豫斩首，把他的残余部众编为各郡营户。张大豫的复国梦碎！前凉完全灭亡。计六十五年(《中国大事年表》说五十七年)。

《晋书》说:天锡“即位凡十三年。自轨为凉州,至天锡,凡九世,七十六年矣”。张天锡降秦后,在苻秦建元十九年(383)随苻坚参加淝水之战时阵前乘隙随朱序奔晋,东晋孝武帝又封他为散骑常侍兼西平公,六十一岁时终老于晋。

吕光消灭了前凉残余,完全占领了前凉首都姑臧后稳定了根据地,就自称“酒泉公”,改元为“太安”。史家称其为“后凉”。

陶釜甑(前凉)

(1964年新疆吐鲁番出土)

冉魏（汉）

民　　族：汉族

时　　间：公元 350—352 年

疆　　域：河北省南部，河南省的北部

首　　都：河北省临漳县（邺）

创业帝王：武悼天王冉（石）闵

石闵，汉人，本姓冉。他的父亲冉瞻，在十二岁时被羯族酋长石勒掳去。石勒见他聪明伶俐，就使儿子石虎收冉瞻为养子，从此他归化羯族，改姓石。石瞻长大后骁勇善战，曾积功升到积射将军、西华侯；很得石勒、石虎的喜爱，乃为他娶妻，生儿子石闵。幼时聪敏可爱的石闵，石虎把他当成自己的亲孙子一样看待。长大后身长八尺，勇力过人，而且善于谋划；石虎封他为建节将军，赠封爵位脩成侯。

石虎取得皇位的前几年，羯族内部就不断发生政变；石闵曾为了卫护石虎而出力不少，功劳很大！所以很受石虎的器重、提拔，以致权倾一时。当时石虎曾利用羌人姚弋仲和氐人蒲（苻）洪执掌重要兵权，以致氐、羌族在石虎政权之下乘机坐大。石虎后悔已晚，深感失策，忧愤而死。他的儿子们争权夺位，自相残杀！当时位居辅国大将军的石闵，乘时发动政变，在东晋永和六年（350）推翻石家王朝。

石闵终归是汉人，他对他父亲的认贼作父，具有强烈的羞辱感！民族大义的情操，让他当时很想为晋廷立功；他曾写信给东晋中央，表示愿意迎接晋天子还都洛阳。可惜的是当时的晋廷一则虽有北伐之意，但无北伐实力；二则忙着应付内乱；三又怕中了奸计，所以没有理会冉闵这封报告。冉闵在迫不得已之下，才宣布他是新王朝的皇帝。假如东晋这伙军阀们当时能够考虑冉闵的意见，那么晋王朝和冉闵的结局都不会这样悲惨。

邺城是三国时曹操的封地“魏都”，石闵就定国号为“大魏”，并恢复他的汉姓——冉；所以后来的历史学家就称他建立的国家是“冉魏”。

冉闵做了皇帝，日子并不好过，他总是自信他的能力过人，他手下的汉人将领也不少；他却没有想到他的过去，曾招致多少人的妒忌和仇恨！首先发难反对他的是石家班的中领军石成、侍中石启、河东太守石晖等。冉闵用“咨商国事”的名义，引诱石成等入宫，立即下令逮捕他们；石成、石启、石晖等人被斩，并被灭了三族。再就是姚弋仲，当冉闵以灭绝手段屠杀石鉴和石姓皇族的时候，姚弋仲的儿子姚益、武卫将军姚若砍开城门，率数千禁卫军投奔浸头戍(河北省枣强县)姚弋仲的根据地。姚弋仲就下令发兵讨伐冉闵。

这时候由于冉闵的灭胡运动，致使在朝内的文武大臣们如太宰赵庶、光禄大夫石岳、太尉张举、中军将军张春等一万多人相率逃往襄国，投奔后赵的末代皇帝石祗去了。军队方面：卫军将军张贺度据守距离邺城仅二十里路的石渎，建义将军段勤据守河南浚县的黎阳(在邺城南五十里)，抚军将军张沈盘据邺城西方的滏口(河北省武安市)，宁南将军杨群盘踞在桑壁(河北省石家庄市平山县)，氐将苻洪驻守邺城南方的淇门渡口(枋头)，羌将姚弋仲盘踞邺城以北的滠头戍，这些人都有重兵在握，也都是反对冉闵，并且一有行动，即可朝发夕至。在形势上几乎把邺城完全包围了。

紧接着原镇守襄国城的石祗自行宣布继承后赵帝位，改年号“永宁”；石祗又派石琨将兵十万伐冉闵。石琨进军邯郸，召镇南将军刘国自河南内黄出兵接应；另和冉闵的太尉李农暗通做内应。

冉闵先杀李农全家，又把立场不稳的尚书令王谟、侍中王衍、中常侍严震、赵昇等一起斩首。然后派卫军将军王泰迎战石琨。

王泰把前锋部队分成许多小型战斗群，鲜卑族群专攻石琨的鲜卑部队。氐、羌族群专攻石琨的氐、羌部队。各自施行渗透营阵、独立作战、阵前喊话，召唤各族众来归。对于羯族群的战法，王泰选拔一批矫健善走的夜行人，伪造了许多羯族官吏的家书，由夜行人潜入石琨营中投送。结果石琨部队发生集体逃亡，武装部队一经交战，石琨部队战死的、投降的在一半以上，石琨大败！率残兵败将退保元氏(河北省的元氏县)。刘国听说石琨败退了，乃自动引兵退回河南内黄。

挖根战略

冉闵认为在邺城周围，拥兵自重的军阀们都是打着石家王朝的旗号来反冉闵的，如果消灭了石祗，那些军阀们也会自然而然地树倒猢狲散了。于是就在是年(350)冬，冉闵率步骑十万大军进攻襄国城。石祗害怕了！一面自动宣布除去“皇帝”名号，只称“赵王”，希望用缓兵之计可以使冉闵止兵；另一面向东北卢龙的燕王慕容儁乞兵求援救。又起用老将赵王姚弋仲的儿子姚襄为大将军，要他出兵援救襄国。

这时候为东晋所封的燕王慕容儁，表面上是称藩东晋，骨子里却是整军经武，时刻在等机会向南拓展。这个机会来了，燕王慕容儁就派御难将军悦绾率兵三万支援襄国城。大军一举攻下蓟州，把他的前进总指挥部(行都)设在蓟城，然后直接南下取邺城。

姚襄动员骑兵两万八千人计划自沧州出发增援襄国，石琨也已整合他的残兵败将回师保卫襄国城。

冉闵先派大司马从事中郎常炜为特使，晋见燕王慕容儁，要求和平相处，互不侵犯；结果慕容儁拒绝了这个建议，而且又扣押了常炜。

在以上所说的敌对部队中冉闵最怕姚襄，所以他就先派大部分兵力堵击姚襄。他认为只要打败姚襄，燕军一定自动退去，剩下败将石琨根本不堪一击。他不知道用兵先攻坚是兵家大忌。

冉闵派车骑将军胡睦率轻骑挺进河北省东部的沧州长芦姚襄的基地，以闪电战法突袭姚襄的主营区，打算打乱他的神经中枢，可以阻挠他的出兵计划。

姚襄是石虎麾下名将姚弋仲的长子，家学渊博，尤其兵学根底深厚；虽然一年前他和苻洪交兵失败，但是他的基地还是十分巩固，战备部署十分严密，而胡睦的部队是胡、汉混合编成，又经冉闵灭胡运动的不良影响，所以一经接战，很快就被姚军包围起来，被杀得尸横遍野，士卒溃散大半，胡睦仅率几十个卫士逃离战场。冉闵下令襄国城撤围，又令胡睦回邺整军，准备保卫邺城。

原来包围襄国城的前军将军孙威部奉命转进邺城，在撤退途中和正向襄国城进发的石琨部队在河北保定遭遇，孙威得到情报，燕军南下邺都了，所以他一心急急回师防卫邺都而无心恋战，结果节节败退。士卒战死或逃亡的有一半之多，以致孙威部损失惨重！冉闵下令要他退保邺都。

冉闵宣布邺都戒严！并重申灭胡运动前令。石虎的老将王朗与麻秋自长安率军还洛阳，冉闵传下灭胡命令，麻秋拟先杀王朗，而王朗闻风逃脱，投奔襄国城石祗；麻秋杀了王朗胡族部众一千多人。麻秋本来打算率领所部开进邺城的，可是经过枋头时被苻洪截留而归降苻洪。

枋头是邺城以南的军事重镇，控制着淇水、漳河的粮食运输。驻屯在枋头的氐族名将苻洪，听麻秋说长安空虚，立即决计全军连夜拔营西进潼关，占据长安。冉闵听说苻洪放弃枋头西进，解除南方的一大威胁；这对冉闵来说是一个大好消息，对于他的士气也是一大鼓舞。

张贺度受石祗之命，联合段勤、刘国与靳豚等组成联合阵线，准备进攻邺城。他们的根据地在邺城西方、北方和南方，冉闵的防御工事也都偏重在西方、北方和南方。所以张贺度下令联军主力集结在邺城的东方待命。

冉闵派尚书左仆射刘群率王泰、崔通、周成各部步骑十二万进攻张贺度，冉闵亲率精骑八万为总预备队，兼防西方、南方。王泰是沙场老将，善于心理作战；他自率一千轻骑利用拂晓时分像一支飞箭似的直冲张贺度的苍亭(山东省莘县东北)大营。崔通、周成大军也全面掩至，顿时喊杀之声天摇地动！张贺度本部先乱，靳豚战死！联军战死的两万八千人，所部将士全部投降。冉闵这一仗打胜了，兵员大增到三十多万，凯旋还师，旌旗钟鼓仪队和军队排列起来长达一百多里。这是冉闵的巅峰时期，可惜只是昙花一现。

冉闵把他的中央政府安排大定，封长子冉胤为太原王、大单于、骠骑大将军；把投降过来的胡族粟特康的劲族一千编为禁卫军，归属冉胤统带。然后下令总动员讨伐石祗。他的谋士韦谀建议他不必急躁！可是冉闵意气英发，自以为已经打垮了以张贺度为首的军阀群，襄国已成孤城了，正是消灭他的好时机，而臣下这样畏惧懦弱！冉闵盛怒之下立即杀了韦谀和他的子孙。

在冉闵出城作战的时候，留守城内的降将胡人粟特康等发动兵变，大肆屠杀留守的文武官员，然后挟持了冉闵的儿子冉胤、冉明以及左仆射刘琦等，奔往襄国向石祗投降。石祗把他们全都剁成肉酱，派部将刘显迎战冉闵，结果刘显大败，退守襄国城，乘着兵乱的机会，刘显又杀了石祗，把人头送给冉闵表示投降。冉闵把石祗的人头烧成灰烬撒在行人最多的路上任人践踏。冉闵封刘显为大将军、大单于、冀州牧而回师。刘显又乘势在襄国城宣布他自己就是皇帝。冉闵立即又回头攻陷襄国城，杀了刘显和他的官员一百多人；襄国城内所有石姓、刘姓三千多家胡族全被冉闵下令活埋；然后放火烧了襄国城的宫殿，把居民迁到邺都附近各郡县。

石虎以前所派驻镇安徽寿春的扬州刺史王浃，眼看后赵已亡，于是举城向东晋投降。在这个影响之下，山东、河北各地到处都有集体叛离冉闵的起义行为，有的渡过黄河，南下降晋，有的割据自封，华北、中原地方顿时大乱。

冉闵派驻长安的军队和关中一般知识分子们、官吏们纷纷南下谋生。有些聚众起义，杀了当地的胡官，自组义军。冉闵在邺已有自顾不暇之感，派员到山西省潞城征调上党郡的乌桓族部落和氐、羌部落出兵；可是这些部落早已被燕王慕容儁收买。乌桓族势力最大，酋长库傉官伟却率众归附慕容儁；其他胡族各小部落有的跟进投降，有的畏缩自保。在大西北地区冉闵的势力急剧退缩。

燕王慕容儁一年前就派了很多间谍人员渗入冉闵内部和后方，一面刺探军情，一面游说胡族小部落归附；这一战略很有效，于是慕容儁下达全国动员令，兵分三路进攻邺城。

东路由慕容霸(就是建立“后燕”的慕容垂)率步骑两万人，从他的基地辽宁凌海(徒河)出发，进攻河北的卢龙(三径)、乐亭(乐安)。卢龙冉闵的守将邓恒久闻慕容霸的大名，不敢应战；就放火烧了仓库，逃到蓟城(北京市大兴区)。慕容霸命南部都尉孙泳率精兵抢救，扑灭火势，抢出粮食和军事物资。慕容霸又就地征发地方部队、粮秣、军需用品，运往三河(临渠)“供应总指挥部”慕容儁处。

西路由慕舆宇为主帅，自居庸关(蠮螉塞)出发，径取蓟城，与总指挥部燕王慕容儁会师。

中路军为主力，由燕王慕容儁亲自统领，自河北唐山的喜峰口(卢龙塞)出发，慕容儁命慕容恪、鲜于亮为前锋，直趋北京南郊的大兴(蓟城)。在燕军到达大兴东部一百余里的无终县时，冉闵的蓟城守将王午留下部将王佗与一千人守城，他和邓恒退保大兴以南一百多里路的鲁口(河北省饶阳县)。燕军攻陷大兴，活捉王佗斩首，然后把他的国都自龙城(辽宁省朝阳市)迁移到蓟城；这是准备长期而大举南犯的第一步。

燕军继续进攻范阳(河北省涿州市)，冉闵的守将李产率领他所辖的八个郡县地方和团队无条件投降。于是影响所及，河北、山东一带地方人士，胡族小部落都相率归附燕军。

慕容儁派鲜卑族中部落领导慕舆句为蓟中留守，他亲自率领大军南下进攻王午、邓恒所据守的鲁口(河北省饶阳县)。大军在饶阳北五十里地方的清梁安营，邓恒派部将鹿勃早率精壮敢死队乘夜突袭燕营，慕容霸梦中惊起，奋力迎战，亲手斩杀十多人，阻住鹿勃早的部队攻势，没有接近慕容儁的大营。慕舆根也率近侍精锐战士数百人直接反攻鹿勃早，这时燕营兵团也已完成集结，重兵反击，鹿勃早的冉军才被迫撤退。燕军追击四十多里，鹿勃早的冉军部队几乎全部战死！鹿勃早仅一个人逃离战场。燕军接着攻陷章武(河北省大城县)、献县等地。

燕军迫近邺城，冉闵亲自上城观察，只见燕将悦绾效法三国时张飞在长阪坡的欺敌战法，并不直接攻城，只在距离邺城不远的地方用少数散骑，以马尾拖拉树枝来往奔驰；树枝扬起尘土，遮天蔽日，使冉闵的城上守军看不到燕军行止，也不能知道究竟有多少燕兵，只有望而生畏！同时亲后赵石祗的姚襄部队在东郊出现，石琨的部队自西方迫近，于是邺城三面受敌！冉闵已是四面楚歌。

冉闵准备亲自应战，主管军政的王泰和禁卫大员们都来劝阻；只有冉闵最信任的和尚法饶鼓励冉闵亲自出战。

冉闵听信法饶的话，先征召王泰出征，但是王泰拒绝。冉闵只有御驾亲征，倾全城之众出北门迎战燕军。冉闵先遣部分骑兵突击东战场的姚襄部队，阻挠他前进；以步兵为主力向燕军寻求决战。燕军指挥官悦绾用兵重在用间谍，他针对冉闵以步兵为主力的缺点，把精骑分成许多小型战斗群，在弱点上强打，在重点上游击、骚扰！步兵则集中守护大营。骑兵随时随地在阵前喊话，利用多种胡语散布谣言。就是这样的战法持续十天下来，把冉闵的部队弄得军心涣散，士卒逃亡的十多万人。最后车骑将军胡睦和孙威先后战死，战士战死一万多人。冉闵仅率部分近卫骑士退回城中固守。

冉闵退回邺城，首先把王泰斩首，并诛杀了他的三族；又把鼓励他御驾亲征的法饶用五马分尸处死。

冉闵重用汉人，那时候的汉人受尽胡人的欺凌，所以汉人也都拥戴冉闵。可是当时的汉族人口大减，四十多年被胡人乱劫乱杀、掳来掳去，已经失去了组织能力；原有宗法基础的社会结构瓦解，伦理道德观念也已丧失殆尽。大的豪族和知识分子相率随东晋政权南渡，留下二三流的土豪们也只有筑坞自保，所以冉闵的社会基础非常脆弱，军糈资源自然也不会十分充裕了。

各种胡族的人口数目并不少于汉人，胡人对于冉闵政权又多不愿附从，于是冉闵鼓励汉人群起驱逐、赶杀当地的羯胡乃至于所有胡人。据史书记载，一年之间只邺都城内就屠杀了二十多万羯族人。

当时在冉闵所能控制的辖区内，自石虎消灭了前赵(公元 329 年，后赵太和二年)以来，后赵石虎向河南省、河北省、山东省一带发起三次大移民：

第一次是在公元 329 年，石虎收抚了氐族酋长苻洪(当时名字是蒲洪)、羌族酋长姚弋仲后，把陕西、甘肃一带的氐、羌两大部落十五万个帐篷的族众分别迁移到河南省的司州和河北省的冀州。

第二次大移民是在公元 333 年，石虎建平四年，石虎听了苻洪的建议，把甘肃东部(秦州)、陕西省(雍州)的汉族豪门、氐人、羌人和其他胡种共十多万户迁到河南省。

第三次大移民是在公元 338 年，石虎建武四年，石虎打败段辽，把段辽部落两万多户的鲜卑族强迫移往河南省(司州、豫州)、陕西北部(雍州)和山东省的西部(兖州)。在这些移民中，除了第一批的移民是军事性的集体跟着苻洪、姚弋仲的行止而移动外，其余两次大移民都已散居各地从事农垦了。这种强迫移民在五六十万之众，这时眼看冉闵政权不稳，有的群起造反，有的结伙攻打各地官府来泄愤，有的奔回故乡，在沿途互相抢劫、格斗，甚至杀人吃其肉的到处都有。弄得河南省、河北省、山东省、山西省全面大暴乱，在当地的原住民也群起造反！贫民造富有阶级的反，富有的造豪门、政客的反，豪门、政客相率逃往江南去避难！造成五胡时期前半期最残酷、最无情的政治大混乱。农业歉收，经济问题接着来了，不到两年的时间，冉闵的国内外局势，一天比一天严重恶化起来。

冉闵之败

冉魏永兴二年(351)秋，冉闵所属驻镇河南范县的徐州刺史周成，驻屯濮县的兖州刺史魏统，驻屯河南的荆州刺史乐弘、豫州刺史张遇等在廪丘(山东省郓城县西北)开联席会议，决议集体起义，向东晋中央投诚。冉闵的平南将军高崇、征虏将军吕护也劫持洛州刺史郑系投降东晋。这都是邺城的京畿地区，也是邺城的重要外围据点，所以这一下子给冉闵的军事将帅们的心理影响也很大。紧接着河北的中山、鲁口、常山、高邑等地也被燕军攻陷。弄得性情暴躁的冉闵焦头烂额！

冉闵的永兴三年(352)，新兴势力鲜卑族燕王慕容儁，派遣他的太原王慕容恪再攻邺城。冉闵这时候已经筋疲力尽了，但是个性刚愎的冉闵又率领他仅有的禁卫部队，想出奇制胜地去拦击燕军辎重部队。在河北无极的廉台一战，冉闵鼓其余勇，亲手斩敌三百多人。

冉闵骁勇善战，在当时是举世闻名的。当时双方的实力：燕军以骑兵为主，运动灵活，而冉闵现在只剩下少数骑兵，主力则全是步兵。相形之下冉闵居于劣势，他必须把这种劣势转变成优势才能制胜，于是他决定转移阵地到附近森林中，使燕军骑兵没有用武之地。

冉闵的兵学知识很高，只是性情急躁，没有耐性。当燕将慕容恪发现冉闵的意图时，就运用激将法引蛇出洞，直接挑战冉闵，一经接触，燕兵败退，就这样十战十败地诱敌入瓮战法，终于把冉闵又引出树林来决战。

慕容恪运用他独创的骑兵方阵战法，铁链连环锁着战马，结成方阵：善射的弓箭手随着冲阵，大批精骑在后，一重又一重的包围圈，一波又一波的飞箭，把冉闵的战士杀得丢盔弃甲、疲惫不堪！冉闵的坐骑“朱龙”是能日行千里的名驹，在冲锋陷阵中一跃冲出重围，跑了二十多里路而累倒，冉闵跌下马来也已筋疲力尽而被擒。

慕容恪把冉闵押送到蓟城(北京)，挞他三百马鞭再解送龙城(辽宁省朝阳市)囚禁。

邺城的攻防战又继续了两个月，时胜时败，慕容儁为使死守邺城的冉闵遗臣、遗民们死心，就把冉闵押到辽宁朝阳境内的遏陉山斩首。时在公元 352 年，东晋永和八年、冉魏永兴三年，冉魏轰轰烈烈，杀杀砍砍，不到三年而亡国。

邺城本来是一个很富裕的商业城市，由于连年战争、兵荒马乱，商业停顿，农田废耕，粮源断绝，疾病相继而来，守城战士没粮可吃，就杀战马吃，战马吃完了，就杀宫中年轻宫女来充饥。民间人杀人、人吃人的事情到处不断发生。冉闵的大将军蒋干，派侍中缪嵩、詹事刘猗向晋廷接洽投诚，并向晋安西将军谢尚求援。

是年夏四月，燕辅弼将军慕容评，率精锐骑兵一万再攻邺城。冉魏大将军蒋干、太子冉智婴城固守，只是城外各地方都已降燕。慕容评攻城不下，燕王又派广威将军慕容军、殿中将军慕舆根、右司马皇甫真等率步骑二万支援慕容评加强进攻邺城。

晋廷想到三十多年前西晋怀帝(311)和愍帝(316)被前赵刘聪掳去时六颗玉玺的下落，因为玉玺是皇帝权力的代表，遂命谢尚向冉魏追索这六颗本来就是晋朝所有的传国之宝。

谢尚派大营督护戴施率部进驻枋头，这里是淇门渡(河南省浚县东南)，和邺城一河之隔，也是邺城外围的重要军事据点。戴施稳住自己的营盘后，亲自率领精锐勇士一百多人设计进城，先从蒋干手中取得西晋时的六颗传国玉玺，交由督护何融护送到南京的东晋中央政府。

蒋干和晋(戴施)联军五千多精锐出城反攻，燕将慕容评早有准备，以三万多人的兵力围剿仅有五千人的晋魏联军，当然游刃有余；大战一场斩杀晋魏联军四千多，晋魏联军大败！蒋干、戴施冒死逃回邺城。

燕军攻城甚急，城中粮尽，兵士把战马杀吃完了，石虎留下来的三万多宫女也被饥饿的士兵杀吃不少。冉魏的长水校尉马愿，不顾蒋干命令，开了城门，迎接燕兵进城。蒋干和戴施缒城逃去，奔往晋境仓垣。尚书令王简、左仆射张乾、右仆射郎肃以及很多汉人官员都自杀以殉。

慕容评下令不得骚扰百姓，只把冉魏王朝的皇后、太子冉智、太尉申锺、司空条枚等人以及冉闵所收后赵皇帝御用的仪仗、车轿、衣饰与各种器物，搜集了十几车，送到慕容儁的首都——蓟城。只是没有找到他所希望弄到手的六颗玉玺。两年后冉智等人都被燕王杀害。

冉魏到此完全结束，五胡十六国中，他是第四个建国、第四个亡国的胡国。现在“五胡十六国”是正在新兴中的氐族前秦、鲜卑族的前燕，还有资格最老而且又是汉人主政的前凉。

前燕(鲜卑)

民　　族:鲜卑族

建 国 者:慕容皝。五胡十六国中第五个建国者

时　　间:公元 337—370 年,计三十四年

疆　　域:东自辽宁省、山东省

西至山西省

南到河南省

北至内蒙古自治区东部、河北省

首　　都:河北省临漳县(邺)

历代帝王:武宣皇帝慕容廆:晋封辽东郡公

文明皇帝慕容皝:公元 337—348 年

景昭皇帝慕容儁:公元 348—360 年

幽皇帝慕容暐:公元 360—370 年

前　燕

鲜卑族史称“东胡”。汉以前在兴安岭、黑龙江、西伯利亚一带游牧。西汉时常附属于北匈奴族，为北防大患。到东汉时为了分化他和北匈奴，开始封其首领为大单于、为王，才正式和东汉政府交往。

匈奴和鲜卑两族所占领地的中间，有一千多里的一块没有人住的松漠地带，就是史书所谓的“千里松林”跟瀚海沙漠之间。大约是现在河北省围场满族蒙古族自治县以西到内蒙古自治区克什克腾旗地带，为两族（匈奴、鲜卑）的缓冲空间，约定各守边境（胡语“瓯脱”），互不侵犯。当匈奴冒顿弑父案发生，鲜卑利用这个机会，举兵西进占据这个双方都视为天堑的大空间——千里松林（漠）。但是很快就被匈奴族大军驱逐，乃退保蒙古高原以及西拉木伦河流域游牧。

后来匈奴族的军队被西汉政府军赶到大戈壁以北数千里的地方，留下来的遗民十多万落（户）。匈奴原有之地，东西一万四千多里，完全被鲜卑族占据；于是鲜卑骤然壮盛起来，汉廷也利用其来做防御北匈奴的前哨。

西晋太康三年（282），鲜卑部落酋长慕容涉归进攻建昌（辽宁省葫芦岛市）。被晋安北将军严询的守军击退，斩获数以万计。第一次交兵，鲜卑知道晋廷的边防实力不可轻侮，于是采取缓进政策。翌年，慕容涉归一面据守新占疆域，一面把他的族人向东南方辽东地带迁移。

西晋太康十年（289），慕容涉归死，他的大儿子慕容廆嗣立。为了达到他们继续南移的谋略，慕容廆上表晋廷，表示愿为晋廷北方边防效力，要求准他扩充军备，并以辽宁义县西北的大棘城（辽宁省锦州市义县。一说是蒙古土默特部落）为后勤基地，其实他是以大棘城为南下根据地的。晋廷为了利用他来强化北疆国防，乃授慕容廆为鲜卑大都督、大单于。

西晋永兴三年（306），西晋八王之乱中东海王司马越的大将祁弘征募了鲜卑青壮成军，这批鲜卑族在长安城中曾大肆抢掠三天，屠杀汉人两万多人。这是北方胡乱的第三波。第一波是西晋咸宁五年（279），盘踞在西北的鲜卑族另一族系的秃发氏曾攻陷凉州（甘肃省武威市），这个部落的首领秃发树机能被俘斩首。三年后，慕容涉归进攻建昌（辽宁省葫芦岛市）。

慕容廆在位四十五年，在六十五岁那年病死，由他第三个儿子慕容皝继立，东晋成帝又封慕容皝为大将军、幽州牧、大单于、燕王。

慕容皝自幼家庭教师是当时的名儒刘谠，所以儒学、兵学素养很高；他有远见，也有野心。他的政略是南方稳着晋廷，北方收抚东胡宇文部落，这是他扩展军备的开始。用宇文部去征服高句丽，于是势力大振。他先在昌黎(今辽宁省义县)建立政治中心，稳住这个将来南进的前进基地；然后又迁都龙城(今辽宁省朝阳市)。这个震慑北匈奴与东胡的部署，是极具政略、战略意义的。

慕容皝的土地政策：接受记室参军封裕的建议，把国有土地、农庄全部放领给没田可耕的农民；对有耕作能力的贫苦农民，还补助给牛只、车辆与农具。对于公有的山川河泽，由地方政府尽量开发运用，使有利于民生。但仍保持着相当大面积的牧场、围场。

经过近二十年的生聚教训，不断地兼并诸胡小部落，他的实力也在不断膨胀。公元 338 年，东晋咸康四年春，慕容皝举兵南下，一口气攻占了河北省卢龙县以北的辽西、令支等重要据点；掳去胡、汉住民五千多户。

慕容皝的北邻有两个鲜卑部落，都很强大而且不服慕容皝的统御。其一是宇文部落，很快为慕容皝收服，另一是段辽部落，时常骚扰慕容皝边防。慕容皝为了一石二鸟，特邀了西邻的后赵天王石虎联合夹击段辽；石虎出动大军与段辽在北京的密云山展开决战，段辽军死伤万余！乃向慕容皝投降。

石虎眼看慕容皝兵不血刃而享受了胜利果实，当然气愤！于是石虎借口慕容皝背信而挥军进攻慕容皝的都城——昌黎。围攻十天而没有攻下，石虎下令退兵，却被慕容皝的儿子慕容恪奇兵邀击，石虎大败！死伤士卒三万多人。从此慕容皝的前燕国算是跟他西邻的后赵石虎结下不解之仇。

翌年(339)夏，前燕领军将军慕舆根进攻后赵石虎所属辽西(河北省卢龙县)，后赵的守将呼延晃迎战与副将张支同时战死，慕舆根掳掠千余户回师。

石虎之所以时常滋扰慕容皝边防，都是借口三年前联军共击段辽事件。而自段辽投降慕容皝后，时有背叛前燕的阴谋；慕容皝为堵石虎之口乃杀了段辽和他党羽百十人。同时又把段辽的首级送给后赵石虎，向石虎表态示好。这是政治作战的最高艺术——缓兵之计。

东晋咸康六年(340)冬，慕容皝亲率精锐大军攻击后赵。先下北京的蓟城，再自山西临汾东的武遂津渡河进逼后赵的重镇平阳。军行所至，焚烧各种战备设施，掳掠三万余户而回老巢。

宇文部落与高句丽

东晋咸康八年(342)，慕容皝把他的国都迁到朝阳(辽宁省朝阳市)，并改“朝阳”之名为“龙城”。

这时候的前燕，东方征服高句丽。北方还有敌对派的宇文部落，慕容皝发兵进攻宇文部落的首府南罗城(依《读史方舆纪要》的考证，约在今内蒙古喀喇沁旗境内)。慕容皝命慕容翰为前锋将军，刘佩副之。慕容军、慕容恪、慕容霸(垂)、慕舆根等三路并进南罗城。

宇文逸豆归派涉夜干率精兵迎战。慕容翰亲临阵前，向涉夜干挑战。慕容霸(垂)率轻骑侧击，拦腰冲入涉夜干背后，斩了涉夜干收编其部众。

宇文兵团见主帅战死，立刻溃散，燕军乘胜攻入南罗城。宇文逸豆归只身北逃，困死在沙漠，宇文部落从此烟消云散。慕容皝收拾宇文部落的家畜、辎重贵重资产无算。把宇文部落所属族众五千多落迁到昌黎(辽宁省义县)，改“南罗城”为“威德城”，又征服各胡族大小部落数十，扩展疆土千余里。

高句丽的首都——丸都在今吉林省的集安市，靠近朝鲜，在山脉复杂的老岭山窝中。进攻丸都有两条通道，北道比较容易走，南道就是险峻山谷。而慕容皝竟出敌不意地自率主力大军四万人从南道东进，命慕容霸(垂)、慕容翰两员猛将为先锋。另派长史王宇等率别动部队一万五千人由北道佯攻丸都。

高句丽王高钊果然派高武率主力大军五万人在北道迎战，高钊自率老弱在南道布防。前燕左常侍鲜于亮一马当先，冲进高句丽阵中，奋勇冲杀！高句丽大将阿弗和度加战死，高句丽军大败，前燕军乘胜冲进丸都。国王高钊单人匹马逃走，燕军俘虏了高钊的母亲、妻子；然后掘出高钊父亲美川王高乙弗列的尸首，连同高钊的母亲一起运回龙城，作为今后招降高钊的筹码。另裹挟男女五万人，搜刮高句丽国库累世收集的稀世珍宝，焚毁宫殿，铲平丸都城池而凯旋龙城。

慕容皝平定北方，获大胜而返都，一面“大起宫室”，另一面“劝课农桑”生聚教训，扩张军备，准备南下犯晋。

三年后(公元345年，东晋穆帝永和元年)慕容皝自称“燕文明王十三年”，废弃沿用的东晋正朔。翌年(346)春，慕容皝为测试太子慕容儁的统御能力，就派他率一万七千精骑再次北伐夫余国。虏得夫余国国王及部众五万余口回师。同时也派慕容恪进兵高句丽的南苏城(今辽宁省铁岭市)，以监视臣服不久的高句丽而声援慕容儁。

这时候慕容皝的羽毛已经丰满，遂订政略大计，先平抚北方诸胡，再灭已呈衰颓之势的后赵，最后南下犯晋。

慕容皝死

慕容皝做了十二年的燕王，五十二岁那年(东晋永和四年，公元348年)去世。由他的次子慕容儁继立。

晋廷依旧封慕容儁为持节、侍中、大都督、总督河北诸军事，幽、平二州牧，大将军，大单于，燕王。

由于后赵末代皇帝新兴王石祗的邀请，协助平冉闵之乱，这正是慕容儁梦寐以求的南下好机会。公元350年，后赵永宁元年，东晋永和六年春二月，前燕王慕容儁在他的首都龙城（辽宁省朝阳市）发布讨伐后赵的军令。

前燕的战斗序列分三路大军：西路由慕舆宇率步骑三万先发，经居庸关（蠮螉塞），进攻范阳（河北省涿州市）。

东线由慕容霸（垂）指挥步骑二万人由徒河（辽宁省凌海市）出发，进攻三陉（河北省乐县），南下乐安（河北省乐亭县）。

慕容儁自率主力大军以慕容恪为前锋出卢龙塞（长城潘家口）与慕容霸会师三陉，再南向攻击乐安。后赵守将邓恒放弃乐安西奔蓟城（北京市大兴区）。慕容霸（垂）在乐安、北平二郡征发地方团队和军械、粮秣、向西进发，在临渠（河北省三河市）、蓟县（无终）和慕容儁会师，斩赵将王佗，收编后赵守军一千多。其他如河北宣化的广宁、河北涿鹿的上谷、河北蔚县的代郡等地，燕军等于不战而下之。为防地方反叛，就把所占领城、郡具有影响力的地方领袖，分别迁移到河北玉田（徐无）与河北平泉（凡城）。慕容儁把首都南迁到蓟城。

慕容儁派鲜卑中部部落酋长慕舆句为蓟中留事，留守新都——蓟城。慕容儁亲率内史李洪和前军将军慕舆根与慕容霸等率精骑南进攻击鲁口（河北省饶阳县）。后赵守将邓恒派部将鹿勃早迎战，在蠡县境内的清梁地方隔河对峙。鹿勃早率精兵千人乘夜奇袭前燕大营，慕容霸仓促应战，亲手斩杀数十敌人，慕舆根也指挥精锐战士数百人，冒死冲击鹿勃早，李洪也集结侍卫骑兵部队来助阵，击退鹿勃早，追击数十里路，鹿勃早只身逃出一命。

东晋永和七年，公元351年春，慕容儁派辅国将军慕容恪进攻河北定州的中山。这地方是后赵的发祥地，也是当时河北西半部的经济、政治重心。后赵守将侯龛婴城固守，慕容恪绕过中山南进藁城的九门镇，准备进攻正定县的常山郡，后赵李邽献出全郡投降。在中山境内的胡族丁零部落酋长翟鼠也率众投降，慕容恪回头再攻中山(定州市)，定州外围据点尽失，后赵守将侯龛只好开城投降。慕容儁就把当地富豪和旧有将帅之家等百余户，强制迁移到他的国都蓟城附近。

公元352年冬，前燕的辅国将军慕容恪，驻守河北安平，积储粮秣，制造攻城器械，准备对在鲁口(河北省饶阳县)自称安国王的王午发动攻击。适王午被他的部将秦兴刺杀，另一部将吕护击斩秦兴，也自称安国王。公元354年三月，慕容恪再攻鲁口，吕护败走野王(河南省沁阳市)后派人向前燕表示投降。前燕接受吕护的请求，并委任吕护为河内郡守。闰十月一日，中山人苏林在无极县聚众起义，自称天子。慕容恪立即讨平之。

游牧民族对于政治领导的理念，就跟他们习以为常的游牧活动一样，到处可以为家，随地可以做都城。关于这方面他们也有自己的理论基础，他们认为不可把所有财富和统御中心固定在一个地方，无形中降低他们的机动特性，以免晋军施以重点包围。可是就在公元352年，东晋永和八年十一月，慕容儁就在中山宣称他是前燕景昭皇帝，对外宣传说冉闵的皇后已经把西晋六颗玉玺呈交给他了，所以改年为“元玺”。

这时候在山东境内有馆陶孙元、平原杜能、惠民朱秃、河北清河丁娆等，每人都拥有当地的武装部队，一致向燕军投降。慕容儁就分别任命他们做地方官员，但仍留在原驻地的军中待命，这是慕容儁最高明的政治手腕。

公元354年，前燕部署国防重点在南方，命慕容评为镇南将军，为秦州(陕西、甘肃)、雍州(陕西)、梁州(陕南)、益州(四川)、江州(湖北)、扬州(江苏)、荆州(湖北)、徐州(江苏北)、兖州(山东)、豫州(河南）十州军事总督，镇守洛水流域。慕容强为前锋都督，驻屯黄河以南，活动在湖北、江苏淮河流域。

是年（354）秋七月，前燕乐陵（河北省献县）太守慕容钩（慕容翰的儿子）跟青州（山东半岛）刺史朱秃同时驻防厌次（山东省惠民县）。慕容钩仗着自己是皇家贵族，经常侮辱朱秃。朱秃忍无可忍乃杀了慕容钩，投奔在山东益都的东晋齐公段龛。次年（355）夏，晋山东峄县的兰陵令孙黑、山东长清的济北郡守高柱、河北广宗的建兴郡守高益，以及前秦河南沁阳的河内郡守王会、河南浚县的黎阳郡守韩高，都献出本郡投降前燕。

是年（355）冬，慕容儁的表弟段龛，五年前向晋廷输诚；晋廷封他为镇北将军，而他却又自称“齐王”。盘踞山东益都的广固城。同时山西襄垣的豪族冯鸯也发动起义，赶走上党郡守，向晋廷接洽投降。慕容儁觉得事非偶然，必须肃清反侧，于是派太原王慕容恪为总兵，率阳骛所部进攻段龛。慕容恪向段龛招降，段龛的徐州刺史王腾率军归降，慕容恪命其回原职。

慕容恪也知道段龛势力不可轻估，于是先派轻装部队渡过济南占据滩头阵地，再就河建造船舰，试探段龛反应。

段龛的弟弟段罴劝段龛降燕，段龛不接受，段罴再谏，段龛竟斩段罴来表示决心。

翌年（356）春，慕容恪大军向广固挺进，段龛率三万部众出城迎战，双方在淄河遭遇，大战十多天，段军大败！段龛的右长史袁范等战死，他的弟弟段钦被俘投降，士卒跟着投降的有几千人。段龛逃回广固城坚守，前燕军进而重重包围广固城。

慕容恪采《孙子兵法》所说“十围五攻”的教义，自认比段龛的兵力强大十倍，而且判定段龛又没有外援，所以他为了避免将士的重大伤亡而采长围之计；于是挖深壕、筑高墙，紧缩包围圈，致使城内粮尽。

段龛率军出击，慕容恪先遣敢死队封锁城门切断其退路；然后在围墙之内消灭段龛军，段龛派段蕴潜出城去向东晋求救。东晋皇帝司马聃命徐州刺史荀羡出兵支援，而荀羡畏惧前燕兵威而不敢前进。本年春背叛段龛投降前燕的徐州刺史王腾与东晋荀羡军战，被荀羡生擒斩首。迨段龛投降的消息传到晋军后，荀羡下令退守下邳，段龛城内守军全部崩溃！段龛见大势已去，乃阵前投降，并交出前年（354）杀了前燕乐陵太守慕容钩而投靠段龛的前燕青州刺史的朱秃。

慕容恪安抚归降的军民，把居留本地的鲜卑人、匈奴人、羯人三千多户移居到蓟城定居。慕容儁下令先在朱秃脸上刺字，说明其罪状。再削其鼻子，砍掉双脚的脚趾头，再用鞭抽打致死，然后再斩首剁成肉酱，分给大家吃。

慕容恪派慕容尘驻镇广固，鞠殷为东莱（山东省黄县）郡守，调章武（河北省大城县）郡守鲜于亮为齐郡（山东省淄博市临淄区）郡守；然后班师。

慕容儁任命段龛为伏顺将军，在慕容恪帐中服务。公元357年，前燕元玺六年秋，慕容儁疑段龛阴谋叛变，乃下令诛杀段龛，并坑杀随段龛来降的士卒三千多人。

公元357年，东晋升平元年、前燕光寿元年，慕容儁派慕容霸（垂）在塞北和中军将军慕容虔等率步骑兵八万人大破高车族，“俘斩十余万级，获马十三万匹，牛羊亿余万”（《晋书》）。前燕军声势大振！当年冬乘此余威又攻下了冉魏所占河北临漳的邺城。冉闵被俘，押送到龙城斩首。慕容儁痛恨石虎前仇！把石虎的尸首在邺宫东明观数丈的地下掘出，摆在观门之外，任人踢踏辱骂！又数落石虎生前的残暴罪行，鞭尸三百之后，将尸骨投到漳河里喂鱼。翌年（358）他又把前燕的国都迁来邺城，以便他南侵犯晋的军事实力迈出一大步。

去年（357）夏，匈奴族贺赖部落酋长贺赖头率领三万五千部众向前燕投降。前燕把他们的青壮收编训练成正规军；余众移到山西灵丘的平舒城定居。

整军经武图谋南下

这时候慕容儁的政略，是承袭他父亲慕容皝“先南下灭晋，再西略关中”的遗志。于是任慕容评都督河北、山东、江苏、河南、安徽、陕西、山西、甘肃诸军事进驻洛水。以慕容疆为前锋都督，进驻荆、徐二州。并命令各州各郡普查户口，精密检核不得遗漏。每户只准留下一个男丁，其余都得征发入伍，接受军事训练，希望训练步卒一百五十万，约期一年之内集中在邺都。后来大臣谏议，又改为“三五发兵”，并宽限到公元359年冬季集合。

对于教育建设慕容儁也很积极，设立学校数处，使大臣功勋子弟就读，培养军事干部。

慕容儁开始部署他的行政体系：封慕容恪为太原王、侍中、录尚书事(主管行政机要)、大司马(最高统帅)、大都督(总司令)。封慕容评为上庸王、司徒(宰相)、骠骑将军。封弟弟安东将军慕容霸(垂)为吴王。皇儿慕容暐为中山王。其余封王封公的皇族有一百多人。王公大臣中汉人也不少，最知名的是阳骛这个人，官拜尚书令兼司空。

阳骛，无终人(河北省玉田县)，少年清素好学，器识沉远。慕容皝迁左长史，东征西伐，历官太尉卒(《中国人名大辞典》)。

在这个时期中，东晋灭了盘踞四川四十四年的氐族“成汉”。华北在战乱中后赵的石虎灭了刘曜的前赵，冉闵的大魏再灭了石家班的后赵，鲜卑族慕容家的前燕灭了冉魏，苻坚的前秦崛起在陕、甘一带，现在又形成了前秦与前燕的对峙局面。

张平与贾坚

张平是后赵石虎手下的名将。后赵亡，张平盘踞在新兴(山西省忻州市)、西河(山西省汾阳市)、雁门(山西省代县)诸郡，有众十多万人；自称“并州刺史”。代郡(河北省蔚县)豪门赵榼。统御山西省太原、大同，河北省西部的正定、保定地带。

公元358年，张平与李历、高昌同时投降前燕，不久又降东晋，之后又降前秦，反反复复，每投降一次就接受一次封爵、任官与军需资源。但是他和赵榼一直保持中立状态。

东晋升平二年、前燕光寿二年、前秦永兴二年，公元358年冬，前燕慕容儁命司徒慕容评讨伐据守并州(山西省太原市)的张平。命司空阳骛进攻盘踞在东燕(河南省延津县)的高昌。命乐安王慕容臧进攻占据濮县(原山东省濮县)的李历。并州民间一百多个自卫营寨，都投降前燕。慕容儁命右仆射悦绾为并州刺史，安抚人民。

张平手下的征西将军诸葛骧等率领民间一百三十八个自卫营寨也向前燕投降。张平率部三千人逃奔到平阳也向前燕投降。

慕容儁下令广宁(河北省涿鹿县)、上谷(河北省怀来县)居民迁到徐无(河北省玉田县)，把代郡(河北省蔚县)居民迁到平泉的凡城。

前燕光寿二年(358)春二月，山西省襄垣县(上党郡)的豪门冯鸯，先曾据上党降晋，后来张平起事，他又以上党郡投降张平；不久，张平失败了，他又归附前燕，之后他又叛离前燕。

前燕的司徒慕容评率领中军将军慕舆根所部攻击冯鸯，大战十数日，冯鸯战败，投奔河南沁阳野王的安国王吕护；但他的部众却全体投降前燕慕容评。

后赵的前殿中督贾坚，河北省南皮县(勃海)人，自幼读书很多，又善于骑射。当后赵末业，贾坚向冉闵请辞回家。在地方还有数千家的基本群众。

公元350年秋，前燕辅弼将军慕容评久闻贾坚之名，曾派人招降，为贾坚所拒绝。慕容评对贾坚志在必得，于是动兵生擒贾坚。前燕王慕容儁任命慕容评为章武郡守，驻河北省大城县。任命贾坚为乐陵郡守，驻守河北省盐山县；表示对贾坚的爱重并不亚于皇亲。

公元358年冬，贾坚担任前燕的泰山(治山东省泰安市)郡守，时东晋正在进军北伐中，贾坚所处正为战事要冲，并受命率军在泰安以北，黄河南岸长清的山茌地方布防。贾坚只有七百多战士，而东晋徐、兖二州的刺史荀羡率十倍于贾坚的兵力来攻山茌。

贾坚不顾部属的劝阻而出城迎战，身先士卒射杀晋军一千多人，然后回城。

荀羡再次攻城，贾坚驻马护城河桥上，左右开弓，箭无虚发，弦声响处敌人无不应声倒地。

晋军遣水鬼兵潜水桥下，砍断桥柱使桥塌陷！贾坚连人带马同时陷落水中遂被晋军俘虏，山茌也被晋军占领。荀羡劝贾坚投降，被贾坚严词拒绝！

荀羡指责贾坚："身为汉家男儿，世代都是晋朝之臣，不应背叛祖国而甘心事胡，更不应该忘本而拒绝投降。"贾坚义正词严以对："汉家的朝廷不能保障汉家子民，平常不是醉生梦死，就是争权夺利，胡人来了，他们又贪生怕死，抛弃了供养他们的百姓，而逃到江南重享荣华富贵。他们可以不要人民，而人民不可以不要赖以为生的土地，他们给人民留下亡国灾难！今天面对被遗弃的孤臣孽子不但不知惭愧！反而诟我忘本！骂我背叛祖国！责备我拒绝投降！这岂是背弃祖国人民而苟安海隅的厚颜官僚群应有的威风?!"

这席话骂得厚脸皮的荀羡恼羞成怒！把愤怒、怨恨的贾坚绑到院中让风吹雨打！使他因饥饿而死！

前燕青州刺史慕容尘派司马悦援救泰山，东晋荀羡大败！前燕克复山茌，慕容儁任命贾坚的儿子贾活为山东省济宁市的任城郡守。

公元359年冬十月，晋泰山郡守诸葛攸，率水陆联军两万人攻击前燕。前燕上庸王慕容评率步骑五万人在山东阳谷县东北的东阿迎击，诸葛攸大败，退回泰山。

燕军乘胜南下，于是许昌(河南省许昌市)、颍川(河南省禹州市)、谯县(安徽省亳州市)、沛郡(安徽省宿州市)各城池陆续落到前燕之手。

慕容儁死前死后

公元357年慕容儁所颁“三五发兵”制，征兵一百五十万的工作已于本年(359)冬完成，集中首都——邺城训练，并于翌年(360)春正月举行校阅大典。正待发兵南下犯晋而慕容儁病重，正月二十一日，时年四十二岁的慕容儁逝世。公元360年正月二十五日，年仅十一岁的太子慕容暐继立，改光寿四年为建熙元年。

慕容暐任命太原王慕容恪为太宰，全权处理国家政务；慕舆根为太师做慕容恪的助理。

慕舆根性情刚强，自恃是燕王朝的三朝(慕容皝、慕容儁与现代慕容暐)元老，对于十一岁的少爷皇帝有些不太尊重。他常在太宰慕容恪面前批评慕容暐的母亲可足浑皇太后干预国事，有碍朝廷体制。事实上是他自己在想制造机会夺取政权。

慕舆根又劝慕容恪夺权，被慕容恪严词驳斥一顿。他又向可足浑皇太后密报说慕容恪阴谋夺权，并要求皇太后准他率领禁卫军讨伐。可足浑皇太后正要准许，幸经皇帝慕容暐阻止。慕舆根又劝皇太后把国都迁回龙城。

这些翻手为云、覆手成雨的是是非非，慕容恪知道有慕舆根的存在绝非国家之福。遂与太傅慕容评商议，秘密弹劾慕舆根的罪行。同时命右卫将军傅颜立即杀了慕舆根，以及他的妻子、儿女、同党、亲信一百多人。

慕容恪掌权

公元360年三月，慕容儁安葬在龙城。原由慕容儁下令征发各郡县的新军集合在邺城参加检阅大典，正在待命南下，现在受慕容儁的丧事影响，军心震动，很多人开始逃回故乡。

非常事故发生后，要以非常手段治理，自古都是这样的定律。前燕太宰慕容恪沉着应付现实，命令吴王慕容垂为征南将军，并授予他有杀高级官员的权力(使持节)，都督河南诸军事，兖州、荆州刺史；驻镇河南商丘所属的睢阳县。又命孙希为并州刺史，驻镇山西。派护军将军傅颜，率精骑两万巡狩黄河以南淮河以北新占领区，展示军威，国境以内人心才得安定下来。

公元358年，燕王慕容儁派司徒慕容评讨伐张平。派司空阳骛讨伐据守河南延津的高昌，大战数日，高昌和李历逃奔荥阳，两年后高昌死在荥阳。前燕河内郡守吕护收并了高昌的部众向东晋投降，东晋任命吕护为冀州刺史，吕护打算勾引晋军攻击邺城。

前燕太宰慕容恪率冠军将军皇甫真六万大军讨伐吕护，燕军包围野王(河南省沁阳市)，对城内守军不断进行心理战。到了秋季吕护派遣将领张兴出战，前燕护军将军傅颜阵前斩张兴。吕护城内粮尽只有拼死突围，可是前燕军也早有严密部署：白天皇甫真的大营显示空虚，而使受过夜战训练的长枪队、火箭队都在埋伏中严阵以待。吕护出动所有精锐骑兵在前，步兵在后，向皇甫真的大营突袭，希望攻弱攒隙，突出重重包围。可是遭到猛烈反击，主帅慕容恪也乘势侧击，吕护军死伤惨重，几乎全军覆没。吕护只身逃出重围，投奔晋属荥阳。他的实力丧失殆尽，晋军自然也不欢迎他；不到三个月的时间，吕护又逃出荥阳，向前燕军中投降。前燕政府赦免他以前的罪过！还派给他一个虚有其名而没有地也没有权的广州刺史。

公元362年春，前燕拜吕护为宁南将军，进驻洛阳东北的河阴。三月间派他率军进攻洛阳，战争相持三个月不克，吕护退守河南孟津(小平津)。

东晋隆和元年、慕容暐建熙三年，公元362年夏，东晋穆帝司马聃病故，慕容暐乘东晋国丧机会，开始进犯东晋的军事行动。先遣其宁南将军吕护进攻洛阳，这是一次硬仗，因为吕护年前叛燕降晋，数月后又回归前燕，而所遇晋北中郎将庾希，又是东晋劲旅；大战结果吕护阵亡，前燕军退出河南沁阳(野王)。

翌年(363)，东晋哀帝兴宁元年夏，前燕的宁东将军慕容忠进犯荥阳，东晋太守刘远弃城投奔河南鲁山的鲁阳。慕容忠再下密县东南的密城。

是年冬，慕容暐遣镇南将军慕容尘进攻河南省的淮阳(长平)。晋陈留太守袁披弃城逃走。当时晋汝南郡守朱斌乘前燕军后方空虚，进军河南许昌而占领之。

翌年(364)夏四月，前燕龙骧将军李洪收复许昌，并进占汝南。在汝南(悬瓠)与晋军会战，晋颍川郡守李福及三千多士卒都战死沙场；汝南守将朱斌逃奔安徽寿春，晋陈留郡守将朱辅退守江苏徐州(彭城)。前燕军把许昌、汝南陈留地区一万多户居民强制迁到河北(幽州、冀州)。留镇南将军慕容尘驻镇许昌。

当年(364)，慕容评为前燕太傅，执掌政权，拟定一整套南侵掠地的计划案。先遣镇南将军慕容尘与龙骧将军李洪攻下许昌、汝南、淮阳等地；然后派悦希进驻盟津（河南省孟津县，洛阳北二十里），豫州刺史孙兴进驻成皋（河南省荥阳市，洛阳东二百里）以监视洛阳。

前燕太宰慕容恪探知洛阳军情，又听说东晋哀帝去世，晋廷忙于国丧。于是使悦希、孙兴攻略河南洛阳，当时的河南居民在胡乱中各地方都是筑坞自保，慕容恪先展开敌后心理作战，招纳当地土著豪门，因势利导，分别诱引，慕容恪这种统战立即收到各个击破的效果，无形中把洛阳孤立起来了。

战争不断扩大，军费的开支当然也不断地大幅增加。由于鲜卑族的旧制，在新占领区中鲜卑贵族可以豢养“佃户”“荫户”，且可免税赋；政府占领区扩大了，可是税收却反而减少了许多。

公元368年秋，前燕严格整顿户政，下令取消“佃户”“荫户”制度；把王公大臣和皇亲国戚们私下收纳赖以免税、免役、免差徭的“佃户”“荫户”，全部收归国有。于是税收大量增加，负担差徭的人口多出二十多万人。

中原之战

这时候东晋最有实力的桓温，驻镇安徽当涂（姑孰）。河防重镇的洛阳守将陈祐检点所属兵士只有二千多人，粮饷仅可维持三五个月；自知难守得住，于是留下五百士卒给长史沈劲留守洛阳，陈祐自率大部将士扬言支援许昌，中途听说许昌失守，遂率部投奔陕西安康的新城去了。慕容恪、慕容垂联军很快攻下洛阳。晋扬武将军沈劲被俘不屈而被杀，他手下的战将五百人战死一大半，幸余者被前燕军收降。

慕容垂率劲旅西向如秋风扫落叶般的打到潼关前秦的东境边防，震惊长安的前秦，苻坚曾因此而亲率大军东移，严密戒备。

前燕的悦希部队乘胜进攻河南各城，所向披靡，攻无不克，占领数十城寨。

在东战场上的前燕下邳王慕容厉先后攻占了山东泗水的兖州、济宁、高平诸郡。晋泰山太守诸葛攸自山东曲阜的石门反攻，燕将慕容评率步骑五万迎战，在东阿一役，大败诸葛攸。从此晋师望风披靡一蹶不振，三年前晋乘后赵石虎衰亡之际所收复的河南与山东诸郡，现在已经又完全沦陷前燕手中。淮河以北地带都成为燕军来去自如的游击战场。

前燕政府的政略要点仍然是南下犯晋，这时候他调整军事部署；主要军力由征南大将军吴王慕容垂为主帅兼荆州刺史，都督荆州、扬州、洛州、徐州、兖州、豫州、雍州、益州、凉州、秦州诸军事。率领武装部队步骑一万人驻屯河南鲁山的鲁阳。左中郎将慕容筑为洛州刺史，驻镇金墉。慕容恪为太宰，总指挥全国军事。

为了巩固后方，燕廷派下邳王慕容厉等率军进攻塞外的高车族(敕勒)部落，以防其乘虚南犯；一战而驱，高车部落北退一千多里，俘获马、牛数万头。

桓温伐前燕

这个情势的发展，东晋朝廷大为震惊！当时东晋最有权势的侍中、大司马、录尚书事桓温建议北伐战略；必须充实后勤战力，而前燕军在陆地上的游击战法活动力又最强，运输线路容易受到切断之虞。所以他建议首先利用淮河及其支流开渠沟通南京(建康)与黄河南岸重镇的开封、洛阳的漕运。

桓温在当时是晋廷名将、军事家，他力主重建沟通自长江经过江都、淮安而达淮河的古运河，再由淮河而泗水、沂水、汶水、清水入黄河；再逆流而上达河南省开封市西北贾鲁河与黄河交汇处的石门。

东晋太和四年、前燕建熙十年(369)春三月，桓温邀约徐州刺史郗愔、江州刺史桓冲、豫州刺史袁真等同时发兵，联合北伐前燕。

是年夏四月桓温率步骑五万人，自安徽当涂的姑孰出发，当他到达山东金乡时，正逢天旱，河水位降低漕运不通。桓温命冠军将军毛虎生自山东巨野挖掘一道三百里长的沟(号称桓公渠)，使汶水和清河互相沟通。桓温率舰队从清水挽舟进入黄河，战舰与粮船前后相连，长达数百里。

石门是桓温北伐之战的主要战略目标，也是漕运计划中的总枢纽、晋军补给军糈与军械的总兵站。当时桓温在战斗序列的布置上，西线先遣豫州刺史袁真收复安徽亳州(谯)，河南商丘(梁)直趋黄河南岸凿开石门，修筑睢河连接黄河的新运河，用来运输大批粮秣。可是袁真的主力在攻商丘时，战事胶着很久，加之前燕范阳王慕容德和兰台侍御史刘当率精骑一万多紧逼石门，使袁真没法打开石门，以致漕运计划受阻。

东线由部将檀玄所部沿泗水、沂水至徐州，而进攻山东鱼台的湖陆，而攻击前燕宁东将军慕容忠的大本营，以掩护主力部队之北进。这一仗晋兵士气旺盛，越战越勇，而前燕军由于把主战场摆在西线上，这里步兵多、骑兵少，双方厮杀一日夜，结果前燕军伤亡过半，慕容忠被俘，前燕军大败。

晋军乘胜攻下山东鱼台的湖陆，正向金乡县进发，慕容暐又派兖州刺史慕容厉率兵两万迎击晋军，在河南陈留一战也被打得溃不成军。慕容厉单骑逃离战场，余军或死或降。山东巨野前燕的高平郡守徐翻率郡兵降晋。这时候晋前锋朱序又突破了燕长乐太守傅颜的防线，晋军士气大振！遂一路北进，攻下河南浚县的枋头。

桓温之败

枋头距临漳只有四十余公里，是保卫临漳的主要据点，在这大平原中，最有利于燕军的骑兵运动。燕安乐王慕容臧奉命统领邺城各军保卫邺城首都，以攻为守战法堵击晋军；结果也被晋军打得溃不成军，慕容臧失踪，桓温进占枋头。

前燕王朝连续接到前方战败的消息，举国上下惶恐万状！准备把首都迁回和龙(龙城)以避晋军之锋。

这时候慕容暐的叔父吴王慕容垂，要求统兵伐晋。慕容暐当然求之不得，于是封慕容垂为南讨大都督、使持节(“尚方宝剑”)统领步骑五万渡漳河迎战晋军。

慕容暐唯恐慕容垂不能胜敌，于是又派散骑常侍李凤急赴长安，向西邻的苻秦求援，麹允将虎牢关以西之地为酬庸。

苻坚援前燕

苻坚召集御前会议，检讨前燕情势，许多官员都不赞成出兵援燕。只有王猛以卞庄子刺虎的故事为比喻：晋燕之争必有一败，现在情势是晋军已经露出败象了，而前燕也已疲惫不堪了！我们顺理成章的以大军长驱直入燕境，驱逐晋军易如反掌；再打一个垂败的前燕也不太费力了。于是苻坚在是年(369)八月，下令派将军苟池会同驻屯陕县的洛州刺史邓羌，率步骑两万人开进前燕境内，直达河南禹州的颍川。一面又派散骑常侍姜抚，到邺城向燕王报告军队进展情形。

慕容垂是当时前燕的大将，也是著名军事家，他命燕范阳王慕容德和侍御史刘当，各率精骑一万五千分路急进，慕容德部抢先晋军袁真所部而先占据了石门，控制着桓温后勤补给的总站，断绝晋军的漕运。刘当所部超越石门南下堵着晋军袁真部北进。又使豫州刺史李邽动员民兵数千，把晋军的陆上补给线切成数段；慕容垂的主力大军则收复枋头，控制桓温的前进行动。

东线的慕容德主力再派将军慕容宙以精骑的快速运动，把晋军打得七零八落！桓温受到粮饷不继的压力，又接到秦将苟池也出兵潼关援救燕国的情报，不得已在是年(369)九月间，下令焚烧所有运输船只和辎重、铠甲、武器而从陆路撤退。

桓温的撤退计划很完整，他除了焚毁所有不能携带的军需物资以免为敌人利用外，关于战斗序列的部署，他还把最精锐部队殿后，以防燕军“打落水狗”式的追击。撤退梯次安排得井然有序，尤其设想周到的是沿途只饮用小泉水，没有小河流的地方临时凿井取水，这是预防燕军在上游放毒的机警措施。

慕容垂也早已料到桓温“退而有备”，所以只是派军和晋军殿后部队保持一个“追而不击”的跟踪。十多天后，慕容垂一则捕捉到晋军的主力所在；二则晋军已经疲惫，斗志尽失了，慕容垂才下令紧急猛攻！晋军连续遭到慕容垂精锐骑兵的不断追击，加上苻秦支援燕国的邓羌所部东进的截击，到河南睢县(襄邑)，一说是陈留地方，又遭慕容德的伏兵突袭死伤三万多人，秦将苟池又在河南夏邑(谯)出现，所谓“兵败如山倒”的态势真的来到了，晋军在根本无力应战的情况之下，死者又以万计。十万北伐大军退到江苏淮安(山阳)的基地时，只剩下六七千残兵败将了。

晋兖州刺史孙元，仍在据守山东莘县的武阳顽强抵抗，被前燕左卫将军孟高攻击，孙元战败被俘。前燕军清理战场也告完成。

桓温把战败的责任推在袁真身上，袁真再三申辩而晋廷不理；袁真一怒之下在安徽寿春斩了亲桓温的朱宪、朱斌，举城向前燕投降。前燕皇帝慕容暐授袁真为都督淮南诸军事征南大将军、使持节、扬州刺史，并封“宣城公”。翌年(370)春，袁真死在前燕任所。

慕容垂被迫出走

慕容霸(垂)仪表奇伟、才华过人。他的父亲文明皇帝慕容皝非常宠爱他，以致他的哥哥慕容儁心生妒嫉！慕容儁继掌皇权(景昭皇帝)后，先派慕容霸(垂)为冀州刺史，驻镇河北正定。由于正定素有粮仓之称，经济、政治地位都很重要，皇帝慕容儁又调慕容霸(垂)去做平州刺史，驻镇辽东(辽宁省辽阳市)。不久，又调升他为侍中，名虽升级但无实权；后又派他驻节故都龙城(辽宁省朝阳市)。

慕容霸在龙城深得地方人心，慕容儁又把他调回首都(北京市大兴区)。

慕容霸早娶鲜卑段家部落酋长段末柸的女儿为妻，生慕容令、慕容宝二子。段王妃有“美妍亲王”之雅号，而赋性刚烈，她的家世背景也是当时鲜卑皇家的一大实力派，所以她对现任皇帝慕容儁的可足浑皇后不太尊敬。可足浑皇后衔恨报复，诬指段王妃与典书令高弼从事巫蛊诅咒皇帝，乃下令把段王妃下狱。

段王妃受尽酷刑拷打，始终坚不认罪，虽然最后死在狱中，但却保得慕容霸的清白而没有受到牵连。慕容霸遂改名为慕容垂以禳神。

后来慕容垂(霸)又娶王妃的妹妹为填房新王妃，可足浑皇后又下令罢黜小段王妃；而把她自己的妹妹长安君小可足浑强迫嫁给慕容垂，而慕容垂又不接受，可足浑皇后更加痛恨慕容垂。

慕容垂战胜东晋之后声望更高，以致可足浑皇后的恨意更深，本来就很妒嫉慕容垂的太傅慕容评更是火上加油，立意要除掉慕容垂而后快。于是就与可足浑皇后密商要置慕容垂于死地。

慕容垂得知这个消息，与他的儿子们分头乘夜逃离邺城，投奔长安的前秦苻坚去了；前秦任命他为冠军将军，并封为宾徒侯。

东晋桓温退兵之后，燕帝慕容暐仍然没有履行割地与秦的意思。

那时候的诸胡国与国之间、部落与部落之间，都是强凌弱、众暴寡的局面，尤其素有“兼并诸胡，统一华夏”野心的苻坚，他早就计划东犯前燕，只是最怕慕容垂而已，因为慕容垂是名将，又是著名军事家。而今慕容垂来降，苻坚东进灭前燕的时机也就成熟了。

前燕建熙十一年(公元370年，前秦建元六年)，前秦乘前燕战后还没有复元的时候，苻坚命辅国将军王猛率洛州刺史邓羌、建威将军梁成率步兵三万进攻洛阳。王猛用兵，贵在不战而屈人之兵，所以他就先写一封信给前燕洛州刺史武威王慕容筑，先说秦国主力大军已在黄河以北挺进到邺城近郊，黄河渡口孟津也已被秦军切断，你已没有援兵，也没有退路；要想保着性命，只有投降一路可走。慕容筑也自知难敌秦兵，而请求援军又没消息，于是开城降秦。

前燕慕容暐得到洛阳失守的警报后，急派安乐王慕容臧引兵往救，行至石门和秦东进军遭遇，厮杀竟日，燕军被俘被杀一万多人，只有退守石门。两军相持十余天，王猛伪装撤退，诱敌出城，一场鏖战，生擒燕将杨璩，斩杀前燕兵三千余人；慕容臧败退。秦国王猛回师长安，留洛州刺史邓羌驻镇洛阳以东的金墉城。

半年后(公元370年，前燕建熙十一年，前秦建元六年)，秦统帅王猛命镇南将军杨安率步骑兵进攻晋阳(山西省太原市)，晋阳是当时前燕西陲的军政要塞，兵多粮足；王猛以杨安进攻而牵制其重兵不得出动援邺。王猛自率主力大军六万人祭旗出师，以迅雷不及掩耳的行动直逼燕都西防咽喉的壶关(山西省东部长治市)，距离临漳只有两天的行程。慕容暐闻讯大惊！急命太傅慕容评调集全国兵马三十万西上抗拒秦兵，宜都王慕容桓率军万余为后援。

王猛自壶关北上增援杨安，使之攻陷晋阳(太原)生擒前燕并州刺史慕容庄。王猛留毛当镇守晋阳，自率大军进抵潞川(又名浊漳水)，这里越过太行山就是河北邯郸地区的临漳县(邺城)了。

燕军到山西潞城以北的潞川地方，知道秦军已经占据了壶关。王猛一面派游击将军郭庆率轻骑五千乘夜突袭燕军辎重，一面乘慕容评还没有扎稳营地就举兵冲来大杀一阵。前燕军是杂胡汉人所凑集的，将不能统一指挥，士兵都没有斗志，所以一经锋镝接触，即被俘被斩，五万多临阵逃亡。

前秦的主攻目标是前燕的首都邺城。而王猛在壶关先命镇南将军杨安率轻骑疾进晋阳。壶关距太原近二百公里，为轻骑三日行程，活捉前燕的并州刺史慕容庄，使他不能东援临漳，也不能牵制前秦进攻临漳的军事活动，晋阳得手，王猛派毛当驻镇。

王猛自率大军进发潞川，计划沿浊漳，适与前燕慕容评军遭遇。

王猛乃兵分二路，一路主力部队进入北源浊漳河穿过太行山，出口只有六十公里路就是邺城了。

王猛另一面就在潞川地区与前燕慕容评军周旋，王猛派游击将军郭庆率轻骑五千乘夜突击燕军辎重，抢得大量的兵器与粮秣。另派敢死队步兵乘慕容评主力部队扎营未稳之际冲来大杀一阵，短兵相接，秦兵每人一把利刃，挥舞自如；燕军正在忙着扎营立篷帐以致措手不及，加之燕军是杂胡与汉人凑成，训练不够，士卒没有斗志；一经短兵相接就被斩、被俘五万多人。还有临阵逃亡的达十余万人，阵前投降的又有六七万人；慕容评单骑落荒逃回临漳。慕容桓的一万多武装部队，本来援助慕容评的，及见慕容评败下阵来了，也自河北武安的驻地退守河南内黄。王猛派精骑追击，慕容桓又一下子逃回龙城老窝。

秦军把临漳团团围着，燕都(临漳)的军队已经完全调出，这时候慕容暐、慕容评已经无兵无将了，慕容暐、慕容评只好带着几个亲信和卫士们突围逃出北门，打算奔回龙城。

前燕建熙十一年、前秦建元六年，公元370年的十一月十日，前燕常侍扶余蔚以及留在燕都的各国人质等数百人，当夜打开城门迎进前秦军，苻坚进驻邺城前燕的皇宫。

秦将巨武紧追慕容暐等，在河北高阳把慕容暐等一行俘虏，只有慕容评跑到龙城。而秦将郭庆已攻下了龙城，慕容桓也在龙城战死；慕容评被高句丽人抓住送给秦军。

前燕所属一百五十七郡，二百四十六万户，九百九十九万人口，全归苻秦统治。燕都宫人、珍宝被苻坚分别赏给将士。是年冬，苻坚把慕容暐所有或降或俘的前燕官员，以及鲜卑族人四万多户迁移到长安，并给慕容暐“新兴侯”的封号，前燕遂亡；时在公元370年，东晋太和五年、慕容暐建熙十一年。慕容暐在淝水之战前曾做过苻秦的尚书，苻坚犯晋，他也随苻丕、苟苌等东下帮凶。苻坚在淝水之战失败，他又抢先跑回长安。苻坚的爱将慕容冲起兵反秦，慕容暐曾为长安内应，事机不秘被苻坚斩首，时年三十五岁。

鲜卑慕容氏自西晋太康四年(283)慕容涉归据辽东，传慕容廆称臣两晋四十九年，到慕容皝称王，传给慕容儁称帝。慕容暐时年十九岁称帝，计三十四年而亡。

鲜卑慕容氏后来又建国的有慕容垂的“后燕”，慕容德的“南燕”。慕容冲、慕容永的“西燕”。

现在在中国领土上是东晋、前秦和前凉三国鼎立。

晋廷颁给鲜卑族的归义侯印(金印)

晋廷颁给鲜卑率善中郎将印(银印)

(以上两者皆于公元1956年在内蒙古凉城出土)

鲜卑诸部落

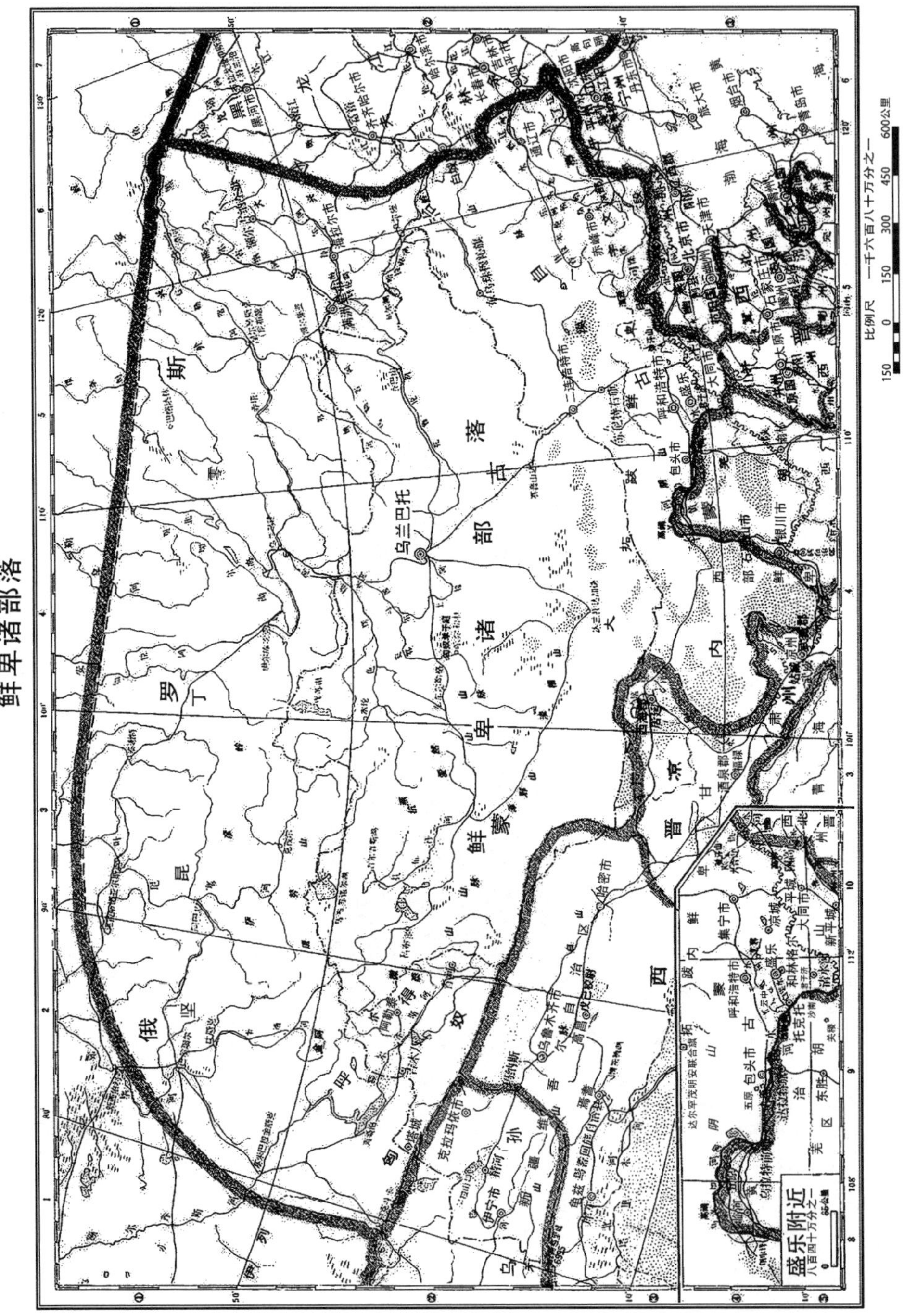

前秦(氐)

民　　族：氐族

建 国 者：苻健。五胡十六国中第六个建国者

首　　都：陕西省西安市(长安)。故城在今西安市西北十里，第五任帝苻丕，又都山西省太原市。

疆　　域：最盛时期东自安徽省、江苏省北部

南至四川、云南、贵州

西达新疆、青海

北至大漠戈壁，是五胡诸国中版图最大者

时　　间：公元351—394年，计四十四年

历代帝王：大秦景明皇帝苻健：公元351—355年

厉王苻生：公元355—357年

宣昭帝苻坚：公元357—385年

哀平帝苻丕：公元385—386年

秦高帝苻登：公元386—394年

苻崇：公元394年登基，当年就被西秦乞伏乾归所逐，败死，国亡。

苻宣：苻崇的太子。苻崇败死，苻宣投奔仇池杨盛，公元407年曾任杨盛所属的平北将军，而后不知所终。

《诗经·商颂·殷武》："昔有成汤，自彼氐羌。"氐族、羌族古史均称"西戎"。据《中国少数民族文库·氐族史》载："甘肃陇南、天水地区，以及陕、甘交界的陇东地区，正是秦汉以来氐人的传统居住地方。"在东汉末年，曹操曾将武都郡(甘肃省成县)数万村落的氐族强制迁移到西安、扶风、天水一带，作为防御刘备北进的最前线。这是氐族更深一步东移内地的开始。

西晋时，氐族已在这一带拓殖生根，而又不断地扩张地盘。

蒲洪，原来是略阳(甘肃省秦安县)、临渭(秦安县东南一百六十里)地方氐族部落的酋长，由于他骁勇善战，又精于骑马射箭，为人慷慨仗义、好施舍，又多权谋，邻近的氐族部落因畏惧而臣服于他；于是蒲洪就自称"护氐校尉""秦州刺史""略阳公"。蒲姓的氐族也都推他为族长。

东晋初，蒲洪向晋廷称藩，晋廷封他为征北大将军，督河北诸军事。他为争地盘而赶走羌族姚弋仲部落，斩获三万余众。这是蒲洪第一次对族外的战争。这次胜仗使他据有函谷关以西之地，也因而声名大噪，遂自称"大单于三秦王"。并信策士建言，改姓"苻氏"（蒲、苻同音）。"大单于"这个称谓，在各胡族中是其族的最高领导人，等于是其族中的皇帝；而在当时的地位仅次于西晋王朝的皇帝。

东晋大兴元年、前赵汉昌元年(318)，前赵第四位国王刘曜自称皇帝，改元"光初"。蒲洪率其部落归降前赵刘曜，官拜"率义侯"。后赵的势力伸展到甘肃时，蒲洪又率二万户族众向后赵石虎请降；石虎封他为"冠军将军""龙骧将军""流民都督"，以后又封"西平郡公"。石虎派他驻镇河南浚县的军事重镇——枋头。数年来石虎曾先后将陕西、甘肃一带的羌族、氐族移民到河北、山西、河南北部的约有二三十万人。当时羌族的领袖姚弋仲也是石虎的左右大将。蒲洪驻镇枋头之后，他的军事主力也就向东活动，进入河北南部、河南北部地区。

石虎死后，蒲洪又率众十余万户投降东晋。东晋永和五年(349)春，晋廷封蒲洪为征北大将军、都督河北诸军事、冀州刺史、广川郡公。

蒲洪与麻秋

东晋永和六年(350)，原为后赵将军的麻秋自关中东返邺城时，在枋头为蒲洪拦住；麻秋假意归降，并向蒲洪建议应趁关中空虚而回师关中，占领长安为根据地再图帝王大业。这个建议正合蒲洪之意，可是麻秋为了阴谋夺取蒲洪兵权，乃设宴下毒，把年已六十六岁的蒲洪毒死。蒲洪的第三子蒲健斩麻秋，蒲洪遗嘱蒲健回师长安。

蒲健收编麻秋部众，与蒲洪所部十多万人为其割据一方的军事实力；乃正式改姓“苻”。

公元350年，正是后赵变革的时候，苻健向晋廷输诚，晋廷封苻健为襄国公。

氐族的发祥地在陕西、甘肃，三十年前，苻健的父亲蒲洪建议后赵石虎下令将关中羌、氐族移民邺城附近，以充实首都，石虎接受蒲洪这个建议。蒲洪为了表示率先，于是在长安地方布下一些有领导能力的氐族头目落地生根之后，他也举族东迁河北省；最后以河南浚县的枋头为根据地。三十年来蒲家父子确实给后赵立下不少汗马功劳。现在后赵车骑将军王朗的司马杜洪驻守长安，苻健有心据有长安，重回老窝。于是苻健在枋头宣称他是晋朝的征西大将军、都督关中诸军事，兼雍州刺史。并预先任命各机关、地方官府的行政官员后，又命鱼遵为前锋将军，进驻孟津修建浮桥，准备大军渡河，派他的弟弟苻雄为辅国将军，率五千步骑兵沿黄河南岸经潼关西进，派他的侄儿苻菁为扬武将军，率七千轻骑兵自孟津渡过黄河，由轵关(河南省济源市西北)，穿过太行山而从山西永济渡河后再向西进发。经过各州郡，后赵并州(山西)刺史张平等先后归降，苻健命张平为大将军冀州牧。然后苻健下令焚毁浮桥，随南路苻雄的大军西进长安。据守长安的杜洪派征虏将军张先率一万三千步兵迎敌，潼关一战，张先大败被俘，苻雄在渭河以北展开扫荡，高陵、乾县(好畤)、三原(黄白)一带的氐族部落酋长毛受、徐磋，羌部落酋长白犊等，每部都有部众数万；一致杀了当地杜洪所派的地方官员而起义声援苻健。

苻健大军兵临长安城下，杜洪的弟弟杜郁率部归降。杜洪率残部逃到长安以西周至的司竹。当年冬苻健规复长安，立即下令进攻后赵最后一个据点——上邽(甘肃省天水市)，斩后赵守将石宁。

苻健进入长安，了解关中地方在匈奴族后赵的统治下人心思汉；苻健为了迎合当前民心，立即派遣参军杜山伯等到南京向晋廷报告长安之战的成果，晋廷封苻健为“征西大将军”，于是甘肃(秦州)、陕西(雍州)的汉人、胡人都表示归附苻健。

翌年(公元351年，东晋永和七年)春，苻健在长安宣布独立，改国号“大秦”，自称“天王”“大单于”，废晋正朔，改年号为“皇始”。建立了第七个胡国。因为以后又出现了姚苌的“后秦”和鲜卑乞伏氏的“西秦”，所以史家就称他为“前秦”。

东晋穆帝司马聃的永和七年，公元351年，晋廷为了羁縻诸胡而不得不将就现实，乃封苻健为都督关中诸军事、大单于、秦王。苻健并不满足，仍旧自称“天王”“大单于”，国号“大秦”。东晋梁州刺史司马勋会同逃到司竹的杜洪、张琚等率步骑兵三万反攻苻健，在五丈原一战，晋军大败，万余将士被杀。

苻健又自称为“大秦景明皇帝”，改元“皇始元年”。

继之建都长安，平定关中，并分遣特使宣慰民众，推行务实外交，网罗专才人士；省刑罚、薄赋敛，凡是石赵所行的苛政一律废除，以安民生。鼓励对外通商，充裕府库，并大力发展农业，充实军糈军事资源，一时颇具大国气象。

东晋永和八年、苻健皇始二年，公元 352 年，晋将军杜洪的司马张琚，杀杜洪占据陕西泾阳西北的宜秋自称“秦王”。一个地盘岂容两人称“王”，苻健乃亲率步骑两万进剿，结果斩张琚，尽屠其众。

苻健之治关中“与百姓约法三章，薄赋卑宫，垂心政事，优礼耆老，修尚儒学；而关中有称来苏焉”(《晋书》)。可惜他做了不到五年的皇帝，于皇始五年(355)而殁。

谢尚与姚襄

这时候的苻秦已经初成气候了，是年(352)秋，苻健派他的弟弟苻雄和他的侄儿苻菁率步骑大军东出潼关进攻河南许昌，俘虏了后赵石虎的豫州刺史张遇，收编了后赵军队万余人，押解张遇及其家属还有五万余家民户迁移长安(张遇不久被杀)。苻秦军再进犯河南临颍，晋守将谢尚弃城逃去淮南。苻秦军迁陈州、颍州、许州、洛州诸郡的居民五万户到陕西；派杨群为豫州刺史，驻镇许昌。

五月间晋将谢尚又联合平北将军姚襄反攻许昌。前秦东海王苻雄、平昌王苻菁率骑兵混成兵团两万人支援许昌。两家主力军在许昌西北的诫桥遭遇，两年前姚家军曾败在苻洪父子之手，所以苻健方面的士气要高过姚家军。一经接战，晋军又大败，战死一万五千人；姚襄在败乱中，放弃了许多辎重，保护着谢尚退守安徽省寿县的芍陂。谢尚就把他的整军大计完全委托姚襄，而此时的姚襄也已了解东晋内部危机四伏，谢尚的未来也不可能看好，乃顿生回归老窝、另创新局的念头。

是年(352)冬，谢尚又派冠军将军反攻许昌，前秦所派右卫将军豫州刺史杨群则退守弘农(河南省灵宝市)。

苻健这次东征，仅是“以攻为守”“声东击西”的策略运用，他是稳住潼关以东的防务，然后再西向兼并其他各弱势胡族群。

东晋永和九年(353)春，苻健派丞相苻雄西征原属前燕的陇上；前燕守将王擢弃城投奔前凉，前凉王张重华命王擢为征虏将军、秦州刺史。王擢原为后赵石虎的西中郎将，后赵亡，他先向东晋投降，晋命他为秦州刺史。而晋遥领西北，鞭长莫及，他(王擢)又降燕，现在又向前凉投降。

前凉派将军张弘、宋修会同征虏将军秦州刺史王擢率步骑一万五千进攻前秦。苻健派苻雄、苻菁联合抵抗，在龙黎(陕西省宝鸡市陇县)遭遇，杀伤前凉军一万二千人，俘虏张弘与宋修；王擢则放弃秦州(天水市)逃回凉都姑臧。前秦派领军将军苻愿为秦州刺史、镇守天水。当年(353)夏五月，前凉王张重华派征虏将军王擢率军二万、反攻上邽、秦州(甘肃东部)各郡县，采用以面围点战法，前秦的秦州刺史苻愿战败，逃回首都长安。张重华遂上疏晋廷，请求出兵东西夹击前秦。晋廷擢升张重华为凉州牧，但没出兵。

新疆(西域)匈奴族在平阳的部落酋长刘康，自称是汉赵末代皇帝刘曜的小儿子，聚其数千匈奴族起兵自称晋王，反抗前秦统治。前秦左卫将军苻飞率军征讨，刘康被擒，部众投降。

苻健做了皇帝，看上了司空张遇的继母，就把她收入后宫为“昭仪”。苻健对于汉人的伦理观念还没弄清楚，他自己认为收纳张遇的继母对张遇是一种恩惠，所以时常在众人面前说张遇是他的养子，张遇深感羞辱！于是联合关中豪杰起义归属东晋，结果事败被杀。可是这一运动的影响所及，当年冬就有长安附近的汉人孔持在池阳(陕西省泾阳县)，刘珍、夏侯显在户县(陕西省鄠邑区)、乔秉在雍城(陕西省凤翔区)、胡阳赤在司竹(陕西省周至县)、呼延毒在灞城(西安市)等地连续聚众起义，恢复东晋正朔。苻秦的大将军、丞相苻雄率兵征讨，用兵一年多来，越打反抗的人越多；把苻雄累死战场。苻苌继任，先后收复池阳，斩孔持，攻下户县，斩刘珍、夏侯显等，小胜之后，胡阳赤和呼延毒接应的晋廷的北伐大军又到了。一年后晋兵败退，胡阳赤、呼延毒随晋军而去，苻苌才平定了乔秉。

桓温伐前秦

东晋永和十年、苻健皇始四年(354)二月，东晋桓温统领步骑四万之众西伐苻秦。桓温是当时知名的军事家，他采用汉高祖入秦的路线，从湖北江陵出发；步兵自河南淅川直趋长安东南门户——陕西商州东南的武关，由将军薛珍为前锋直取长安东南的蓝田。

另外由前凉先开辟西战场，以牵制前秦的后路。前凉派秦州刺史王擢进攻陈仓(陕西省宝鸡市)，王擢一出师就击斩了前秦扶风内史毛难。

东晋水师自襄阳入湖北丹江口的均口内丹江，而河南淅川的南乡，归建于步兵的战斗序列。司马勋率骑兵出陕西洋县的子午道，一则牵制略阳的前秦军，使其无法援救长安；二则直逼长安南部防线之侧翼。

是时正是小麦成熟季节，大军可以因粮于敌；可是苻健则采用坚壁清野的战法，先把各地将要成熟的小麦统统收割，控制晋军粮源，以老弱军士六千固守长安小城，苻健自帅太子苻苌、丞相苻雄(苻健之弟)、淮南王苻生(苻健之子)、平昌王苻菁(苻健之侄)、北平王苻硕与精兵五万进屯蓝田；等待晋军进入他所布置的预备阵地，准备与晋军主力决战。

晋军以桓冲为前锋，进击蓝田县的白鹿原，大胜秦军。这时晋兵已临长安近郊，苻苌、苻生率将军雷弱儿就在长安东南郊的蓝田境内展开混战；厮杀两日夜，秦军大败，苻苌受伤退守城南。桓温进军灞上，已经兵临长安城下了，西战场上前凉秦州刺史王擢也攻陷了陈仓(陕西省宝鸡市)，前秦守将毛难被斩。苻健已经两面受敌，感到事态严重！于是布置游击战法、以备万一。在南战场上，派苻雄领兵七千袭击晋军左翼白鹿原桓冲的阵地，获胜，桓冲奔潼关。子午谷的晋军也被苻雄羌将雷弱儿截击，司马勋逃回汉中。西战场上的陈仓也被前秦军收复，王擢逃回略阳(甘肃省秦安县)。是年冬，王擢又率众投降前秦，受命为“尚书”。整个战场形势急转直下。晋军以前本拟战到四月即可就地取粮，而今苻健的坚壁清野战法使之失去这个有利条件，于是全面崩溃，士卒战死、或伤、或溃散在战场近三万人。六月初，桓温下令掳去关中居民三千余户而撤退。到了潼关，又被秦兵掩击所败。南路水师也已溃散，桓温抢出潼关奔还襄阳。原来在长安灞上接应晋军的胡阳赤、呼延毒的部众一万多也都随晋军撤去，前秦苻政权才算安定下来了。

三年前苻健在河南时，曾派他的叔父苻安到南京向晋廷请命，并报告苻洪去世之丧。可是由于战争关系，苻安自南京返国途中为姚襄俘虏，姚襄命他做洛州刺史。是年冬苻安逃回长安，苻健派他为大司马、骠骑大将军、并州刺史，驻镇蒲坂(山西省永济市)。

暴君苻生

东晋永和十一年(355)秋，苻健这年才三十九岁，在位四年而死。因为太子苻苌年前死于箭伤，他第三个儿子苻生继立。

苻生性情古怪而勇猛过人，力大可举千斤重的鼎，赤手空拳可以格斗猛兽，健步如飞能赶上飞奔中的马匹，十八般兵器或骑马射箭，他都是闻名当世。去年对桓温作战时他单骑冲阵，搴旗斩将，晋兵望而生畏！因而深获苻健喜爱。只是他平常待人也是凶暴成性，即帝位后常无故诛杀大臣，他迷信天象有变，杀大臣段纯来禳天。即位三月，朝中公卿至于仆射死于无辜的五百多人，有截断腿骨的、有锯头的、还有刳胎为儿戏的。忠于他的臣僚谏议其少饮酒、远女色，他恼羞成怒而杀之。奉承他的，他以为讽刺也杀之。常使宫人男女公然裸舞，稍有不如意的便杀或剥去面皮并把尸首投入河中。苻生自己瞎了一只眼，臣僚如有“不足”“不具”、或“少、无、缺、伤、残、毁、偏、只”一类的语言或文字，都会遭到断手、割舌而置于死地。死在这种白色恐怖之下的人，不知道有多少。

因而群臣纷纷离去，羌人以及诸胡族部落都有反叛的活动。苻生迷信天文，中书令王鱼报告大角星旁出现孛星，占卜结果，不出三年国家将有重大灾难，希望苻生修德消灾。可是苻生却把梁皇后和她父亲仆射梁安，她的舅舅太傅毛贵和车骑将军梁楞等斩首，自谓可以禳灾。

苻生因吃多了枣而生肠胃病，召太医令程延来看病，经过诊断，程延告诉苻生说：“枣属热，吃多了就会生病。”苻生以为程延知道他的秘密，立即下令斩程延。

雷弱儿是陇西羌族领袖，为人刚正耿直，跟随苻健多年，也给苻秦出力不少；尤其桓温之战，雷弱儿可以说立功最大，所以曾是苻家的顾命大臣。因为他看不惯苻生近侍那般小人乱政，就被小人诬陷！苻生不察是非，下令收斩雷弱儿，并杀了他九个儿子和二十七个孙儿。于是各羌部落遍生叛离之心。

苻生接见政府官员，戒备森严！侍卫们都是刀出鞘、弓上弦；各式各样的残忍刑具都摆列在面前。当了皇帝不到两年，上自皇后、宫娥、王公大臣，下到奴婢侍役，被他用各式各样刑具诛杀的在五百人以上。

司空王堕秉性刚正不阿，对佞臣右仆射董荣、侍中强国二人的无耻幸进，极表不齿！正巧天际星象发生变异，董荣、强国二人利用机会报复王堕，乃谏议苻生：“上天谴责！应该转嫁给司空承受。”苻生立即下令斩王堕。

王堕的外甥杜郁是洛州刺史，董荣使左仆射赵韶报告皇帝说杜郁将要投降晋国，苻生不问情由下令斩杜郁。

一天(正月)苻生在太极殿大规模宴请全体文武百官，命辛牢当“酒令官”。大家饮到半醉时苻生忽然大怒说：“怎么不灌他们酒？竟然仍有人清醒而没有躺下?”说着举弓照辛牢射出一箭，辛牢立即毙命。文武百官大为恐惧！没有人敢推辞饮酒，于是横七竖八躺满一地，帽子全都滚翻，苻生哈哈大笑！

三月，前秦皇帝苻生征发大长安(三辅)民夫修筑渭水河桥。程肱规劝，苻生大怒，斩程肱。

四月，前秦首都长安狂风大作，掀起房盖、拔掉树木。皇宫惊恐！有谣言说盗贼将发动攻击，于是宫门白天紧闭，历时五天后才恢复正常。苻生下令追查谣言，凡是说过“盗贼将发动攻击”的，一律剖胸挖心。左光禄大夫强平劝苻生“应爱护人民、敬奉神祇，刑法宽大，培养恩德作为因应”。苻生大怒！用铁锤敲碎强平的头顶，然后诛杀。

广平王苻黄眉，前将军、新兴王苻飞，建节将军邓羌，因为强平是强太后的弟弟，再三叩头谏诤！苻生不理，反而外放苻黄眉为冯翊(陕西省高陵区)左冯翊，苻飞为扶风(陕西省宝鸡市)右扶风，邓羌代理咸阳郡长。由于三人过去的功劳，所以免此一死。五月，强太后因此忧愁悔恨交集而逝世。

公元355年春天，潼关(陕西省潼关县)和首都长安之间，发现大批豺狼虎豹，白天出没大道之上，徘徊咆哮；夜晚则攻击住户人家，摧毁门窗，不吃牛羊猪狗鸡鸭之类的家畜而专门吃人，大人、儿童被吃掉七百多人。农民耕作全部停止，互相集结成村落，构筑堡寨自卫。可是野兽的灾害，仍不能制止。是年秋七月，文武官员请求苻生祭祁神灵、化解灾难！苻生说：“野兽肚子饥饿，当然吃人，吃饱了自然就不再吃了，用不着祭祀化解。”

东晋派将军刘度攻击前秦青州刺史王朗驻守的卢氏(河南省卢氏县)。前燕将军慕舆长卿，穿过轵关(河南省济源市境)，攻击前秦幽州刺史强哲驻守的裴氏堡(山西省垣曲县东南)。

前秦苻生，派前将军、新兴王苻飞抵抗刘度，建节将军邓羌抵抗慕舆长卿。苻飞还没有开到，而刘度已撤退，邓羌与慕舆长卿会战，击败前燕军，俘虏慕舆长卿及武装士卒两千余人。

苻生梦见鱼吃蒲草，因为“苻”姓的前两代是姓“蒲”。苻生就杀了太师、录尚书事、广宁公鱼遵，他七个儿子、十个孙子也同时被杀。

金紫光禄大夫牛夷，眼看苻生如此残暴，恐怕自己大祸临头。他向苻生要求外放，苻生只以中军将军召见，告诉牛夷说：“将以鱼遵的遗缺爵位授予。”牛夷恐惧万分，回家就自杀了。

苻生饮酒不分昼夜，时常月余不临朝。有时候醉中决事、赏罚无准，甚至滥醉枉杀！

苻生还有一个最残忍的行为：常把牛、羊、驴、马、豚剥其皮，鸡、鹅、鸭等用滚水烫落其毛，数十只为一群而驱之殿前为戏。更残酷的是剥了人的面皮而驱之歌舞，他临场欣赏以自娱。

他有时候会问左右说：“一般舆论对我如何评价?”左右答对如果说“好”，他就会勃然大怒说“汝媚我也”(《通鉴》)，拉出斩首。如果说他“刑罚稍过”，他又会说“汝谤我也”(《通鉴》)，又是斩首。此类事件他朝中的勋旧大臣被杀的太多。群臣保命一日，如度十年。

苻柳与张玄靓

前秦驻守蒲坂(山西省永济市)的征东大将军、晋王苻柳，派参军阎负、梁殊出使前凉(姑臧，甘肃省武威市)。苻柳写信给前凉王张玄靓，劝他投降。

王猛像

（图为名画家涂炳郎先生绘）

前凉都督中外诸军的张瓘自认为前凉自建国以来，已经七代(武王张轨、明王张寔、成王张茂、文王张骏、桓王张重华、哀王张耀灵、威王张祚)事晋。况且前凉现在“跨据三州(凉州——甘肃省，治武威。河州——甘肃省旧兰州、巩昌两府之地。沙州——甘肃省敦煌、安西县)，带甲十万。西苞葱岭，东距大河。伐人有余，况于自守？何畏于秦”(《通鉴》)。

最后阎负、梁殊以现实大可吃小的声势恫吓！张瓘骇怕，遂以年仅八岁的前凉冲王张玄靓之命遣使向前秦称藩。前秦皇帝苻生也以现任王爵授张玄靓。

苻坚与王猛

前秦皇帝苻生的堂弟东海王苻坚，一向受人尊重；有一天(公元357年，前秦苻生的寿光三年、东晋升平元年)苻生对宫女说：“明天要除掉苻法、苻坚兄弟俩。”宫女秘密通知苻坚和清河王苻法。次日苻法与苻坚立即采取行动，苻法与御史中丞梁平老、光禄大夫强汪率武士数百人潜进皇宫正南门(云龙门)；苻坚率吕婆楼的亲军三百多人擂动战鼓、大声呐喊着进宫。

苻生还烂醉如泥躺在床上，左右侍卫见是苻坚发令，个个自动放下武器。苻生惊醒！问侍卫说：“他们是什么人？”侍卫告以“是贼”。可笑的苻生竟然朦朦胧胧地说：“既是贼，你们为什么不拜他呢？”他的侍卫与苻坚亲兵皆大笑！

苻坚下令把苻生囚在一个房间中，宣布废除苻生的皇帝，贬为“越王”，不久杀了年方二十三岁的苻生，谥号“厉王”。苻生的幸臣董荣、赵韶等二十多人同被斩首。苻生有五个弟弟，苻坚都以公爵封之：计汝南公苻腾(公元364年谋反被诛)、淮南公苻幼(公元365年造反被诛)、晋公苻柳、魏公苻庾、燕公苻武(公元368年在天水谋反，败死)。苻坚胞弟苻双同案被杀。

苻家族众拥立苻坚为帝，苻坚谦让其兄苻法，而苻法也以苻坚为正妻所嫡出推举他。时年二十岁的苻坚乃正式登基，改年号为“永兴”，自己谦称“大秦天王”，大赦天下。时在公元357年冬。

苻坚的父亲苻雄，是苻健手下的名将，官拜丞相、东海王，于战胜桓温之后病死。

苻坚字永固，有很好的儒学根底，有高深的兵学造诣，还有经世济民的立国大志。他有兼并诸胡——“混一六合”的崇高理想，他有包容其他族类的海量，可惜他没有研判敌情的耐性。不过他的失败也给我们文学史乘上留下“投鞭断流”“草木皆兵”的名句。

他知道当时汉族人口多，人才也多；所以他重用汉人为政。尤其用一个叫王猛的山东人为策士、丞相，综理国务。王猛这个人是文武兼备还有远见之明，他的施政方针是很快建立行政制度，提高各机构的行政效率。他兴学校，提倡儒术，抑豪强、重士贱商，劝农桑、开山泽之利。数年之间，仓廪充实，路不拾遗，从此前秦的国势大振。王猛又给苻坚设计了一套“兼并北方诸胡”的战略。

这时候的苻坚年仅二十岁而得天下，很得意又很自负，对内整顿人事，先杀了对他有异议的同父异母哥哥苻法，把苻法所统领的军队分别编入他的嫡系部队中。

苻坚下令各州长、郡长、县长，保荐“孝悌”“廉直”“文学”“政事”人才；考察实质，如果保荐的真是人才，一律奖赏，否则严予处罚。因此，没有人敢随便保荐。

世俗的请托、贿赂、人情面子，也都消弭于无形。知识分子都能勉励自己，即使是皇亲国戚，没有才能的人也全被摒弃。在这个时候，无论中央或地方官员，都是有才干而尽责任的。农田深耕，荒地开垦，仓库粮食积储十分充实；盗贼绝迹。苻坚还很重视教育，设太学，还常亲自莅临学校考验学生。

公元 360 年春，匈奴部落酋长刘卫辰遣使节前来请求归降，并请求准他春夏两季到塞内游牧。

翌年春，刘卫辰抢得前秦边境民女五十人，呈献给苻坚当婢女。苻坚责备刘卫辰这种做法太蠢！命令他立刻释放民女。土匪出身的刘卫辰知道与苻坚道不同不相为谋，于是背叛前秦，向代郡的鲜卑族拓拔什翼犍投降。

是年(360)冬，乌桓族独孤部落、鲜卑族没弈干部落，各率数万户来降；苻坚表示欢迎，不过他们要求迁居塞内，为苻坚拒绝。

苻生的幼弟苻腾，是苻坚所封的汝南公，因为愤于苻坚篡弑他哥哥(苻生)的帝位，在公元 364 年(苻秦的甘露六年)举兵反叛，被苻坚逮捕斩首。当时王猛曾建议苻坚把苻生的另四个弟弟：苻幼、苻庾、苻柳、苻武等一并处死。苻坚对王猛向来都是言听计从的，可是这一次苻坚拒绝了王猛的意见。苻坚的仁厚大度颇有帝王之风。

公元 365 年秋，游牧在陕北的匈奴部落左贤王刘卫辰、右贤王曹毂举兵叛变，曹毂率两万之众攻击杏城(陕西省黄陵县)，原驻屯杏城的前秦征北将军苻幼竟率部撤退。前秦天王苻坚自长安发兵讨伐曹毂，而苻幼却打算乘此机会报苻坚杀兄(苻生)之仇，乃乘虚袭击首都长安。被留守将领王猛、李威击败，苻幼被俘处斩。苻坚也大破曹毂，最后曹毂投降；建节将军邓羌也深入匈奴腹地，在河套的木根山活捉了刘卫辰。苻坚把匈奴族中有些影响力的豪门六千多户迁到长安近郊。

王猛再次建议收斩苻生的弟弟苻柳、苻庾、苻武等，苻坚不忍自相残杀而再度拒绝。

苻坚封曹毂为“雁门公”，封刘卫辰为“夏阳公”，二人仍回原驻地，统御原部队。

苻幼叛变时，征东大将军、并州牧苻柳在山西永济。征西大将军、秦州刺史苻双(苻坚的胞弟)在甘肃天水，都跟苻幼有盟约。苻坚念及苻双跟自己是一母同胞，苻柳又是苻健最心爱的小儿子，遂完全保密，不再追究。

然而苻双、苻柳又跟镇东将军，洛州(河南陕州)刺史苻庾、安西将军、雍州(甘肃张掖)刺史苻武阴谋叛变。苻坚得到消息，乃征召苻柳等进京述职，而苻柳拒受此召。

是年(365)冬十月，苻柳在蒲坂(山西省永济市)、苻双在上邽(天水)、苻庾在陕州、苻武在安定(甘肃省泾川县)起兵叛变。苻坚派使节向他们沟通并收回前令，誓言不咎既往，要他们各回原驻地，各守岗位，又为苻柳等拒绝。

翌年春，苻坚派后将军杨成世、左将军毛嵩，分别进攻上邽、安定。辅国将军王猛、建节将军邓羌进攻蒲坂，前将军杨安、广武将军张蚝进攻陕州。又命令王猛和杨安两支大军，应在距城三十里处安营扎寨，不得主动出战，也不要应战；要等攻上邽的杨成世取得胜利，然后回师集中力量对付苻柳和苻庾。

苻庾向前燕献城投降，前燕太傅慕容详不敢接受。后将军杨成世进攻天水被苻双的部将苟兴击败。左将军毛嵩也被安定苻武击败。苻坚再派武卫将军王鉴、宁朔将军吕光率将军郭将、翟傉等三万之众再去讨伐。

夏四月，西北军甘肃省泾川、天水的叛军苻武、苻双联合，乘胜出击，由苟兴为前锋，与吕光军遭遇，吕光持守不战，僵持二十天后，苟兴因军糈不继而下令撤退，吕光乘势猛烈追击，发动大规模主力进攻，大败苻武、苻双的联军；斩杀、俘虏一万五千人。苻武放弃安定跟苻双奔上邽。王鉴急攻上邽，秋七月王鉴攻陷上邽，斩苻双、苻武。

苻柳在蒲坂几次出击王猛，但王猛却避不应战。苻柳误会王猛大军在此，长安一定空虚；于是在五月间命令他的儿子苻良留守蒲坂，自己率军两万打算渡过黄河，直接攻击长安。在他的大军离开蒲坂后，建节将军邓羌率七千精锐骑兵乘夜突击，苻柳应战不及，败退中又遭王猛拦腰一击，所有部队不是战死，就是做了俘虏；苻柳仅率残余骑兵退守蒲坂，王猛很快攻下蒲坂，斩了苻柳及其家人；王猛进驻蒲坂，命邓羌、王鉴率部南下和前将军杨安会攻陕州。

是年(368)冬，王猛等攻陷陕州，生擒苻庾，押送长安，苻坚令其自杀，但却赦免其七个儿子。

如果苻坚在那年(364)听王猛的话而同时收斩苻生五个弟弟，就不会再有这次四年大战的发生。古时法律常有“族诛”之刑，于此可证其必要性。

军阀张平

张平，河北蔚县(代郡)人。原是后赵的并州(山西省太原市)刺史。后赵亡，公元357年秋七月，他向前秦投降；秦帝苻健委张平为大将军、冀州牧。这时候张平据有山西忻县的“新兴郡”、代县的“雁门郡”、离石县的“西河郡”、太原的“太原郡”、襄垣县的“上党郡”和陕西省绥德县的“上郡”等地区三百多自卫堡寨，胡、汉十多万户，张平乃献地向东晋投降。晋廷任命张平为并州刺史。张平的野心也跟一般军阀一样，打算割地为王，和前秦、前燕鼎立。公元357年秋七月，他派使者向东晋接洽投降。晋廷又任命张平为并州刺史。是年(357)冬十月，苻坚派苻柳为并州牧，都督并州、冀州诸军事，进驻山西永济的蒲坂以防张平。

翌年(358)春，张平发兵南犯前秦。苻坚御驾亲征，派邓羌为前锋都护，率骑兵五千人沿汾河布防。张平派勇将张蚝冲阵，张蚝虽武艺高强、勇猛过人，可邓羌的用兵艺术也很高明。双方僵持十多天，胜负不分。

三月，苻坚突然另辟战场，引兵攻下太原西南方的铜壁。不仅直接威胁着张蚝的后勤补给，也给张平的总根据地增加了强大的压力。

张平出动所有兵力和苻坚主力会战，张蚝单枪匹马、冲锋陷阵，杀入秦军阵地多次；最后被前秦的鹰扬将军吕光和邓羌合力制服。张蚝被俘了，张平的主力完全崩溃，不得已只有投降一条路。

苻坚把张平部队三千多人调驻长安附近，命张平为右将军，不掌兵权。派张蚝为虎贲中郎将加广武将军。

苻坚先有智勇兼备的邓羌，现在又添一个力大无穷、勇猛过人的张蚝，再加足智多谋的王猛，于是国势大振。

张蚝本姓弓，上党泫氏人。膂力能却曳牛走，张平爱而子之。后因淫于张平妾，张平知而责之；蚝惭甚！割阴以自誓，遂为阉人。坚甚宠之，常侍左右，终为名将，所在有殊功；世称邓羌、张蚝皆万人敌也。(《太平御览》)

张平原为后赵并州刺史，公元 351 年(后赵永宁二年、前秦皇始元年)投降前秦。翌年(前燕王三年)叛秦降前燕。公元 357 年(东晋升平元年、前燕元玺六年)又投降东晋。翌年(东晋升平二年、前秦永兴二年)再回头来归降前秦。同年又要降前燕而被前燕拒，以后不知所终。

前秦永兴二年(358)秋，前秦国境大旱，苻坚下令解除限制河流湖泊捕鱼的禁令，开放山上矿产林木，使人民共同享用。停止一切军事活动，使人民能休养生息，宫庭府内撤去例行音乐。皇后、妃嫔与宫女不得再穿绫罗绸缎。苻坚自己也减缩饮食与衣着，秦国才度过这场重大灾难。

前秦甘露元年(359)，前秦的平羌护军高离，在略阳郡(甘肃省秦安县)叛变，永安公爵苻侯率军讨伐，没有攻克而苻侯逝世。

夏四月，骁骑将军邓羌、秦州刺史啖铁继续讨伐，平定高离；高离遁走，不知所终。

李俨与敛岐

甘肃陇西的豪族李俨，于前秦建元二年(366)冬率全郡族众投降前秦，不久又叛前秦降前凉张天锡。

同时甘肃清水的略阳羌族小头目敛岐也率领四千户族众宣布叛前秦，归附李俨。

李俨的总部在甘肃陇西，其势力范围包括甘肃的兰州(金城)、宁定(大夏)、临洮(武始)、临夏(葵谷、枹罕)，青海的西宁(白土城)、民和(左南)；再加上敛岐的甘肃秦安(略阳郡)俨然成为一个独立王国。可是这都是前秦的势力范围。

翌年春，前秦的辅国将军王猛、扬武将军姚苌，率步骑一万七千多进攻略阳讨伐敛岐。原来敛岐的部众都是姚弋仲的旧属，听说姚苌来伐，集体投降。王猛收复略阳，敛岐向甘肃成县逃亡。王猛派邓羌追击，在白马戍(陕西省勉县境)擒获敛岐。

敛岐完全失败，李俨大感恐慌，有意向前秦投降。可是李俨控制区与前凉的国境有很多地方是犬牙交错，分不清楚，所以前凉王张天锡发兵三路进攻李俨。前进总指挥部设在苍松(甘肃省永登县)。李俨急向前秦求救。

苻坚则派前将军杨安、建威将军王抚率骑兵两万，紧急行军与王猛会师，支援枹罕(甘肃省临夏市)的李俨。张天锡派前将军杨遹迎战，两军在枹罕以东会战、前凉军战死或被俘一万七千多人。张天锡班师、王猛进入枹罕，逮捕李俨解送长安，苻坚则任命李俨为中央的光禄勋。

前秦建元二年(366)，苻坚遣辅国将军王猛攻略晋属荆州南乡郡(河南省淅川县)。又在河南北部掳掠安阳(河南省泌阳市西)住民一万多户而回。这是“声东击西”的试探攻击。

翌年春，王猛的军队西指，一下子攻陷甘肃秦安东南的略阳郡。

王猛善用两面制敌的战法，前秦建元四年(368)，派杨安、张蚝轻骑攻击黄河南岸的河南陕州；他自领军东向，进攻黄河北岸的蒲坂(山西省永济市)，但却派将军杨成世攻上邽(甘肃省天水市)、毛嵩攻安定(甘肃省泾川县)，遂占据了上邽与安定。

王猛占前燕

河北、山东西部、河南北部都是受战乱最多的地方，也都从实际经验里总结出一套防备的办法，就是建坞堡、城寨来自卫。

当地的大地主、豪门，各依其势力范围之内筑成大小不同的城、寨、坞堡。地主、豪门居住坞堡之内，佃户、一般农民仍然住在农庄；胡骑来时，散居四方农庄的农民荫户或佃户都集中在坞堡寨内，俗称之为“跑反”。各堡各寨也有经过训练为数不多的正规武装团队，有了情况，来堡跑反的农民佃户们编成辅助部队，协助防守。于是堡、寨、城也都成为有正规武装部队的郡县级行政中心。苻坚曾致力于解决这个阻力很大的矛盾，于是任命山东籍的汉人王猛为辅国将军，治理城、寨、坞堡势力最强大的山东、河北、河南省地区。王猛采行“地方自治”原则，使那些寨主、堡主、地主、豪门，经过王猛的化敌为友政策，一跃而成为县令、道尹一类的地方官了。现有的城、寨、坞堡也成为地方行政机关的所在地了。基层政权承认那些地主、豪门的既得权利，或用为地方官吏、或沿用宗法社会的宗主名义来督护地方，替前秦朝廷征收赋税。

灭前燕，本来就是苻坚的既定目标，在前燕的中央大员中，他只重视两个人：一个是最高统帅的太宰慕容恪，另一个是兵权在握又擅于兵学的吴王慕容垂(又名慕容霸)。这两个人都是前燕现任皇帝慕容暐的叔父辈。

前燕建熙九年、前秦建元四年，公元 368 年夏，苻坚听说慕容恪去世，慕容垂拥有重兵驻防河南的鲁阳；这地方是他进军前燕首都邺城的要冲，苻坚一面表示外交惯例，派重量级的使节去燕都——邺城致吊慕容恪，实际是刺探情报；一面积极筹划伐燕的军事准备。

是年(368)冬，前燕吴王慕容垂在战胜东晋桓温的北伐军之后，因受前燕权臣的排斥愤而投奔前秦。苻坚喜出望外，封慕容垂为“冠军将军”，并封“宾徒侯”。

王猛曾看慕容垂气质温文而面带煞气，一定是一种高深莫测的性格。所以王猛力劝苻坚不可轻信慕容垂。

两年前，当东晋桓温的北伐大军打到黄河南岸，前燕首都震惊！曾派员向前秦求救，麴允许将虎牢关以西之地割归前秦。

当时前秦军刚出潼关，晋军就开始撤退。之后，前燕悔约，并没有割地予前秦的意思。

东晋太和四年、前秦建元五年、前燕建熙十年(369)，苻坚命王猛率军伐前燕。先下河南洛阳，再破河北临漳(邺)前燕首都；最后俘虏燕主慕容暐。把邺城的鲜卑族四万户迁到长安，遂灭前燕。燕属六州(幽、冀、并、司、豫、兖)计河北、山西、河南、山东，一百五十七郡、一千五百七十九县，二百四十六万多户、九百九十九万人口，全归前秦统治。

这时候前秦的统治疆域，除了它据有的北自内蒙古南部(含河套)，还有甘肃、陕西全部、四川的西部加上前燕所属东北与高句丽毗邻、含辽宁、山东、安徽、江苏的淮河以北地区，河南全部，河北涿鹿、怀来以南(含北京市)，山西雁门关以南地区，完全成了前秦的版图。

苻坚派出亲信大员巡察各州郡，勉励人民从事耕田种桑，救济穷困、掩埋无主弃尸，废除前燕的扰民法令。

前燕与前秦疆域图

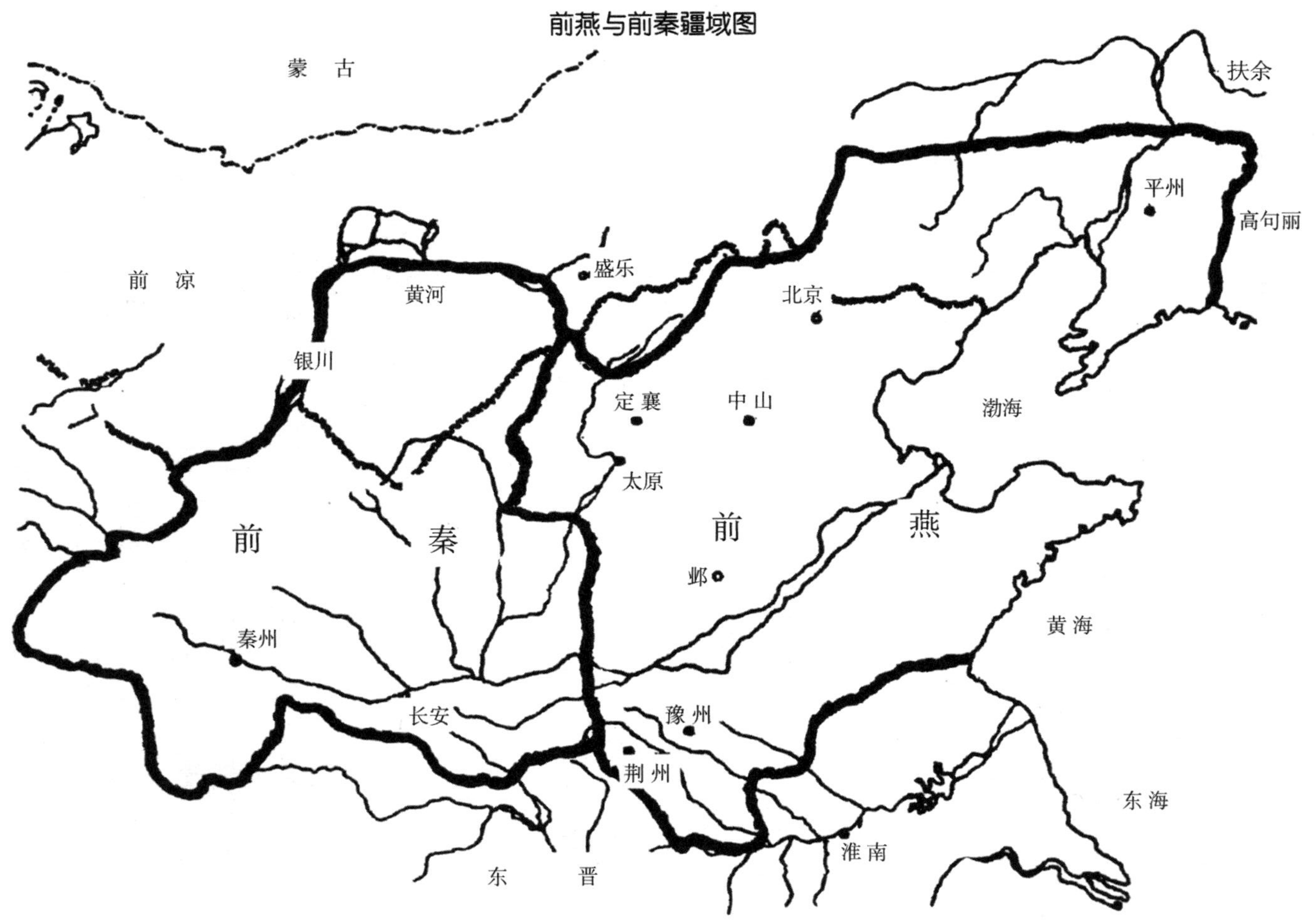

蒙 古
扶余
平州
高句丽
前 凉
盛乐
黄河
北京
银川
定 襄
中 山
渤海
太原
前
秦
前
燕
邺
黄 海
秦州
长安
豫 州
荆 州
东 海
淮 南
东 晋
龚同光制

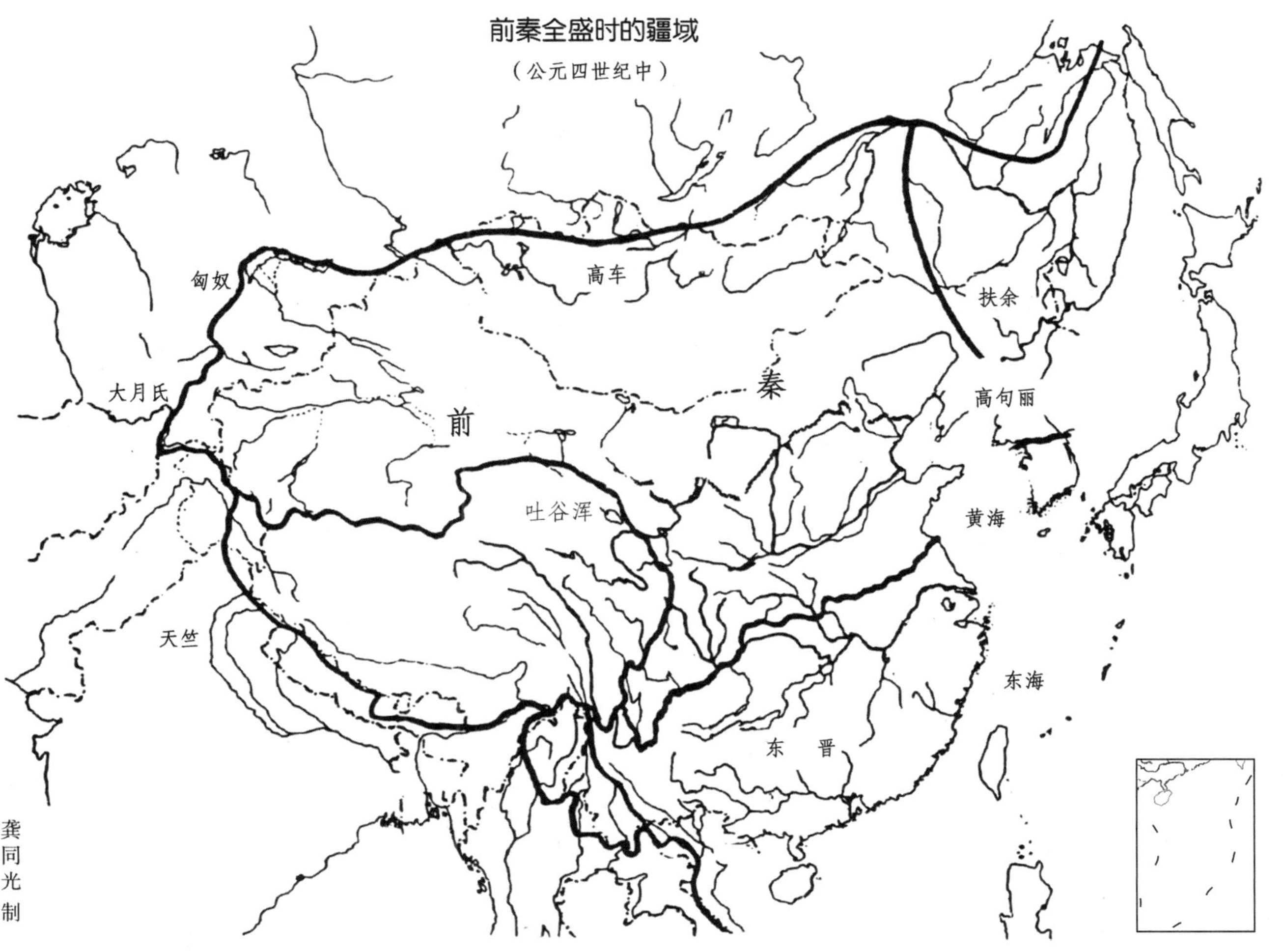
前秦全盛时的疆域
(公元四世纪中)
匈奴
高车
扶余
大月氏
前秦
高句丽
吐谷浑
黄海
天竺
东海
东晋
龚同光制

苻坚视察枋头(河南省浚县东南淇门渡)，那是他祖父蒲洪驻屯很久的地方；苻坚设筵欢宴当地父老，下令把枋头改口名为“永昌”。并令免除枋头人民全部田赋、税捐。

前秦建元七年(371)春，苻坚下令函谷关以东的豪门、大家族，各种杂胡十五万户，强制迁到陕西；计乌桓族住陕西高陵(冯翊)、耀县(北地)。丁零族翟斌部落住河南新安、渑池。又下令各地人民因战乱流亡迁徙的，如果愿意回归故乡重执旧业的则听其自由。

是年(371)二月苻坚任命一批新占领区的地方官，计：

韦钟为青州刺史，驻镇广固(山东省青州市)。

中垒将军梁成为兖州刺史，驻镇仓垣(河南省开封市陈留镇西)。

射声校尉徐成为并州刺史，驻镇蒲州(山西省永济市)。

武卫将军王鉴为豫州刺史，驻镇河南省洛阳市。

左将军彭越为徐州刺史，驻镇彭城(江苏省铜山县)。

太尉司马皇甫覆为荆州刺史，驻镇鲁阳(河南省鲁山县)。

屯骑校尉姜宇为凉州刺史，驻镇上邽(甘肃省天水市)。

王统为益州刺史，驻镇扶风(陕西省兴平市)。

西县侯苻雅为秦州刺史、“使持节”，都督秦、晋、凉三州诸军事，驻镇青海省湟中县。

吏部尚书杨安为“使持节”、梁州刺史，都督梁、益州诸军事。恢复雍州，治蒲坂(山西省永济市)。

命苻丕为“使持节”、征东大将军、雍州刺史。

苻坚特别授权给王猛，在新占领区(故前燕原有版图)内的郡、县长，委由王猛全权简拔任命杰出人才派任。

这时候苻坚的扩张目标开始向北、向西拓展去兼并诸胡了。北方内蒙古地区的鲜卑族残余与柔然以及高车族、匈奴族，东北方面的契丹、库莫奚，西北方面新疆地区的乌孙、焉耆、鄯善、疏勒、于阗，青海地区的吐谷浑等族群都是苻坚要征服的弱势族群。

苻坚用王猛的计策，大战略是先攻取东晋所属的秦州(甘肃天水、四川绵阳)、益州(四川)与襄阳(湖北西部)，用来阻止东晋西援和北伐的军事态势。

苻坚用兵的第一目标是西南方的仇池和北方的代国。仇池虽然地方不大，但它是南下四川、湖北的必经之地。代城是东胡西迁的首都，也是他北伐内蒙古与东北各省的战略重镇。

西伐仇池与凉州

仇池，自西晋元康六年(296)，略阳地区(甘肃省秦安县)氐族酋长杨茂搜为避齐万年之乱率族众四千户占据仇池(甘肃省成县西)地方的百顷山，四面高山千仞，羊肠小道三十六回始可上。

苻坚建元六年(370)冬，仇池王杨世病故，他的儿子杨纂继立；受东晋使宣布与前秦断交，成为苻坚南下的第一障碍。

翌年春，前秦派秦州刺史苻雅督同梁州刺史杨安、益州刺史王统、并州刺史徐成、羽林左监朱彤、杨武将军姚苌等，率步骑七万先围仇池。氐族首领杨纂率氐众五万迎战，晋梁州刺史也派大营督护郭宝、卜靖率骑兵一千多督战；在甘肃成县的鹫峡与苻雅军遭遇，大战一日夜，杨纂大败退守仇池。死亡战士两万多，晋将郭宝、卜靖都战死。苻雅进攻仇池，杨纂的叔叔杨统驻守甘肃成县的武都，他骁勇善战，甚得军心。他平素与杨纂不和，这时候就乘机向苻雅投降。杨纂的近侍杨他，也派人暗通苻雅请求投降并允为内应。于是苻雅破仇池，杨纂出降。苻坚派杨统为南秦州刺史，杨安都督南秦州诸军事，驻镇梁州。杨纂被解送长安。

公元371年，前秦保护下的凉州牧张天锡，因恐惧苻坚的兼并野心，暗中和晋廷结盟。苻坚先遣河州刺史李辩率军进驻凉州要塞的枹罕(甘肃省临夏市)，储备粮草、招募兵员以监视姑臧的张天锡。又调集正规军步骑十三万，分别进驻战斗位置；再命令秦州刺史苟池、河州刺史李辩、凉州刺史王统等各率所属地方部队为后援。部署妥当之后，派特使阎负和梁殊到姑臧去邀张天锡同到长安朝见苻坚。张天锡听信僚属建议，拒绝前秦要求，并将二位特使杀害，然后命令龙骧将军马建率众两万部署对抗前秦军。

前秦将领梁熙、王统兵分两路会攻甘肃皋兰西的河会城。前凉守将梁粲战死，秦将苟苌自皋兰西的石城津渡河与梁熙会师，攻下缠缩城(甘肃省永登县南)。前凉守将马建退守武威东南的清塞杨非亭。

张天锡又派征东将军率众三万和马建进驻甘肃省武威市东南的洪池岭布防。秦将苟苌与姚苌以甲卒三千冲阵挑战。张天锡又派司兵赵充哲为前锋、率步骑五万和苟苌在武威南的赤岸展开大战，结果赵充哲战死，众士卒溃散。这时张天锡见大势已去，奔回姑臧，上书请降。苟苌进入姑臧城，张天锡乘素车白马、面缚舆榇、在军门投降；苟苌把他解送到长安，苻坚封张天锡为归义侯，食东宁乡二百户。

苻坚又派梁熙为使持节、西中郎将、凉州刺史、领护西羌校尉，驻镇姑臧；诸郡县也相继归降苻秦；前凉遂亡。时在公元 376 年、前凉太清十四年、前秦建元十二年秋八月。

又七年苻坚犯晋，张天锡还是苻坚的随从仆射。淝水之战中张天锡跟尚书郎朱序敌前逃亡，投奔东晋。

张天锡的儿子张大豫也曾一度打算复兴前凉，不久又被史称“后凉”的吕光政权所灭。

苻坚的政治策略是采用封建制度，把苻姓族人、亲戚和功臣们分封到各地方镇守；加强各行政区域的统治。

苻坚为加强其统治权力，把他的氐族分别派往各地监视诸胡族群。于是原聚居在陕西三原、九嵕(陕西省礼泉县)，甘肃武都、沂、雍一带的氐族十五万户，分散到各方镇去。苻丕镇邺、石越为刺史，各配氐族三千户。依仇池氐酋射声校尉杨膺为征东左司马，九嵕氐领袖长水尉齐午为右司马；各领一千五百户氐族为长安以西长乐的世卿。抚军将军毛兴都督河州(甘肃省临夏市)、秦州(甘肃省天水市)诸军事、河州刺史，驻镇枹罕；各配氐户三千。长水(陕西省蓝田县)校尉王腾为并州(山西省阳曲县)刺史，驻镇晋阳(太原市)，配氐户三千。苻晖为都督豫州、洛州、荆南、兖东、扬州等地诸军事，驻镇洛阳，配氐户三千二百，苻叡为雍州(山西省河东道)刺史，驻镇蒲坂，配氐户三千二百。

前秦建元七年、东晋太和六年、公元 371 年春，苻坚把河南、山东一带的豪富、杂胡十五万户迁移到陕西。户口政策一直是五胡时期最乱又最难治的重要行政措施，苻坚对这方面特别重视，因为他要求一切行政随时在配合他军政一体的政策；所以他的兵源一直都很充沛，但是也很复杂。

乞伏家族出线

前秦建元七年，公元 371 年，盘踞在陇西郡的鲜卑族拒向前秦纳税。苻坚派益州刺史王统率军讨伐，鲜卑族酋长乞伏司繁率三万骑兵在甘肃靖远县的苑川应战；王统用步兵攻击苑川，另一面却以精骑主力闪击鲜卑族根据地的度坚山(甘肃省靖远县西)。这里有五万多篷帐户，都是鲜卑军的眷属，全部投降王统。前方的鲜卑族战士听说家属都已降秦了，顿时军心瓦解，一夜之间溃散殆尽。乞伏司繁也只好投降了。

苻坚任命乞伏司繁为鲜卑南单于，留在长安供职。又命乞伏司繁的堂叔乞伏吐雷为甘肃榆中县东甘草店的勇士堡护军。

是年，另一鲜卑部落酋长勃寒，侵入甘肃省东部的陇右地方，掠夺民间财物；苻坚命乞伏司繁率军讨伐，勃寒降。苻坚遂命乞伏司繁驻镇勇士堡。五年后乞伏司繁去世，其子乞伏国仁继立。

是年(371)，前秦梁州刺史杨安等再伐仇池，杨纂被俘解送长安；杨安驻镇仇池。

当时晋梁州刺史杨亮曾派他的儿子杨广援救仇池，被前秦杨安击退；杨安遂乘胜进击汉川(陕西省南郑区)。

西北半壁归前秦

公元373年，前秦建元九年冬季，苻坚派益州刺史王统、秘书监朱彤率军两万人向陕西省南郑的汉川推进，前禁军将军毛当、鹰扬将军徐成率军三万人向四川的剑阁推进，攻击东晋的梁州(四川省北部及陕西省南部)、益州(四川省南部及贵州省)。晋梁州刺史杨亮率巴獠蛮族一万余人抵抗，在青谷(陕西省洋县西北)会战；杨亮军大败，逃回西城(陕西省安康市)固守。前秦朱彤遂攻陷汉中(陕西省南郑区)，徐成也攻下剑阁。杨安攻击梓潼(四川省梓潼县)，晋梓潼郡守周虓坚守涪城(四川省绵阳市)，派步骑兵数千人，护送他的母亲和妻子儿女从汉水南下，前往江陵(湖北省江陵县)避难，被朱彤军捕获；周虓遂向前秦杨安投降。十一月，杨安占领梓潼。晋荆州刺史桓豁派江夏(湖北省安陆市)郡长竺瑶，援救梁、益二州，竺瑶听说广汉(四川省三台县)郡长赵长阵亡，不敢再前进。晋益州刺史周仲孙在绵竹(四川省德阳市)布置大军抗拒朱彤；听说前秦毛当已经逼近成都，周仲孙大为震骇！遂率骑兵五千人逃奔南中(云南省)；前秦遂完全占领晋帝国的梁、益二州。四川西昌的邛都国、四川汉源的莋都国、贵州桐梓的夜郎国，也都归附前秦。苻坚任命杨安为益州牧，镇守成都(四川省成都市)。毛当为梁州刺史，镇守汉中(陕西省南郑区)，姚苌为宁州刺史，镇守垫江(重庆市合川区)。王统为南秦州刺史，镇守仇池(甘肃省成县西)。

苻坚打算任命周虓为尚书郎，周虓执意不受，也不降。官员们都认为周虓桀骜不驯，屡次要求把周虓处决，苻坚因爱其志节而不允许，反而对周虓更加优待。

公元374年夏五月，前秦所属蜀郡(四川省成都市)人张育、杨光率众两万人起义反抗前秦统治，并派人到东晋请求救兵。前秦天王苻坚派镇军将军邓羌率武装部队五万人讨伐。东晋为了声援张育、杨光的起义，派益州刺史竺瑶、威远将军桓石虔等率军三万人进攻为前秦所占据的垫江；镇守垫江的前秦宁州刺史姚苌战败，退守五城(四川省中江县)。竺瑶、桓石虔进驻巴东(重庆市奉节县)。义军张育自称“蜀王”，率巴獠蛮族酋长张重、尹万一万余人，包围成都。

六月，张育改年号“黑龙”。秋七月，张育跟巴獠蛮族酋长张重等争权，互相攻击。前秦益州刺史杨安、镇军将军邓羌乃奇袭张育，大败张育的义军。张育跟杨光退保绵竹。八月，前秦邓羌在涪西击败东晋军。九月，杨安在成都城南击败獠酋长张重、尹万，张重阵亡，战死两万三千人。邓羌又攻下义军张育、杨光所据守的绵竹，张育与杨光被俘后斩首。

王猛病重，苻坚前往探望。王猛曾嘱咐“晋虽僻处江南，然正朔相承，上下安和，臣殁之后，愿勿以晋为图……”(《通鉴》)，言毕逝世，享年五十一岁，时在公元375年秋七月。

代国的末日

苻坚崇尚儒家，反对老庄思想，更反对清谈、预言一类的人物。他的尚书郎王佩读了谶书，苻坚把王佩斩首。

苻坚特别注重教育文化建设，国家兴办学校，下令太子以下以及公、侯、文武官员们的儿子全得入学。“中外”（中军将军、外军将军）、“四禁”（前禁将军、后禁将军、左禁将军、右禁将军）、“二卫”（左卫将军、右卫将军）、“四军”（卫军将军、抚军将军、镇军将军、冠军将军）、“长上”（金銮殿禁卫军官），这些武官们也都得接受儒家经书教育。连后宫也设有“典学”之官教授宫中男女。

远在东汉时期，自现在的内蒙古自治区及蒙古国南部逐渐南下游牧的鲜卑部落(时自称为“代”)，到东汉末据有内蒙古自治区东南部、河北省、山西省北部地带，并定居于此，以河北省蔚县的盛乐、山西大同的平城为指挥中心，当时他的北邻是柔然族、东接库莫奚与契丹族、南邻前燕与前秦。

前秦自灭前燕之后，不断在代边境炫耀武力，对代施行心理压力。

代王拓跋什翼犍命白部落、独孤部落向南抵抗前秦来犯大军，可是都不能胜。又命南部大人刘库仁率十万骑兵迎战，刘库仁跟刘卫辰都是匈奴族，但刘库仁是鲜卑拓跋什翼犍的外甥；跟前秦大军会战，刘库仁大败。拓跋什翼犍病重，已不能率军作战，只好放弃盛乐(内蒙古自治区和林格尔县)，率领所属各部落逃到阴山之北。可是又遭原盘踞当地的高车(敕勒)等族群全部起来反抗，鲜卑族群四面八方逃窜劫掠！人民放牧砍柴等日常生活全部停顿。拓跋什翼犍听到前秦大军稍向后撤的消息，遂再回到瀚海沙漠群之南。十二月初返抵云中(内蒙古托克托县)整合残部，再重新部署防秦计划。

前秦建元十二年(376)，代国发生内乱，拓跋什翼犍被他的长子拓跋君实刺杀，夺取了代国的统治权。这是给苻坚制造一个进兵伐代的最好借口。苻坚遂遣行唐公苻洛率邓羌、沮渠俱难、朱肜等分道进攻拓跋君实部。

苻洛率幽州兵十万直取代都(河北省蔚县)。后将军沮渠俱难与邓羌率步骑二十万东出和龙(辽宁省朝阳市)。朱彤军则自陕西延安东进和苻洛等在内蒙古和林格尔的盛乐会师，以匈奴族部落酋长刘卫辰为向导，向拓跋君实的总部——平城(大同)发动总攻击。

代军由于军心离散，士无斗志，临阵不是脱逃就是投降。当时刚刚执政不久的拓跋君实不能控制，于是被前秦军俘虏，押解到长安被五马分尸而死。随他被俘的近侍、臣、妾千余人也都被杀碎尸。

早在公元338年时，拓跋什翼犍在山西大同浑源县称王时，曾把一半国土分封给老弟拓跋孤，可是拓跋孤早逝，为了继承问题，以致族中内斗、自相残杀，顿时大乱。

前秦天王苻坚召见代国长史燕凤，询问代国的内乱原因，燕凤具实报告。于是苻坚下令逮捕主脑人物拓跋斤，押解长安用车裂酷刑处死！苻坚打算把拓跋什翼犍的嫡长孙，时年仅有六岁的拓跋珪接到长安教养；燕凤再三请求说："代王拓跋什翼犍刚刚去世，部属纷纷叛变，四散逃亡；只有这个孙儿年纪还小，没有领导中心。部落酋长刘库仁，勇敢而有智谋；另一酋长刘卫辰，狡猾而变化多端，都不可以把代国单独交给他们。不如把代国一分为二，由他们分别统御。这两个人互相之间有深仇大恨，所以谁也不敢先发动吞并对方的战争。等到拓跋珪长大，再教他恢复代王王位，是陛下对代国有兴亡继绝的恩德；将使他们子子孙孙成为永远不背弃陛下的臣属。"

苻坚很懂得"以胡制胡"的政治艺术，于是他接受了燕凤的建议，把代国分为两部：黄(御)河以东属刘库仁，黄(御)河以西属刘卫辰。各人设立各人的官署，统率各人的部众。

拓跋珪的母舅贺兰部落把拓跋珪母子送到独孤部落，跟南部大人长孙嵩、元佗等都投靠刘库仁。前秦行唐公爵苻洛因为拓跋什翼犍的儿子拓跋窟咄年纪较大，把他送到长安。苻坚命拓跋窟咄进太学读书。

刘库仁与刘卫辰

刘库仁和刘卫辰二人虽然同族，但因身世不同、思想性格也不相同；所以水火不容。刘卫辰的祖父刘虎是流寇，曾被当时掌权的拓跋什翼犍捕杀。刘卫辰也曾因此而数叛拓跋氏，投靠苻秦。而刘库仁是拓跋什翼犍的外甥，所以倾向拓跋氏。苻坚第一次进占拓跋家族的根据地——平城时，曾把拓跋氏的子孙统统杀光，只有尚在母胎中的拓跋珪幸免于难。

苻坚利用二刘之间的矛盾来维持北方的安边之计达两年。

苻坚曾对他的臣下们说："索头部落(代)世世代代，横跨长城之北，位居要冲，东到朝鲜半岛濊貊，西接乌孙(新疆西北)；武装部队多达一百多万，像猛虎一样，控制着云中(内蒙古托克托县)一带。我曾分别讨伐，速战速决，很快即行扫平，有一百多万人投降。开疆拓土有九千余里，这是历史空前大收获。有关单位应迅速依秩序，升官封爵，所有战士，都免除五年的田赋差役，并赏赐每人美酒三杯。"另加授行唐公苻洛为征西将军，任命邓羌为并州(山西省)刺史。

代国东区酋长刘库仁，招集安抚离散四方的流亡部落，恩德和信誉十分显著。对幼主拓跋珪侍奉周到，不因为娃儿现在无依无靠，而改变态度。秦天王苻坚奖励刘库仁的功劳，加授广武将军，座车准用"幢麾鼓盖"(皇帝所用的旌旗伞盖)。

西区酋长刘卫辰，自己觉得声望、地位都在刘库仁之下，因而嫉妒且愤恨！于是击斩前秦五原(内蒙古包头市)太守，起兵叛变。苻坚命刘库仁讨伐刘卫辰，大破刘卫辰军，追击到阴山西北一千余里，俘虏刘卫辰的妻子儿女；又乘势攻击西方的库狄部落，把他们全体强行迁到桑乾川(山西省大同市西八十公里)。刘卫辰被迫屈服，苻坚又任命刘卫辰为西单于，统御河西(陕西省北部)各弱势族群部落。前秦为了安抚刘卫辰，乃在陕西省榆林市北专为刘卫辰兴筑代来城，意思是凡自代地而来者居之。

苻坚眼中的西南夷

苻坚用王猛为相，东灭前燕，西灭前凉，北服代郡；他正在一心南下犯晋而一统中国之际，他的幕僚群提议讨伐西边的氐羌部落。苻坚说：“他们这些零星部落，虽然混杂在一起居住，但是号令并不统一，对中国不可能造成大的灾难；应该先行安抚、征收他们的捐税，如果拒绝政府命令，然后再去讨伐不迟。”于是先派殿中将军张旬前往氐羌各部落宣抚安慰，并由庭中将军魏曷飞率骑兵两万七千人随后出发。魏曷飞认为氐、羌部落胆敢仗恃山川险要，不服政令，应该惩罚；遂乘机发动攻击，大肆抢掠，满载赃物而归。苻坚对他的抗命暴行，下令责罚，打魏曷飞二百皮鞭，斩其前锋督护储安，用以向氐、羌二部落人民表示道歉！氐、羌二部落人民感动，归降及进贡的有八万三千余篷帐。雍州(陕西省北部、中部)人民从前因战乱逃难，流亡在河西走廊的也可以自由返回本土。

东海公苻法是苻坚同父异母的哥哥，公元357年时，被苻坚的母亲下令自杀；苻法的儿子苻阳继承东海公的封爵。现在苻阳长大成人了，苻坚委任为“大司农”。苻阳记起杀父之仇，就联合王猛的儿子员外散骑侍郎王皮和几次谋反都被苻坚宽恕的尚书郎周虓，打算发起叛变。事机泄露，苻坚把苻阳放逐到新疆吐鲁番的高昌郡，把王皮、周虓放逐到河套以北的朔方郡。

因而在苻家，叔伯昆仲之间都对苻坚心存芥蒂。行唐公苻洛，是前秦第一任皇帝苻健哥哥的儿子，与苻坚是叔伯兄弟，以幽州刺史职驻镇辽宁朝阳的和龙。苻洛孔武有力，射箭能穿透铁板，作战勇猛！他在三年前曾征服代国，自以为有了大功劳，于是要求加授仪仗兵制如同宰相；可是苻坚没有批准，反而又调他去做益州刺史、征南大将军。平常他对苻坚就有怨言，这次更加仇恨！加上他部属鼓噪：论地盘，我们占有前燕之地，东临大海，北邻乌桓，鲜卑、百济、高句丽等敬而畏之！论兵力，有战马数十万匹。称王、称帝游刃有余。于是苻洛立即宣布益州独立，自称“秦王”“大将军”“大都督”。发表各郡、各州官员，并分别派遣使节到邻国各胡部落游说派兵协助蓟城北海公苻重。可是各胡部落都拒绝承认苻洛的独立，而苻洛却一意孤行，是年夏四月又率七万大军南下。

苻坚派左将军窦冲率步骑四万人北上迎击苻洛；派右将军都贵乘皇家驿马车前往邺城传命任苻融为征讨大都督，率领驻邺城的冀州原三万兵马与窦冲联手对敌。驻蓟城的苻重也集结所有部队与苻洛会师中山郡(河北省定州市)。

五月间窦冲军开到定县，与苻洛展开决战。苻洛被擒，所部溃散。苻重率残部逃回蓟城，窦冲前锋追到，斩苻重；精骑部队直捣和龙，苻洛派的幽州刺史平规也被斩。

苻洛被押解到长安，苻坚没有杀他，但把他下放到西海郡(居延)劳动改造。

公元380年，苻坚把临漳所有的国宝，包括三国时曹操制造的铜驼、铜马、飞廉、翁仲等自洛阳移来的，统统再搬运到长安，以满足他的皇帝享受。四十年前石虎把原在洛阳的这些古物搬运到邺城，曾特制大船数艘、滚车数十辆，动员十数万人，才把这批古物运到邺城。而今苻坚又要自邺城运往长安，劳民、伤财、当不亚于石虎时代。

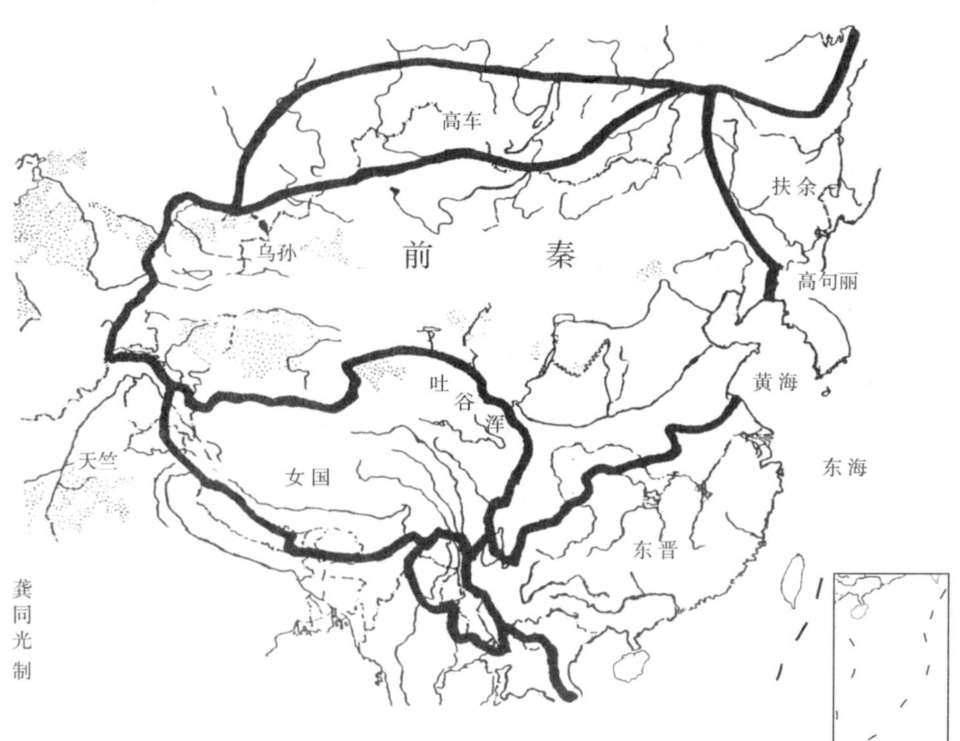
高车
扶余
乌孙
前秦
高句丽
吐谷浑
黄海
天竺
女国
东海
东晋
龚同光制

图晋之议

至是苻秦已经把北方诸胡完全征服，整个华北、大西北、长江以北，大西南的云南、四川西半部都属于前秦版图。而东晋由于兵力不足，又加之内乱时生，也只有苟安在中国的东南一隅。于是一向抱着“平一六合”“混一中原”野心的苻坚，早已把他最信赖的王猛丞相八年前“勿再以晋为图”的遗言忘得一干二净。

苻坚听信西域鄯善国王休密驮的献策说：“印度著名僧人鸠摩罗什现在西域传法。如能有鸠摩罗什为国师，则国必兴……”于是苻坚先派车骑大将军吕光为使持节、都督西域讨诸军事，率凌江将军姜飞、轻车将军彭晃等步兵十万、骑兵五千，在公元 383 年(前秦建元十九年)春自长安出发，由鄯善王和车师前部王向导征讨新疆、青海及西域的龟兹、焉耆、天竺、沙门等部落；于是西北诸胡望风来降的有六十多个部落和族群。所获各国捐助军资、战马不计其数，鸠摩罗什自然也在其中。公元 385 年鸠摩罗什归后秦，对于译经方面很有贡献。

苻坚“混一中原”的企图心非常旺盛。不过他的寇晋计划，除了当时秘书监朱肜和京兆尹、冠军将军慕容垂二人表示赞成外，其满朝文武，包括苻坚的弟弟苻融、太子苻宏，连他最宠爱的少子苻诜以及苻坚所宠幸的张夫人都曾表示反对。

苻坚召开御前会议，讨论图晋之议，群臣都反对，尤其苻融，提出三大困难。

“天道不顺，一也。晋国无衅，二也。我数战兵疲，民有畏敌之心，三也。群臣言晋不可伐者，皆忠臣也，愿陛下听之……”说至竭诚，苻融已是声泪俱下：“陛下宠育鲜卑(意指慕容垂)、羌(指姚苌)、羯，布满畿甸，此属皆我之深仇。……王景略（王猛）一时英杰，陛下常比之诸葛武侯，独不记其临殁之言乎？”“愿勿以晋为图”是王猛临死的遗言（《通鉴》）。

刚愎自用的苻坚，不但不听苻融的话，而且还以“此所谓筑舍道旁，无时可成”的诗话以嘲之。最后以“吾当内断于心”乃断然拒绝众议。

冠军将军慕容垂，深得苻坚之心，而向苻坚谏：“以陛下神武应期，威加海外，虎旅百万，韩、白满朝；而蕞尔江南独违王命，岂可再留之以遗子孙哉……陛下断自圣心足矣。”（《通鉴》）

谄媚之言，容易接受是人的天性，也是古今中外帝王们的通病。

当时慕容垂在苻坚心目中是一个天神般的战将，也是他极其信任的栋梁之臣；立即赏给慕容垂绸缎五百匹；并表示非就为慕容垂的支持而决定伐晋。

苻坚下达动员令：在他统治下的居民，不分胡、汉，每十人中抽一人来当兵。奖励二品以上官员的子弟志愿从军。富豪及良家子弟，年在二十岁以下而有武艺的都编成近卫军官队——羽林郎，自备马匹，编成兵员三万余骑，拜赵盛之为都统。

苻坚并派谏议大夫裴元略为巴西梓潼郡守，秘密督造战斗船舰备用。

东晋先发制人

消息传到晋廷，晋相桓冲采用以攻为守的战法，发兵十万进攻为前秦所占据的襄阳。派前将军刘波攻沔北各重要据点，辅国将军杨亮攻涪城（四川省三台县）。鹰扬将军郭铨进攻湖北省的武当，然后会师攻取襄阳。桓冲先头部队攻击襄阳上游的谷城以断秦援。

苻坚听说东晋先发制人，认为这是犯晋的最好理由；乃决心还以颜色。于是急调征南将军苻叡、冠军将军慕容垂等率步骑五万救襄阳。兖州刺史张充率郡兵救武当。后将军张蚝、步兵校尉姚苌救涪城。苻叡进驻河南新野，慕容垂进到邓城(湖北襄阳东北二十里)。晋军被迫撤退到沔水南岸，而后又退守上明(安徽省宿松县)。

各地交战结果，晋军败退，只有进攻湖北省武当的鹰扬将军郭铨与前秦兖州刺史张崈决战之后还掠得两千户居民东还。

苻坚的试探攻击

前秦建元十二年、东晋太元元年(376)春，前秦军试探性地攻陷河南淅川的南乡郡，于是在湖北襄阳西北山区中的三万多户蛮族都向前秦投降。

翌年(377)春，苻坚又命他的儿子征南大将军苻丕为征讨诸军事，率同武卫将军苟苌、尚书慕容玮(前燕逊帝)率步骑七万进攻东晋西陲的襄阳。又命荆州刺史杨安率樊城、邓城县地方团队为先锋。北路由征虏将军石越率精骑一万自河南鲁山的鲁阳关南下。中路则由冠军将军、京兆尹慕容垂，扬武将军姚苌率众五万出南乡(河南省淅川县东南)南下。南路由领军将军苟池、右军将军毛当、强弩将军王显等帅众四万攻下武当(湖北省均县西北)再沿汉水而长江东下。

各路军在襄阳城外会师，听候总攻击令。晋军以为胡人善骑而无水师，且情报显示秦军并没有准备舟楫战舰，所以在这方面本来是只凭汉江天险万无一失。不料秦军石越率轻骑五千，利用乘马浮水渡过汉江，掳获战舰百余艘，再渡后续部队合力急攻，把始料不及的晋军打得落花流水。

投鞭断流

东晋太元八年、苻秦建元十九年(383)八月八日，秋高马肥的季节，苻坚力排众议，决定南下犯晋；臣僚再谏，苻坚曾对文武臣僚发下豪语：“我军投下马鞭，可断长江之流。统一中国，乃天赐良机。”于是命胞弟苻融为征南大将军，督率苻方、张蚝、梁成、慕容玮、慕容垂等步骑二十五万为先锋。

派龙骧将军姚苌督益、梁二州以及山南诸军事。幽、冀部队，在彭城集中誓师南下。水陆并发、东西万里、运漕万艘自黄河入石门而达颍水与沙河。苻坚动员长安总兵力戍卒六十多万、骑兵二十七万，旗鼓相望前后千里。九月付坚进至河南项城，凉州军队才到咸阳。四川、陕南的水师才顺流而下。

苻融的兵三十余万先开到安徽颍上县的颍口，立即展开攻势，十月十八日攻陷安徽寿阳。俘虏晋将徐元喜及安丰太守王先等。

苻融派参军郭褒为寿阳刺史。东晋龙骧将军胡彬听说寿阳失守，立即退守安徽凤台的硖石。前秦卫将军梁成率步兵五万，进驻洛水与淮河汇流处——洛涧(又名洛水，源出安徽合肥，流经怀远西南九十里入淮)沿河西岸设木栅拒马来阻挡晋军，以掩护其主力渡淝水。

苻坚又开辟东战场派驻镇山东的兖州刺史彭超为都督东讨诸军事，立即进攻徐州(彭城)。晋守军无力抵抗，所以彭超能不经战斗而轻易占领彭城。

前秦的后将军沮渠俱难、右禁将军毛盛、洛州刺史邵保等率步骑七万南犯，先后攻下河南的淮阳、江苏高邮的三阿，进军江苏的盱眙。以上三城都是东晋的江北要塞，所以晋廷大震！

淝水之战示意图
（取自《中国历史地图集》）

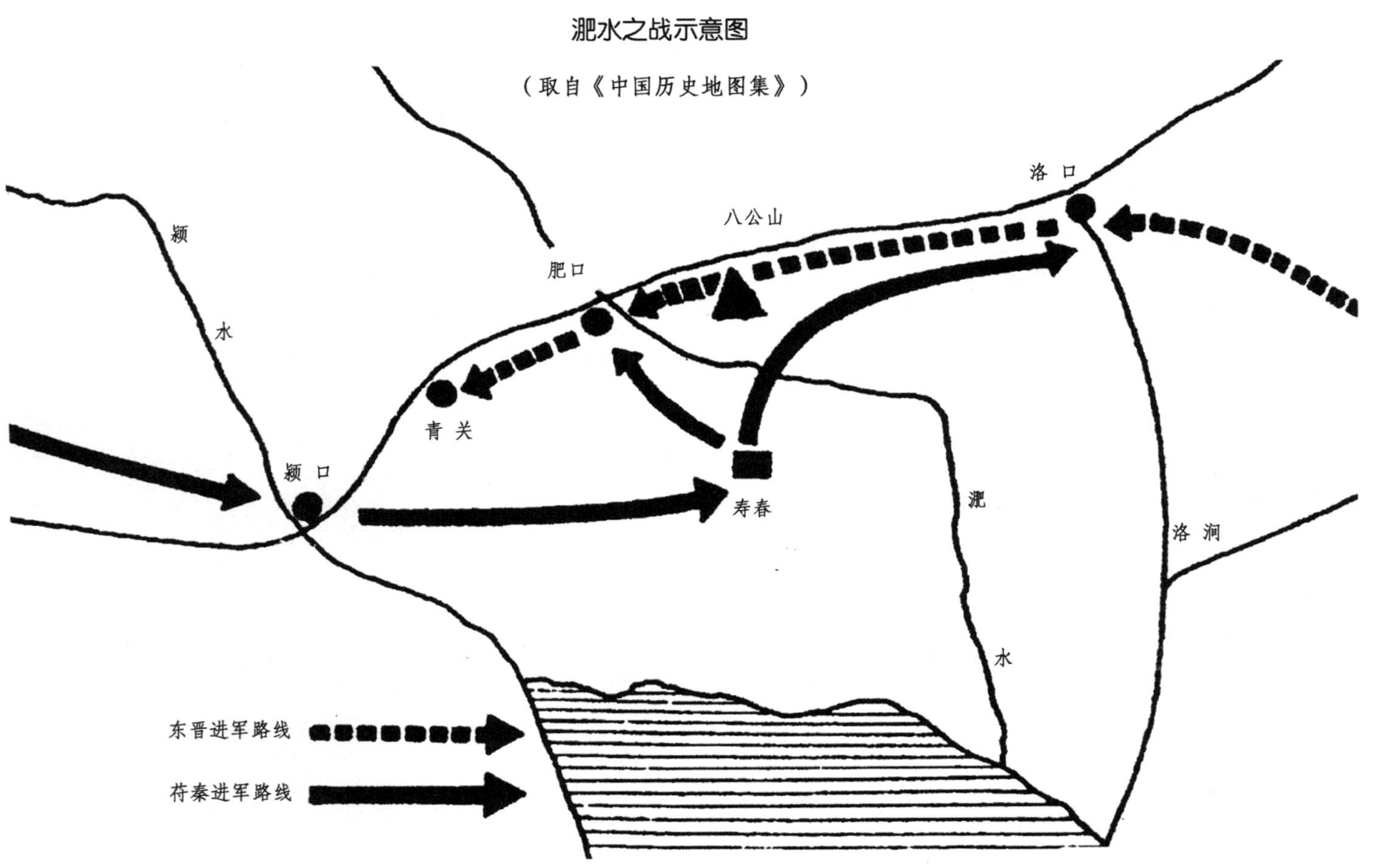

在西战场上，前秦的梁州刺史韦锺进攻魏兴(陕西省南部安康市)。这是前秦军南下东进的重要据点，所以晋将毛穆之紧急出动三万大军进击嘉陵要道的巴中，以策应魏兴。可惜又被秦将张绍要击，死亡逃散七千余人而败退；魏兴遂为前秦占领。前秦军以魏兴为补给总站，大军沿沔水顺流而下襄阳。

五年前由于战败，母亲妻子被秦俘虏而降秦的东晋前梓潼郡守周虓，把秦内幕情报秘密报告给东晋车骑将军桓冲，周虓也于阵前潜逃计划回东晋，无如到汉中又被前秦军捕获；但苻坚不知道周虓早已泄密，仍赦免了他敌前逃亡的罪过。

周虓以前刚降前秦时，既不接受前秦的封号，也不屈从前秦之命；屡次冒犯苻坚。前秦官员们也屡次要求处死他，可是都为苻坚否决了。这次又宽恕了他还又封他为尚书郎；苻坚当断不断，必有后患。

公元379年春，西线晋襄阳督护李伯让秘密劫持太守朱序向前秦投降，前秦遂占襄阳城。苻坚很欣赏朱序的忠贞志节，就拜他为执掌赋税军糈的度支尚书；降将李伯让反而被苻坚斩首以惩其不忠，前有周虓，现又有朱序；苻坚这种倒行逆施，感情任事的幼稚病，有失军事将领风范。

苻坚派中垒将军梁成为荆州刺史，带领一万武装部队驻镇襄阳；并嘱咐遴选适当有才能、有学问的人士，请他们担任地方官职。

秦军初败

前秦右将军毛当、强弩将军王显等率游骑两万，由襄阳东下与后将军沮渠俱难、兖州刺史彭超会合深入晋境攻击淮河以南各城池。

晋右卫将军毛安之率四万大军驻屯江苏省距离南京市六十公里的六合县的堂邑，听到秦军将到的消息，竟然没有接战就因部众发生夜惊而溃散。

东晋沦陷区的幽州、冀州、青州、并州的战时流亡政府都集中在江苏宝应的三阿镇(江苏省金湖县东南)。前秦大军六万人包围三阿。宝应距离长江北防重镇的江都(广陵)只有一百六十里，于是晋都(南京)大震！除了立即宣布戒严，沿江加强警戒外，派征虏将军谢石率江防舰队进入高邮湖北上声援三阿。兖州刺史谢玄则率劲旅自江都(广陵)一夜之间抵达三阿城下。前秦军出乎意料，彭超、沮渠俱难两路迎战，晋军也是水陆夹攻；战事非常激烈！双方伤亡都很惨重！结果前秦军惨败，退守江苏省盱眙县。谢玄进入三阿与刺史田洛整合地方部队，得五万多人，很快西上反攻盱眙；在盱眙的北君山之下会战，前秦的彭超、沮渠俱难又败，再北走淮阴。

谢玄再派后军将军何谦率领水师乘潮直逼前秦所建的淮河桥下，火烧淮河桥，以阻秦军退路。沮渠俱难、彭超大惊！乃强渡淮河奔往淮北；士卒战死，逃亡，投降的大半数。彭超和沮渠俱难，整合残军回师再围彭城。

晋兖州刺史谢玄也率军一万人紧急北上援救彭城，听说彭超的辎重粮秣都囤在江苏沛县东南的留城，谢玄就扬言说大军进攻留城。前秦彭超又紧急撤了彭城之围而保卫留城基地。

苻坚听到彭超、沮渠俱难连续战败的消息，大怒，于是年秋七月押回彭超接受审判，彭超畏罪自杀，沮渠俱难被贬为平民，仍在军职。

这一场纵横辗转南北三百多里的大战，在时间、空间以及地理环境上是一场非常艰难、非常困苦的恶斗，也是一场决定性的大战。

江苏宝应南距江都(广陵)一百六十里，西距盱眙一百五十里。盱眙北距淮阴一百五十里。淮阴与西北方的彭城(徐州)相距三百二十五里。彭城东距邳县一百五十里。

这一场大战的结果是前秦初尝败绩。从此前秦军实力大损，无论在兵力调度上，后勤补给以及士气上都受到难以补救的重创。

苻坚的建元十七年、东晋孝武帝太元六年(381)前秦军连战连胜，势力震动国际的时候，东夷、西域六十二国来朝称藩。

公元383年秋，在西战场上的前秦荆州刺史都贵遣其司马阎振、中军参军吴仲帅众两万再犯竟陵(湖北省天门市)，和晋卫军参军桓石民所部水师在管城(湖北省钟祥市北)接触，大战三日夜，前秦军战死七千余；晋军俘虏阎振以下近万人。苻坚虽然在东战场几乎全军覆没，不过西战场还能勉强稳住阵脚；乃暂时采取守势来整补。晋军也在疲惫之余而无力反攻。

晋廷立即命令谢石(谢安弟)为征虏将军兼征讨大都督。谢玄(谢安侄)为前锋都督，率辅国将军谢琰(谢安的儿子)、西中郎将桓尹等督师八万迎战前秦军。并先遣龙骧将军胡彬率水师五千人乘船支援寿阳。

晋征讨大都督谢石、前锋都督谢玄各部挺进到洛涧东方二十五里处，因畏惧梁成军势而不敢前进。

晋龙骧将军胡彬的水师被困在安徽凤台的南硖石，粮秣已尽；胡彬写一封密信，派人报告大都督谢石。可是这个密使被前秦的巡逻部队捕获，苻坚得以获知上情大喜，乃把大军留在河南省项城，交给慕容垂指挥；他自己只率轻骑八千，兼程奔赴寿阳(安徽省寿县)与苻融会合；并派度支尚书朱序到晋营游说谢石早日投降。

朱序原为东晋梁州刺史，五年前在襄阳为部属出卖被俘而降前秦。他到谢石大营，不唯没有劝说谢石降秦，反而把前秦军中弱点和他自己曾在前秦军中基层所布置的地下组织，都很翔实地报告谢石。他还劝谢石乘前秦军还没有部署完妥之前，予其前锋部队以猛烈打击。

朱序回营向苻坚含糊其辞地报告说："晋军愿意相机行事。"苻坚误以为东晋军会在前线投降。

晋军总指挥谢石听说苻坚已到寿阳前线，心中大为恐惶！正想改变战略，只作阻截战法而不正规大战。这时谢安的儿子辅国将军谢琰劝谢石接受朱序建议。这时晋军前锋都督谢玄又派广陵(江苏省江都区)长史刘牢之率五千精锐部队径趋洛涧；距离洛涧还有一里之遥，前秦卫将军梁成已在洛涧两岸布阵等待。刘牢之面对敌阵采取中央突破的战术，乘着月黑风高之夜，一马当先，冲进秦军梁成营帐；白刃血战，杀到天亮才得强渡洛涧。登岸后又猛烈攻击前秦军。秦梁成战死、弋阳郡守被斩、扬州刺史王显被俘，前秦步骑兵顿时崩溃，纷纷跳入淮河逃生。前秦军死伤一万五千人以上，武器、辎重全部丧失。晋军水陆并进开始反攻。

草木皆兵

前秦天王苻坚偕其弟苻融登上寿阳城楼眺望，见晋军的军容严整。再远眺城东北两公里的八公山上草木随风摇动(宋王应麟撰《通鉴地理通释》：八公山一名淝陵山，在寿春县北四里，淝水之北，淮水之南)，苻坚可能是受到东战场彭超等连续失败的影响，心神不宁，老眼昏花，误以为是晋兵满山遍野而来。从来没有把晋军放在眼里的苻坚，这时候心中有些莫名其妙的恐惧感！

前秦大军在淝水西岸严阵以待，晋军在东岸布阵。晋军人少，而且并没有强渡反攻或凭河防御的明确打算。晋军总督谢安深深了解苻坚好大喜功的急躁性格，乃嘱其前锋都督谢玄派人过河游说苻融："贵军深入晋境，只在河边构筑阵地，隔河相持，旷时日久，你们师老兵疲；最后必然无功而退。如果您想速战速决，不妨稍向后退，容我军渡过淝水一决胜负，才是速战速决之道。"

"速战速决"是前秦的基本要求，加上苻坚误信朱序"晋军将会相机行事"的一句谎话，他以为晋军可能是渡河投降了；他幻想着"退避三舍"诱敌来降，也是值得一玩的战略，所以他不顾众将领们的反对而下令前军稍稍后撤，待东晋军半渡而击之。因苻坚这个极其矛盾又不切实际的想法与决定，苻融也只好下令秦军向后移动。万万没有料到朱序及其同伙们大声呼喊说："秦军打败了！大家快逃命啊！"军中喊叫声震天！声闻四野！秦军开始狂奔乱窜，建制大乱，军令无法控制。苻融单骑在乱军中奔驰，大声吆喝发令也是徒劳无功。苻融的坐骑由于过度劳累，突然倒地，苻融乃被晋军乱箭射杀。前秦军都是多种胡族群和汉人混合编成。加之胡人习于骑马，都怕对南方的水上作战，陆地步战也不是真正灵光，况在淮河、长江流域到处都是大小河流与湖泊，骑兵运动、步兵运动都有困难。而今主帅既死！晋军追杀！秦军兵败如山倒，士卒四散逃亡！前秦军霎时瓦解。战死的、被杀的、自相践踏而死的，尸体漫山遍野，路上行人没法下脚；河流也为之阻塞。风声鹤唳！逃生的士卒只顾在荒郊野草中乱窜，不敢走大路，也不敢进入人家讨饭，因饥饿、寒冷而死亡的又有十之七八；只有留守在河南项城的慕容垂三万之众全部完整保住。

谢玄指挥大军乘胜追击，直到寿阳城西十多里的青冈才下令班师。晋军夺回寿阳城，俘获军事资源无数。

朱序、张天锡、徐元喜等也乘势奔回东晋祖国。时在公元383年，东晋太元八年、前秦建元十九年。

在西战场上，前秦虽然也有"漕运万艘"，但是没有水性很好的水师，更没有水战经验；所以"漕浑万艘"在长江上游没有发挥多大作用。

苻坚也受了箭伤，单骑逃过淮河，饥饿难忍，当地乡民送来碗泡饭，苻坚吃后，含泪西奔河南项城的慕容垂部收拾残众千余人；由慕容垂所部护送到洛阳，再整合离散逃回的士卒，还有十多万人。苻坚派将军石越帅精卒三千戍守河北临漳的邺城。骠骑将军张蚝帅羽林军五千戍守并州。镇军将军毛当帅众四千镇洛阳，苻坚回长安。

淝水之战，苻坚败了，不仅仅是损兵折将，苻坚过去"统一诸胡"的辉煌成就和多少辛苦与人民的血汗，也都白费。他那"平一六合""胡汉一家"的大帝国美梦从此破碎了。

苻坚虽败，但是他的扩张野心一如从前。就在淝水之败的第二年，他还下令“徙江汉之人万余户于敦煌。中州之人有田畴而不辟者，亦徙七千余户”(《晋书》卷八十七)。

骁骑将军吕光于公元371年受苻坚之命开拓西域(新疆及中亚细亚)。吕光横越流沙三百里，西域诸国全都归顺；吕光于公元383年带着名僧鸠摩罗什胜利返国，可是苻坚已临败亡。

众叛亲离

燕人乘机复国，姚苌自建后秦，都在苻坚身边出现。胡人小集团仇池杨氏、丁零翟氏、鲜卑乞伏氏等也都要自谋独立了。

慕容暐是前燕的末代皇帝，十三年前苻坚灭前燕之后把他掳到长安，苻坚还给他不少的官衔。这次他以征南将军名义随苻坚东征，在西战场的郧城(湖北省安陆市)驻屯，仅是牵制性的战略部队，没有参与实际作战。当晋军把他的友军姜成部队打垮了，也斩了姜成时，又听到苻坚在淝水之战大败的消息后，慕容暐立即弃职潜返长安，准备叛秦复国。

在苻坚淝水之败后，继之而起的胡国计：

后燕(鲜卑)公元384—407年。

西燕(鲜卑)公元385—394年。

后凉(氐)公元386—403年。

西秦(鲜卑)公元385—431年。

北魏(鲜卑)公元386—534年。

后秦(羌)公元387—417年。

南凉(鲜卑)公元397—414年。

南燕(鲜卑)公元398—410年。

西凉(汉)公元400—421年。

北凉(匈奴)公元397—439年。

胡夏(匈奴)公元407—431年。

北燕(汉)公元407—436年。

公元383年冬，苻坚自洛阳回师长安，慕容垂曾将所部兵权交与苻坚，再向苻坚请求代表秦廷到北方诸郡安抚百姓；苻坚不疑于他，于是准了慕容垂的请求。可是后来有人密报慕容垂有叛秦之意，苻坚曾派人追赶谋杀！但没有成功。慕容垂到了邺城，当时驻屯邺城的是苻坚的儿子苻丕，唯恐慕容垂在邺城生事，立即表面应付——设馆西郊接待，由于邺城还有不少鲜卑遗老，所以苻丕就是不准慕容垂进城。适逢丁零族翟斌在河南省新安县一带谋反，苻丕就命慕容垂去讨伐翟斌；并给慕容垂老弱士兵两千人和已经报废的盔甲武器。慕容垂心中十分明白，于是表面欣然接受，苻丕又派广武将军苻飞龙率一千精锐骑兵做慕容垂的副手；苻丕授命苻飞龙相机谋杀慕容垂。

慕容垂很坦然把自己的亲属慕容农，侄儿慕容绍、慕容楷等留在邺城当作人质，自己率军南下进剿丁零。行军到河南沁阳(河内)，慕容垂乘夜把苻飞龙和他的氐族精骑一千多人全部捕杀，但对于文职人员和随军眷属一律释放，任其回家。慕容垂到了荥阳(河南省广武镇)，就联合各地鲜卑族，宣布复国，并自称“燕王”；史称之为“后燕”。时在东晋太元九年、前秦建元二十年，公元384年。原被慕容垂留在邺城的慕容农、慕容绍和慕容楷等也乘机潜出邺城盗取苻丕军区的战马几百匹，在十二月三十日那天，乘苻丕部众欢度除夕的机会率数十名骑兵一同逃奔列人郡(河北省肥乡区)，游说乌桓族部落酋长鲁利、张骧以及匈奴族的屠各毕聪等族众数千人起义反前秦。并攻陷馆陶(河北省邯郸市)缴获军用物资甚多，又取康台(河北省曲周县)牧场，夺来战马数千匹；于是组成步骑兵数万成军。苻丕派骁骑将军石越率步骑一万追击慕容农，结果石越大败被斩。

前秦与后秦时代的长安城

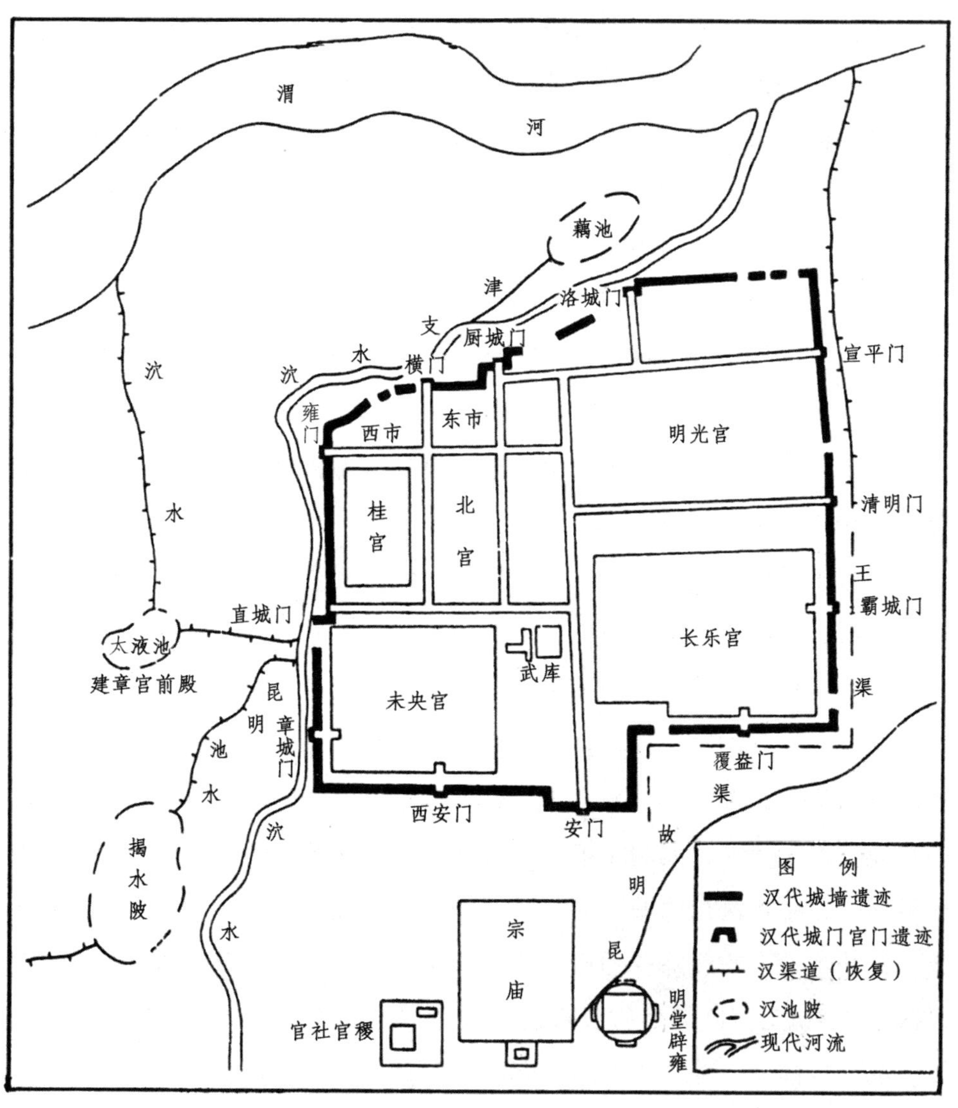

前燕的复国

慕容玮的弟弟慕容泓，原来是前秦的北地长史，听说苻坚淝水败还，又听说他的叔叔慕容垂已经离开秦地回到燕国故土了；他就联合各地族众集中华阴，和在长安城内的慕容玮联络，准备进攻长安。

慕容冲，前燕逊帝慕容玮的幼弟，十二岁时随他十四岁的姐姐清河公主被前秦俘虏，清河公主很美，被苻坚纳入后宫；慕容冲也具龙阳之姿而为苻坚所幸。姐弟专宠，宫人妒之；当时苻坚的弟弟苻融和当代诤臣王猛等极力反对；稍后，苻坚封他(慕容冲)做驻守山西临汾的平阳太守。他总不忘亡国之痛！又恨辱身之耻！听说苻坚失败了，他就发兵两万，先占领山西南部以蒲坂(永济)为前进基地，再和慕容泓联手攻向长安。后来又杀了慕容泓而进据长安西北的阿房城，自称大燕皇帝，改年号为“更始”。

这时候苻坚痛恨燕人慕容氏忘恩负义！就把所有留在长安的鲜卑族一千多人以及慕容玮、慕容肃的子孙和部属以下一千多全部杀光以泄愤！

姚苌、慕容冲

前秦的步兵校尉姚苌，本来是羌族领袖姚弋仲的儿子，姚弋仲和苻坚的祖父苻洪是世仇。二十六年前姚弋仲死，第三个儿子姚襄率姚苌占领陕西北部地区与苻秦抗衡，经几次大战，姚襄被苻坚俘虏斩首；姚苌不得已而向前秦投降，曾为前秦立过不少战功。淝水之战后，苻坚派他辅助太子苻叡讨伐慕容泓，结果苻叡战死，前秦军大败！姚苌唯恐苻坚追究这次战事责任，就率领所部逃回陕北老窝，自己宣布是“万年秦王”；改年为“白雀”（史称“后秦”）。

公元384年夏，东晋驻守湖北天门的竟陵太守赵统率兵进攻前秦盘踞的襄阳。前秦荆州刺史都贵弃城逃往鲁阳（河南省鲁山县）。晋将刘春攻鲁阳，都贵又弃城逃回长安。东晋荆州刺史桓石民进驻鲁阳，并派高茂为河南郡守，驻镇洛阳。前秦平原公苻晖率洛阳、陕州（河南省陕县）所有部队撤退到长安，同时前秦驻守丰阳（陕西省山阳县）的洛州刺史张五虎举城归降东晋。这一行动影响陕西南部、四川北部各郡县。所以接着就是东晋派梁州刺史杨亮帅大军五万进驻巴郡——重庆，命黄统率水陆联军三万人为先锋进攻巴西（四川省阆中市）。前秦守将康回屡战屡败，退保成都（四川省成都市）。前秦梓潼郡守垒袭献出涪城（四川省三台县）向东晋投降。

在北战场方面，前秦冀州刺史苻定献上信都（河北省冀州区），驻守河北盐山高城的郡守苻绍献上守城投降后燕。后燕抚军大将军慕容麟得以从容攻陷常山（河北省正定县），进围中山（河北省定州市）。是年秋，中山守将苻鉴宣布投降后燕。

南方的前秦梁州刺史潘猛放弃汉中，逃回长安。东晋不发一兵一箭而收复梁州。

前秦的益州刺史李丕被晋军俘虏斩首，成都遂失。

东晋的北伐军谢玄所部抵达下邳（江苏省邳州市），前秦徐州刺史赵迁竟放弃守城（江苏省铜山区）而逃走，晋军又不战而收复徐州。

谢安派刘牢之为徐州（彭城）刺史，并命他率军进攻兖州。前秦兖州刺史张崇放弃防地鄄城（山东省荷泽市）投奔后燕。刘牢之进驻鄄城，黄河以南各郡县纷纷反正投降东晋。

东晋的北伐军派阴陵（安徽省定远县西北）郡守高素进攻前秦的青州（山东省乐陵市西南）。在晋军还没有到达前，前秦的青州刺史苻朗就宣布投降(苻朗是苻坚的堂侄)。

前秦天王苻坚退保长安后，北地有姚苌的后秦，正在长安附近的新平(陕西省彬州市)发兵，先后攻下甘肃省的安定，俘虏了前秦的安西将军苻珍；九宗山以北各城郡都已归降后秦。长安附近又有史称西燕的慕容冲在阿房宫城宣布登基，军事与政治的压力对苻坚相继而来。

公元385年春，苻坚亲自率军攻击叛将自称西燕的慕容冲；经过三次的大型会战，前两次慕容冲败，第三次在泾阳县的白公渠会战。白公渠分太白渠、中白渠、南白渠，水域涵盖陕西的三原、泾阳、高陵、礼泉、临潼五个县；地形复杂，又值放水期间，步、骑兵的活动都受限制。慕容冲以小战斗群作战，以运动灵活而致胜。苻坚被围，险些送命。

次日，慕容冲派尚书令高盖乘夜攻进长安南城。前秦左将军窦冲、前禁将军李辩等击破高盖，斩杀八百人，尸体全被饥饿的前秦兵士分而食之。

高盖反扑，也遭击退，损兵折将三万人。

是年二月间，苻坚与慕容冲在长安城西会战，大败慕容冲，苻坚追到阿房宫，因怕中埋伏而撤军。

西燕的慕容冲，派军进攻负责保卫骊山的前秦高阳公苻方，经过一番战斗，斩苻方。骊山是长安东防的门户，前秦又派左将军苟池、右将军沮渠俱石子率军与西燕慕容冲在骊山会战，前秦军大败；苟池被杀，沮渠俱石子逃奔郿城。

苻坚再派他的女婿领军将军杨定反攻骊山，大破西燕军，俘虏鲜卑族一万多人，全部活埋坑杀。

后秦姚苌自北地(陕西省耀州区)发令除进攻新平的部队继续进攻新平外，他自率大军开辟西战场，进攻安定(甘肃省泾川县)，以牵制长安的前秦军；当即俘虏了前秦安定守将苻珍，占领安定，使九嵕山以北的各郡县城池全都归降后秦。

苻坚自率步骑两万人进讨姚苌。在北地(陕西省耀州区)同官县赵氏坞地方展开大战，姚苌败走。

姚苌移师攻新平，前秦守将苟辅凭城固守；数度争城之战，姚苌损兵折将一万多人。僵持半月，城中粮尽矢绝，姚苌网开一面，计诱苟辅率城中军民逃回长安。一万五千居民刚一出城，姚苌便把他们包围起来全部活埋，男女老幼没有一人幸免。

苻坚之死

这时候慕容冲进攻长安。苻坚竟又迷信符箓“帝出五将久长得”之语，乃将城防交付给他的太子苻宏率残军戍守，并告诫苻宏：“勿与贼争利，吾当出陇收兵运粮以给汝。”(《十六国春秋》)他自己和家属率数百骑突围奔向陇西，打算在五将山(陕西省岐山县东北)那里整军反攻，可是当他到了五将山就被自称后秦王的姚苌军队重重包围。这时候苻坚身边只剩十几个侍卫人员，苻坚强作镇定，先杀了随行的两个女儿——苻宝、苻锦，免被敌人侮辱。他的张夫人、幼子苻诜以及随侍士兵们都自杀以殉。

苻坚对于姚苌一向恩遇有加，而今姚苌竟然背叛于他；苻坚今日对于姚苌痛恨至极！所以毫不假以辞色。姚苌要求苻坚交出皇帝玉玺表示禅位，苻坚厉声呵斥“天命书中无尔羌名”(《晋书》)。“小羌竟敢逼天子？五胡次序，无汝羌名，玉玺已送晋不可得也”(《通鉴》)。当时所共识的五胡次序是胡、羯、鲜卑、氐、羌。

姚苌把苻坚吊死在新平(陕西彬州西南三十五里)寺中的柏树上。时在公元385年，东晋太元十年、前秦建元二十一年。苻坚时年四十八岁，曾做了二十九年的天王与皇帝。

陕西省文物保护单位
苻坚墓

陕西省文物保护单位
苻坚墓
陕西省人民政府
1957年5月31日公布
咸阳市人民政府
2018年3月28日立

苻坚寇晋，太子苻宏曾极谏不可，而苻坚不听，仍持一己之见，任一己之性而走上不归之路。将太子苻宏留在四面皆敌之中，宫内无粮可吃，只有吃那些无力反抗的宫女们。苻宏实在没法维持下去了，只好拜托司隶校尉(城防司令)权翼向守城将士转达一声歉意，放弃那些数之不尽的金银财宝以及皇家的权威和尊严，带着皇家亲眷、卫士们冒死冲出重重包围圈，西奔最后一个据点——下辨(甘肃省成县西北)。而前秦委任驻守下辨的南秦州刺史杨璧竟然拒绝接纳苻宏。

杨璧的妻子是苻坚的女儿顺阳公主，愤恨杨璧无情无义，乃随苻宏再奔武都(甘肃省成县)辗转氐族部落，酋长强熙协助借道，最后到达东晋首都——建康(南京)。

杨璧本仇池氏，追随苻坚，已为督护军将军、南秦州刺史，苻丕并任为征南大将军。

东晋皇帝司马昌明不计苻坚手下的恩恩怨怨！把苻宏安置在江西九江的江州府；后来又委以辅国将军。桓玄称帝，又任苻宏为凉州刺史；义熙年间，苻宏阴谋借地复国，桓玄乃杀其全家。

苻宏一行逃离长安后，西燕皇帝慕容冲率军进入长安城，下令除了皇宫内堆积如山的金银财宝由皇帝接收外，一切任由士兵大肆抢劫，任意奸淫烧杀！一日夜间长安城已是遍地血海、遍地死尸！皇宫、房舍已成一堆灰烬！

苻丕、西燕、苻登

慕容垂在前燕时是皇族出身的名将，他脱离苻坚，是以恢复燕国为号召的。他联合诸胡部落与鲜卑遗老，很快成军二十多万；他的第一目标是计划收复前燕时代的国都——邺城(河北临漳)。当时临漳的守将是苻坚的庶生长子苻丕，粮食和兵源都很吃紧，黄河南边的外围据点都已被晋军刘牢之的部队收复；临漳处境万分险恶，西方的慕容垂正来围城，苻丕曾打算和晋军联手对付慕容垂。临漳粮食已经吃完，军队没有粮食、战马没有草料，把树皮、树叶都快吃光了。苻丕一面派员到邻近郡县求援，一面派苻就到晋廷向谢玄求救，愿让邺城表示“文降”，谢玄下令水陆联运二千斛食米给苻丕，可是远水不解近渴，难以及时送到。这时东晋的刘牢之已经进兵枋头，但他面对着慕容垂与苻丕等复杂情势之下，不知道谁是第一敌人？他只有观望敌情，没有前进。

最后苻丕在慕容垂和东晋刘牢之的双重压力下，决定放弃临漳，转进长安，乃率领男女军民六万余人西上，抵达山西黎城的潞川，由骠骑将军张蚝、并州刺史王腾等护送苻丕到晋阳(太原)。东晋的刘牢之得以乘机进入邺城，此后邺城又成为东晋与后燕争夺之地了。

当年苻丕在晋阳(太原)听到苻坚遇害的噩耗后，立即宣布继承帝位，自称“哀平帝”，改元“太安”。公元385年冬，苻丕在山西临晋召开四方军政领袖和民间垒主、豪富等联席会议，宣誓讨伐姚苌、慕容垂。

这一号召，很有政治作用，于是天水、冯翊(陕西省高陵区)、河东(山西省夏县)、新平(陕西省彬州市)、京兆(长安)、扶风(陕西省潼关县)等地的军事领袖、各领地方部队数万人纷纷起而响应。

去年在河北投降后燕慕容垂的苻定(苻坚的从叔)、苻绍(苻坚从弟)、苻谟(苻坚从弟)、苻亮(苻坚从子)等听说苻丕继位做了皇帝，都派遣使臣向苻丕请罪、反正。苻丕要他们就在敌后发展，并任命苻定为冀州(河北省中部)刺史，苻绍为冀州都督，苻谟为幽州(河北省北部)刺史，苻亮为幽州都督。原坚守河北省博陵县的王兖为平州(辽宁省)刺史。

是年秋，苻丕任命张蚝为侍中、司空，王永为侍中、都督中外诸军事、车骑大将军、尚书令，王腾为中军大将军、司隶校尉，命苻冲为尚书左仆射，封西平王，命左长史杨辅为右仆射，右长史王亮为护军将军。封元配杨女士为皇后、长子苻宁为太子、皇子苻寿为长乐王、苻锵为平原王、苻懿为勃海王、苻昶为济北王。

苻丕的冠军将军邓景(镇军将军邓羌之子)拥有五千多步骑战士，在甘肃省宁县(彭池)地方和在长安东方的窦冲联合夹击后秦的姚苌。

慕容泓的大将军高盖杀了慕容泓，迎接自山西来的慕容冲为西燕皇帝。

侨居长安的鲜卑族众，原来打算举族东返故国(前燕)的，可是由于皇帝慕容冲恋栈长安，借口慕容垂已经建立了后燕政权，不便再与慕容垂冲突。就在鲜卑族众已经动员准备东返祖国之际，慕容冲下令要求族众安家落户种田务农于长安；以致惹起众怒！左将军韩延发动政变杀了慕容冲，另立段随为燕王。而慕容皇室的大臣慕容永、慕容恒等起而杀了段随，拥立慕容恒的儿子慕容觊为西燕第四任皇帝。同时决定放弃长安，率领鲜卑族众四十万人东下，计划渡过黄河返回河北故国。

途中慕容觊的叔叔慕容韬杀了慕容觊，想做皇帝而没做成。左右政权的慕容恒又立建国皇帝慕容冲的儿子慕容瑶为第五任皇帝。慕容瑶被杀，又立慕容忠为帝。慕容忠任命慕容永为太尉，领导族众计划渡过黄河，曾向前秦皇帝苻丕要求借路东归。而苻丕最痛恨慕容垂的后燕，他当然不愿意西燕与后燕合流。

苻丕决心消灭西燕军，而西燕军已经强渡黄河，进驻长子县，而且定长子为都了。苻丕派车骑大将军王永率军堵击。王永以卫将军沮渠俱石子及苻纂为前锋，双方在襄陵(山西省临汾市境)展开主力决战，结果苻丕军大败；王永、沮渠俱石子战死。

西燕军为了争取归路，将士用命；很快乘胜占领了苻丕的基地——晋阳(太原市)。苻家班的王公大臣大都投降西燕。留守晋阳的苻师双会合败下阵来的哥哥苻纂整合残众数万人逃回杏城(陕西省黄陵县)。

苻丕兵败兵散，回太原又怕苻纂杀他。既然北返不得，他一转念头决计率军东进洛阳；行军到东垣(河南省泾阳市)，被东晋的扬威将军冯该挥军半途拦击，苻丕全军覆没。苻丕被俘后斩首。随行的太子苻宁、皇子苻寿都被解送建康(南京市)，因为他俩年幼免死，晋廷把这两个苻丕的儿子交付两年前投降过来的苻坚的太子苻宏收养。

苻登其人

苻登是苻坚的族孙，年少时有英勇气概，不拘小节。当他长大成人后却谨慎仁厚，折节勤读，非常成熟。以后做了河州牧毛兴的司马，表现不凡。每次战争好为奇谋策略。毛兴死，以后事托苻登。当时正值连年旱灾，到处都有饿死的人，自然军粮也不充裕。苻登就鼓励部属吃敌人的尸肉！“只要勇于杀敌，定可一饱肉食”。他把战死的尸体不分敌我剁成肉酱来给士卒当饭吃，把他的士卒吃得“饱健能斗”(《通鉴》)。这种残忍手段在心理战上已使姚苌将士闻苻登而丧胆！《晋书》记载：姚苌急召姚硕德曰：“汝不来，必为苻登所食尽！”由此可见他在敌人心目中的震慑力之大了。

苻坚也很赏识苻登这种精神教育的成功，于是封他为南安王。公元386年秋，苻坚的太子苻宏逃离长安，苻登也率所部残余转进枹罕(甘肃省临夏市)。当地氐族共推苻登为领袖，率领五万族众东进甘肃秦安的南安郡以和平复国为号召。当年的冬十一月苻登在南安郡宣布他是苻秦的继任皇帝——秦高帝，并改年号为“太初”。

苻登承苻坚的余荫，不论胡人、汉人都望风归顺，使他的实力迅速成长。于是苻登得能大破姚苌、姚硕德于秦州(甘肃省天水市)，斩首两万多；姚苌受了箭伤，退守天水西南的上邽。此后苻登与后秦就在秦州、陇东地带进行了连续八年的拉锯战。

苻登发明了新兵器与新战术，一种新武器叫“钩镶”，很像剑，但尖端弯曲，有内刃、外刃，进可以前推杀敌，退可以掳勾敌人，又可以当剑来砍杀。另一种是仿效三国时张飞所用的丈八蛇矛，命名为“稍”。

当时苻登还有五万步、骑兵。苻登厉兵秣马，以复国雪耻为号召。于是苻坚的老部下徐嵩、胡空等各率数千人来归。苻丕故将苻纂率苻丕残余部众数万人屯驻杏城(陕西省黄陵县)，苻登任命苻纂为大司马。在陕西、甘肃一带的诸胡部落也都纷纷响应。苻登挺进到胡空堡(陕西省彬州市)时胡族、汉族响应归附的已有十多万人。

苻登计划收复长安，中兴前秦，乃派苻纂北攻上郡(陕西省绥德县)，收复陕西北部及内蒙古鄂尔多斯之地，大破羌将金大黑、金洛生。另一军南下泾阳，击溃姚苌的大将姚硕德。苻登进驻甘肃固原的瓦亭，再遣车骑大将军窦冲进攻汧(甘肃省陇县)、雍(陕西省凤翔区)二城，冯翊太守兰犊率两万人为后援。汧州、雍州都是进攻长安必经之地，所以苻登必得先行占领。

苻纂攻下泾阳，被姚苌反击而退守陕西榆林的敷陆。他的弟弟苻师奴劝他独立称尊，他拒绝了。当天晚上苻纂被苻师奴杀死，苻师奴宣告脱离苻登，而自称“秦公”。

兰犊、窦冲与苻师奴等部，不满两年就被姚苌各个击溃，名号均已烟消云散。

苻登进驻平凉郡(甘肃省平凉市)，姚苌屯兵泾川(甘肃省泾川县)，两军对峙，互有胜负。苻登的将领窦络、窦于叛苻登而降姚苌。晋太元十四年(389)，姚苌遣其子姚崇偷袭苻登补给基地大界(平凉市、彬州市间)，苻登中途邀击，大破姚崇，杀死和俘虏两万五千多人，苻登又乘胜攻下平凉。

姚苌立即亲率三万精骑夜袭大界苻登的军需基地。苻登的妻子毛氏，儿子苻弁、苻尚等都被杀，并擒将领数十人，掳三万多人口而去。

前秦苻登太初五年、后秦姚苌建初五年，公元390年秋，苻登大军向长安挺进。这时候到处都有地方武力，社会人心都是跟着战争局势在浮动。陕西高陵的冯翊地方有一个富豪领袖名叫郭质的，在广乡(陕西省华州区境内)聚众数千人，宣布拥戴前秦苻登，并且发表宣言呼吁各地方自卫寨堡团结一致对抗姚苌。当时很多地方都响应他这一个号召，只是他身边的郑县(陕西省华州区)人苟曜，集结地方武力数千人，归附后秦姚苌。后秦立即委任苟曜为豫州刺史，驻镇郑县。前秦苻登也委郭质为冯翊太守，郭质攻击苟曜的寨堡，被苟曜打得大败，部众溃散，郭质逃奔洛阳投降东晋。

翌年(391)春，前秦苻登的大军从雍城(陕西省凤翔区)攻陷渭河北岸的后秦据点，渡过渭河南下，进占长安南的曲牢。这时，后秦的长安守将苟曜，秘密联络苻登愿做内应，邀苻登攻击长安。苻登紧急调动军队，被姚苌研判出来他的动向而乘隙邀击，大破苻登的前秦军。苻登向西撤退到眉县，一面整补残兵败将，一面征召仇池杨家出兵增援，再做反攻部署。

这时，苻登距长安九十里扎营。探听到姚苌生病，料他不致来犯。可是擅于机动，更擅于奇袭的姚苌，却连夜拔营，一面亲率精锐骑兵三千紧急夜行绕二十里路奇袭苻登营后，一面遣兵在正面同时发动攻势。实际上正面仅是佯攻，以致苻登大惧，遂撤兵退到陕西凤翔待援。

前秦太初九年、后秦皇初元年(394)，苻登听说姚苌病死了，一面派使节前往金城(甘肃省兰州市)任命西秦王乞伏乾归为左丞相，封河南王，兼秦、梁、益、凉、沙五州刺史，都督五州诸军事；加九锡以安抚西秦。一面率领所有武装部队，自南安(甘肃省陇西县)东下，令司徒苻广留守雍城，太子苻崇留守胡空堡(陕西省彬州市)。大军一路收抚了匈奴屠各以及弱势族群各部落，就大举进攻长安。后秦新主姚兴在陕西兴平和苻登大战。苻登军由于紧急行军，兵马过度疲劳，又加上粮食不足，士卒营养不良，因而发生夜惊。姚兴乘机急攻，苻登军溃散。苻登单骑逃奔雍城。没想到原留守在雍城的苻广和留守在胡空堡的苻崇听说苻登在前方战败，立刻弃城逃走。苻登逃回来时两城已被后秦军占有。苻登只好向西逃奔平凉，稍事整合残余将士后，进入宁夏固原的马毛山(固原市西南二十公里)暂避姚兴。可是姚兴又来进攻马毛山，苻登就派他的儿子苻崇到陇西鲜卑族乞伏乾归的西秦求救，又把自己的妹妹送给乞伏乾归做夫人。

是年(394)秋，乞伏乾归派乞伏益州率两万骑支援苻登。姚兴得到这个消息，立即决定用“围点打援”战法锁定乞伏益州的援军。当苻登下山接应援军时，在马毛山南麓和姚兴军遭遇。大战之下，苻登被擒斩首。姚兴把苻登的部队全部遣散，各自回家归农。又把阴密(甘肃省灵台县)三万户人家强迫迁移到长安，把苻登的新婚妻子赏赐给仆射姚晃。苻登被杀时年仅五十二岁，做了流荡不定的九年皇帝。苻登的儿子苻崇奔往青海西宁的湟中，宣布继位，改年“延初”。

公元394年冬十月，前秦末代皇帝苻崇投奔西秦。他到西秦的首都金城(今兰州市)不久，就想“雀占鸠巢”，被西秦王乞伏乾归下令驱逐。苻崇走投无路之下又投奔上邽(甘肃省天水地区)向陇西王杨定靠拢。杨定命他的司马邵疆留守秦州(天水市)，自己亲率部众两万人配合苻崇攻击西秦。

乞伏乾归派他驻守青海乐都的凉州刺史乞伏轲弹及驻镇甘肃靖远的秦州(治苑川)刺史乞伏益州、立义将军越质诘归，率骑兵三万人抵抗。

乞伏益州跟杨定在平川(甘肃省礼县北十公里平泉河)会战，乞伏益州大败！乞伏轲弹、越质诘归同时撤退。经过乞伏轲弹的司马翟温的鼓励，乞伏轲弹整军再战，乞伏益州与越质诘归全面反扑，击杀杨定联军一万七千人，斩杨定及苻崇。西秦乞伏乾归完全占领陇西郡。

前秦最后一位皇帝苻崇战死，前秦也就跟着而亡。在五胡十九国中前秦是第七个建国的胡国，第八个灭亡于战乱中。传六主，计四十四年(351—394)。

亡国之君苻崇的太子苻宣，投奔仇池王杨定的堂弟杨盛(甘肃省成县)。

公元407年夏，仇池与后秦再起战争，杨盛以苻宣为平北将军兼梁州(陕西省汉中市)都护，率军进驻汉中。

东晋派索貌为梁州刺史，仇池既附东晋，苻宣乃交出汉中，引兵回仇池，从此氐族苻家也走出历史。

盖棺论定话苻坚

苻坚读过不少的儒家之书，可是他那刚愎自用的性格和极其矛盾的思想，却与儒家学说谬以千里。

一、不能知人善任

公元368年，慕容垂自前燕投奔苻坚。王猛曾相慕容垂器宇温文而面带煞气，是一个高深莫测的人，劝苻坚不可轻信，也不可重用。可是苻坚当时就任命慕容垂为冠军将军并封“宾都侯”。后来又轻信慕容垂而犯晋，以致失败。

慕容垂在苻秦的长安时，苻坚曾与其妻段氏私通，并且时常同车出游于市。也许这在氐族的伦理道德观中无所谓，但在汉文化中却是禁忌。慕容垂反苻坚，这也许是原因之一。

苻坚决心犯晋，所有氐族官员都反对，只有鲜卑族慕容垂一人表示赞同。这种情形换任何一个人都会郑重考虑的，可是苻坚竟因慕容垂一人之支持而决定犯晋。所以苻坚最宠爱的张夫人曾慨然叹息："朝野之人皆言晋不可伐，陛下独决意行之，妾不知陛下何所因也?"(《通鉴》)

公元380年，苻坚下令加强军事教育。当时的秘书监朱肜曾建议应该偃武修文，苻坚听了，遂罢前令。

过了两年(382)，冬天苻坚又与群臣商议伐晋，这个秘书监朱肜竟又献言："陛下恭行天罚，必有征无战，晋主不衔璧军门，必走死江海……"(《通鉴》)

朱肜建议偃武修文于前，又主张用武于晋，前后两极而苻坚不察。

公元364年，苻生的幼弟苻腾造反，被处死。当时王猛曾两次劝苻坚把苻生的另四个弟弟苻幼、苻庾、苻柳、苻武等一并处死，可是苻坚不听。在表面看来苻坚仁慈，但是造成苻柳、苻庾、苻武以及苻坚自己的胞弟联合造反，经王猛、吕光等大将出动大军剿平，可是死伤数万人，战事延绵两年才平定。如果苻坚能依王猛之议，则牺牲皇族四人而可少死数万人。

公元369年冬，前燕派黄门侍郎梁琛访秦，王猛知道梁琛是来刺探军情的，所以力劝苻坚利用其才而留用之，苻坚不许。梁琛回燕后备言预防苻坚之道，使苻坚进攻前燕的战争受到重挫。

公元379年春，东晋襄阳督护李伯严，劫持襄阳太守朱序向前秦投降。苻坚竟把主持投降的李伯严斩首，把朱序留下，命他做度支尚书(相当于财政部长)。这种倒行逆施简直昏了头！更可笑的是在淝水之战，苻坚竟然派遣原为东晋太守的朱序到东晋大营去游说谢玄投降。结果朱序把前秦军的重要机密完全泄露给东晋谢玄，而且还给谢玄订下反间活动之计，以致前秦大败。朱序可以说是使苻坚彻底失败最直接的主要因素。

周虓原是东晋梓潼郡守，自被前秦俘虏后不唯坚决不降，而且常在苻营窃取机密。苻坚部下纷纷要求把周虓处死，而苻坚却更为欣赏周虓的忠贞不屈，不唯不杀，而且还更优遇。直到后来周虓公然造反，苻坚也仅仅把周虓放逐到西北边疆而已。

苻坚犯晋军次湖北，听说留在陇西南部的鲜卑部落乞伏步颓造反。苻坚竟然命令随军前将军乞伏国仁回师讨伐乞伏步颓。乞伏国仁是乞伏步颓的侄儿，命其侄儿讨伐其叔父，这不是天大的笑话?！苻坚此举是不察还是故意？笔者不得而知。致使乞伏步颓与乞伏国仁叔侄俩在阵前约定共反苻坚之计。

未能知人善任，不知道苻坚本人有没有自我反省检讨？但为其写传的作者却曾为他道尽悔意："坚临危，苌使右司马尹纬说坚。坚得知尹纬原为前秦朝中尚书令史(年薪二百石的秘书而已)，坚叹曰：'卿、王景略(猛)之俦、宰相才也而朕不知卿，亡也不亦宜乎。'……"(《晋书》《十六国春秋辑补》)

苻坚有"统一六合"的雄心大志，他对人才、知识分子的储备计划也很完整，他在新占领区曾下令各郡县政府，对于凡能通晓五经(《诗》《书》《礼》《易》《春秋》)之一经者或六艺(礼、乐、射、书、御、数)中擅于其一者，都应造册送到中央备用。凡俸禄在一百石以上的官员们如不具上列条件者一律免职。

二、性格也是失败因素——刚愎自用

王猛是苻坚最信任的重臣、功臣。

苻坚也承认王猛是今之诸葛亮。前秦建元十一年(375)，王猛临死时当苻坚之面谏议："勿再图晋，惟鲜卑、西羌是敌，宜逐渐剪除。"

在此以前王猛对于慕容垂、姚苌、慕容冲等都曾谏议苻坚不可重用，可是苻坚却任一己之性。其结果是败在慕容冲之手，死在姚苌令下。不知道这是天理循环，还是权力冲昏了苻坚的头脑？

三、作践他人

慕容冲是前燕逊帝慕容暐的幼弟。十二岁时被苻坚自前燕掳到长安，苻坚纳之后宫。当时王猛与苻融（苻坚之弟）等强烈净谏。两年后苻坚只好把慕容冲外放平州刺史，驻镇山西。在苻坚自以为对慕容家是莫大的恩惠，可是他没有想到践踏人家的人格尊严、国族亲情。直到后来慕容冲发兵誓雪亡国之恨、辱身之耻而反秦，苻坚还在骂他是白虏，忘恩负义呢。这种只知道有己而不知有人的政治人物，在古今中外历史上多得是。

四、错误情绪反映

羌人姚苌父亲姚弋仲与蒲（苻）家世仇。公元 357 年姚家与苻家三原（陕西省三原县）一役，姚家大败，首领姚襄（姚苌的哥哥）战败被俘，苻坚下令阵前斩首。姚苌迫不得已乃向苻家东海王苻坚投降。那时候前秦苻家的皇帝是苻生。

当年（357）苻坚做了前秦的皇帝，仍是善待姚苌，封姚苌为龙骧将军，都督益、梁二州诸军事。

及苻坚淝水战败，公元 384 年他所委派的济北王鲜卑族慕容泓叛秦，苻坚派他的儿子巨鹿公苻叡为都督中外诸军事、卫大将军，命龙骧将军姚苌为司马，率五万大军讨伐慕容泓。

姚苌建议苻叡不必与慕容泓决战，因为慕容泓所部都是从河北、山东来的鲜卑族，他们都系念故土，一心回家乡，我军只需鸣鼓而攻，驱逐其出境就可以了。可是勇猛好战的苻叡坚决要聚歼慕容泓所部，乃下令切断慕容泓退路，在华阴会战，结果前秦军大败，苻叡战死。

姚苌以职司所在，派手下长史赵都、参军姜协回京(长安)向苻坚报告作战经过，并自请处分。而苻坚却在盛怒之下斩了赵都与姜协。

军使传令何罪之有？不应该杀的他杀了，不应该发怒的时候他大动肝火，情绪失常也是苻坚失败的原因。

姚苌听说苻坚斩了赵都和姜协，害怕苻坚加罪于他，乃率残部逃回他的基地——渭北牧马场。号召散居在陕、甘地带的羌族部落，许多豪门强梁也都率众来归姚苌。其后苻坚终于死在姚苌之手。

五、思想矛盾

苻坚崇尚儒家，反对道家清谈而不务实际，尤其反对预言、谶书。他的尚书郎王佩因为向他提到谶书，苻坚下令斩王佩。

后来新平人王彫向苻坚奉献出土的玉器图谶，上有文字说苻坚受天之命应为王天下，苻坚大喜，以王彫为太史令。嗣经王猛指为旁门左道，苻坚又下令斩王彫，后来苻坚又“以彫言有征”而追赠王彫为光禄大夫。

最后他被慕容冲围困于宫城，在走投无路之下又信属下所献谶书“帝出五将久长得”的预言乃决定奔向五将山去整军，可结果是走上了不归路。

这种自相矛盾，也许是在六神无主之下产生的。苻坚一向是自信心很强的，但八公山草木皆兵使他动摇了自信而招致淝水之败，长安之役谶书预言又误他一生。

六、标准皇帝——苻坚

苻坚宅心仁厚，不枉杀戮，同时没有种族偏见，这是许多帝王所没有的风范。如果苻坚犯晋获胜，中国统一，稍假时日，苻坚也必能化育各少数族群，使胡、汉融合，隋、唐盛世必可提早百年实现。无如中国不幸，苻坚不幸；淝水之败，群小为争权夺利而猜忌异类；慕容垂之出走，后燕之成立，牵动了关中鲜卑族的群起效应造成苻坚长安再败。

苻坚在多方败象之下情绪激动，杀了姚苌派来的使者赵都、姜协而吓走了姚苌，以致苻坚惨死在姚苌之手！这算是苻坚的不幸呢，还是中国人的不幸呢？

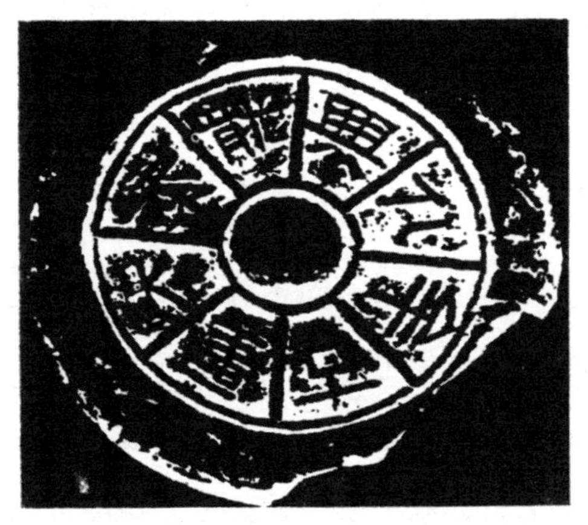

公元 1959 年在河北省易县出土的“大秦龙兴化牟古圣”瓦当

西燕(鲜卑)

民　　族：鲜卑族

建 国 者：慕容泓

时　　间：公元 384—394 年

疆　　域：山西省南部

首　　都：山西省长子县

历任皇帝：济北王慕容泓(在位四个月被部属高盖所杀)

威皇帝慕容冲(在位一年多被右将军韩延所杀)

燕王段随(在位两个月被慕容永杀)

燕王慕容颛(称帝数天被慕容韬杀)

燕王慕容瑶(慕容冲的儿子，称帝数天被慕容永所杀)

燕王慕容忠(慕容泓的儿子，在位四个月被太尉慕容永所杀)

河东王慕容永(在位九年，国亡被杀)

就在慕容垂宣布叛秦，自称燕王，而掀起鲜卑族复国(燕)第一波行动的同年(东晋太元九年、前秦建元二十年，公元 384 年)，前秦北地(陕西省耀州区)刺史慕容泓起兵，宣布反抗苻秦的暴政，并立即进兵华阴，自称“燕济北王”。这是鲜卑族为燕复国的第二波。

前秦的苻坚派太子苻叡都督中外诸军事，龙骧将军姚苌为司马，辅助苻叡率步骑五万人讨伐慕容泓。

同时前秦的平阳(山西省临汾市)太守慕容冲也发兵两万起事，进攻蒲坂(山西省永济市)，苻坚命左将军窦冲讨伐慕容冲。

辅助前秦太子苻叡讨伐北地刺史慕容泓的姚苌主张网开一面，只把慕容泓军队逐出境外就行了。可是苻叡粗野勇猛，缺乏战略智谋，他认为对慕容泓之战，要以灭绝性的聚而歼之为战略指导原则。

苻叡与慕容泓两军在华阴会战，结果，一心想回前燕故土的慕容泓部队在困兽之斗中大发威力，以致苻叡大败！慕容泓斩了苻叡。姚苌受命辅助苻叡作战而苻叡竟被敌斩杀！姚苌恐怕被苻坚处分以失职之罪，不敢回城而逃奔陕北老窝——北地郡(陕西省耀州区)。

前秦左将军窦冲率军进剿慕容冲，两军在河东(山西省夏县)会战。前秦军大胜，慕容冲率鲜卑族亲兵八千骑渡河西奔慕容泓。

慕容泓这时候已经有部众十多万人，开始向长安挺进。

慕容泓待人严苛，他的智囊团高盖见慕容冲来归就杀了慕容泓而拥立慕容冲为皇太弟，代表皇帝行使职权(承制)。大军继续向长安挺进。

慕容冲其人

慕容冲原是前燕清河公主的弟弟，苻坚灭前燕时掳来公主纳为后宫。慕容冲时年(370)仅十二岁，也随姐姐(清河公主)入苻秦后宫，很受苻坚的宠爱，苻秦重臣王猛、苻融等极力反对。后来苻坚把慕容冲外放为平阳刺史，驻守山西临汾。慕容冲深记亡国之恨，辱身之耻，早已下定决心不杀苻坚不足以泄其愤！乃乘苻坚淝水之败发兵指向长安。

前秦王苻坚回长安，派抚军大将军苻方率步兵两万在骊山布阵。命平原公苻晖为都督中外诸军事、车骑大将军，率军五万迎战慕容冲。

慕容冲进军郑县(陕西省华州区)西郊，大破苻晖兵团。苻坚又派前将军姜宇率军三万在灞上布阵阻截，又被慕容冲击败！姜宇战死。慕容冲遂长驱直入阿房宫城，进逼长安向苻坚挑战。苻坚自以为对待慕容家已是恩高义厚，而今慕容冲竟然造反。一怒之下，把留在长安城内前燕逊帝慕容暐以下一千多鲜卑族群，不论男女老幼全部屠杀，并分食其肉。

慕容垂的幼子慕容柔，稍早被苻坚的宦官宋牙收养为义子，在此屠杀惨案之前，慕容柔已连络尚在长安的后燕太子慕容宝的两个儿子，十三岁的慕容盛、慕容会，叔侄三人乘夜潜出长安，投奔在长安城外扎营的西燕皇太弟慕容冲。所以虽然具有必死的鲜卑皇族身份，而没有走进灭族大屠杀死亡之列。

翌年(385)春，慕容冲听到慕容暐遇害的消息，立即在阿房宫城宣布继承帝位，自称“西燕威帝”，改元为“更始”。

慕容冲决计先扫荡长安外围各据点，派尚书令高盖进攻渭河北岸的前秦各营；高盖失败，损兵折将三万人。慕容冲再命高盖夜袭长安南城，又被前秦左将军窦冲击退，遗尸八百。饥饿的秦兵把西燕军遗尸分割煮食。苻坚又派领军将军杨定进攻阿房宫城，俘虏西燕军一万多人全部斩杀而食之；再战，秦军败，杨定被俘。

苻坚在西燕军屡战屡败之后，就亲自率军进攻西燕军，经过三次激烈会战，西燕军先败后胜。苻坚被流箭射得满身是伤，鲜血一直流着，仍挣扎战斗，走到长安西门之外被西燕的军队围困，幸经殿中将军邓迈冒死奋战，救出苻坚。

长安城外被西燕士兵抢劫杀戮！百姓四散逃命！运送的军糈也都被抢劫一空。道路千里不见人烟，长安城中人心惶惶！苻坚的儿子苻晖，因战败自杀！禁军将军李辩计算长安危在旦夕，就聚集地方民兵，驻扎城西韭园按兵不动。也不接受苻坚的命令，静待长安变色，他好看风使舵。

慕容冲再攻苻坚最后一个据点——骊山，守将苻方被斩，文武官员数十人被俘。

前秦建元二十一年，公元 385 年春，苻坚留下太子苻宏守城，他率数百近卫将士和夫人张氏、皇子苻诜、皇女苻宝、苻锦等一行冲出北门逃向五将山。长安城内文武大臣、大小官吏都已各自逃命；负责守卫京城的司隶校尉权翼等数百人也弃职投奔姚苌去了。苻宏再也无法支持了，只好率领一千多骑兵，带着皇家亲属投奔下辨(甘肃省成县西)去了。

是年(公元 385 年，西燕更始元年)，慕容冲入长安，下令除了皇宫内的金银财宝由慕容皇家接收外，民间及苻家贵族的家产尽由士兵大肆掳掠烧杀，宫室尽毁，人民死伤已无法计算，这也就是慕容冲必然失败的主因。

慕容冲在长安前秦宫中过了十几年的安逸生活，这时候他借口后燕慕容垂已在东方占领广大地盘，一时东归必有困难，不如就在长安待下去，于是下令鲜卑族人落地生根。可是以前随慕容暐王朝被掳来的老臣们、将士们，还有被强制移民来的鲜卑族众和流民，以及慕容泓的部队，都希望回归自己的故国、故乡。俗话说“众怒难犯”，于是慕容冲当年就被左将军韩延所弑。鲜卑族众就因势利导拥立当时执掌军权的将军段随为“西燕王”，改元“昌平”。领导鲜卑族众男女四十多万人口离开长安向东进发。

段随是个军人，不懂政治艺术；换句话说——“没有政治手段”。于是又被左仆射慕容恒的尚书慕容永杀了。族众又拥立慕容颛为王。军行到山西临晋，慕容恒的弟弟护军将军慕容韬诱杀慕容颛。尚书慕容永与武卫将军刁云等联手攻击慕容韬，慕容韬失败，投奔慕容恒营。慕容恒就立慕容冲的儿子慕容瑶为帝，改元“建平”。慕容瑶年幼，不孚众望，慕容永杀了慕容瑶，立慕容泓的儿子慕容忠为帝，改元“建武”。慕容忠封慕容永为太尉、尚书令、河东公，这是执掌国家大权的职位。一年之内在行军途中竟有五次杀杀立立的惨事！而死于其事的还不知道有多少人。慕容永善于行政、持法宽平，族众都很支持他。

后燕、西燕

东晋太元十一年(386)十一月，慕容永领着他的五万多武装部队和数十万族众，分别自山西荣河、永济强渡黄河，进入山西闻喜地方。听说慕容垂已在河北称帝了，他们不敢东进，于是就在闻喜另筑燕喜城留住下来。

翌年(387)，武卫将军刁云发动政变，皇帝慕容忠被杀！刁云等拥立慕容永为“使持节”大都督、大将军、大单于，雍、秦、凉、梁四州刺史，河东王。并由鲜卑贵族会议，决定向后燕慕容垂称臣，为藩属。

这时候慕容永的处境，北方有前秦哀平帝苻丕不准借路过境，东有慕容垂的强大兵力阻着进路，于是慕容永强渡黄河之后，便自闻喜东进山西长子定都。长子在这时候已经是后燕慕容垂的势力范围了，慕容垂自以为是燕国慕容氏的嫡系正统，且他已经在前燕的地盘上恢复了燕国皇位，自然不愿意让慕容永这帮人再回去成立另一个燕王朝了。所以当他听到慕容永率领这批前燕遗老和被迫移居关中的前燕遗民和流民离开长安要回到他们原来的根据地时，他(慕容垂)就部署重兵，严阵以待慕容永这伙人来送死。

正在太原的前秦新帝苻丕也正在找机会消灭西燕这股新兴势力，并吞他的部队。乃派车骑大将军王永率军进驻山西临汾的襄陵郡布阵截击西燕军。

西燕军强渡黄河与前秦的王永部队大战，王永战败，王永与所属战将卫将军沮渠俱石子都战死；另一战将苻纂落荒逃回太原，可是太原已被西燕斥候部队包围，原受苻丕之命留守太原的苻师奴已经退出太原。苻纂乃与苻师奴会合残众向西逃奔陕西的杏城去了。

苻丕听说西燕军已经渡过黄河而且进占闻喜，苻丕乃倾太原之兵，南下攻西燕。西燕志在东返河北，于是再向东进驻长子。长子东北经潞城、黎城一百五十里的太行山上的东阳关，过了这个东阳关就是河北涉县、磁县、临漳(前燕的故都)了。就在这个时候，在河北邺城已经自称后燕皇帝的慕容垂也放话西燕的慕容永，决不许他东越雷池一步。慕容永一气之下把跟他自关中带来的慕容垂与慕容儁二人的眷属，不分男女老幼全部处死；只有慕容垂的小儿子慕容柔和两个侄儿(慕容垂的孙子)慕容盛、慕容会乘夜逃脱了慕容永的魔掌。

苻丕大军追西燕到长子，几经大型会战，都是苻丕败阵。这时候苻丕既不能回去太原，又不能战胜西燕，在无地容身的情况下，他一转念乃南下转进洛阳，中途又被晋军截击，苻丕战死，随行的儿子以及王公大臣们全做了俘虏。

这时候的情势：西方前秦苻登已经成立新政权于甘肃省的南安郡，而且听到苻丕已死的消息乃在南安宣布登基为前秦的继任皇帝——秦高帝。东方河北邺城是西燕的希望之城，可是慕容垂已在整军经武、积极备战，并且一再声明不许西燕东返。南方有黄河之阻，东晋也内乱频频，无暇北顾。公元390年春，慕容永对河南的洛阳用兵，希望从黄河以南找到出路。东晋的洛阳守将雍州刺史朱序，是一个对胡兵作战经验丰富的老将，他得到慕容永南下的战报后，抢先渡过黄河北上迎战。慕容永见晋军有备，于是不战而撤退。朱序追到距长子只有八十公里的白水地方，不敢孤军深入乱境而回洛阳。

翌年(391)秋，慕容永再攻东晋的河南洛阳，又被晋守将杨佺期击退。

东晋太元十八年(393)冬十月，慕容垂自东晋刘牢之手中夺得邺城后，就在邺城召开御前会议，讨论伐西燕。群臣都以“连年征讨，士卒疲敝”认为不可再事兴兵，唯独慕容德(慕容垂的幼弟)极力主战。最后慕容垂誓言“不复留逆贼以累子孙”(《晋书》)，于是决计出兵伐西燕。

这时西燕的长子地方和后燕的邺城中间隔着一座素称“天险”的太行山。双方谁想越过这座“天险”，都有极大的困难！但经军事家慕容垂的战术运作，“天险”轻易被克服，有得心应手之快。

后燕慕容垂前进基地是邺城——河北省的临漳县。西燕慕容永的都城在山西长子，两者之间可通的只有太行山中的两条峡谷，其一是距离临漳较近，在临漳西北的“滏口陉”；其二是距离山西长子比较近的“轵关陉”。以上这两道峡谷都是山西、河北与河南间的交通孔道，也都是有史以来的兵家必争之地。

轵关：在今河南省济源市西北十五里，关当轵道(轵道，今名轵城镇，在河南省济源市东南十三里)之险故名轵关。为太行山八个峡谷中的第一个峡谷(沁河之谷)，自古就是军事要冲。三国时，魏景初二年(238)，司马懿在河南汲县(今卫辉市)，曹操命他自轵关回长安。就是因为轵关是河南沿沁河进入山西的捷径。

东晋咸和三年(328)，石虎自邺经轵关而入山西，即攻击前赵的河东——山西。

《十六国春秋》说：“慕容永屯轵关，杜太行口以拒慕容垂。”

实际上这时候慕容垂却利用轵关的历史而虚张声势，使慕容永误认慕容垂也会自轵关北上。于是慕容永就集中各路大军防守轵关，以致北防空虚，而使慕容垂乘机获胜。

太行山的八陉：一、轵关陉；二、太行陉；三、白陉；四、滏口陉；五、井陉；六、飞狐陉；七、蒲阴陉；八、军都陉。

壶口关：在今山西长治东南，春秋时就是齐、晋常争的古战场。汉时为上党郡治，曹操讨乌桓，曾在这里大战。晋将刘琨曾使鲜卑兵驻守这里。汉赵刘聪自长安来攻，在这里大战。苻秦的名将王猛曾自长子攻下壶口关，致使河北邺城的前燕大为震惊，壶关之险要由此可见。可是慕容垂只是利用它——壶口关的历史掌故而已。

西燕与后燕疆域图

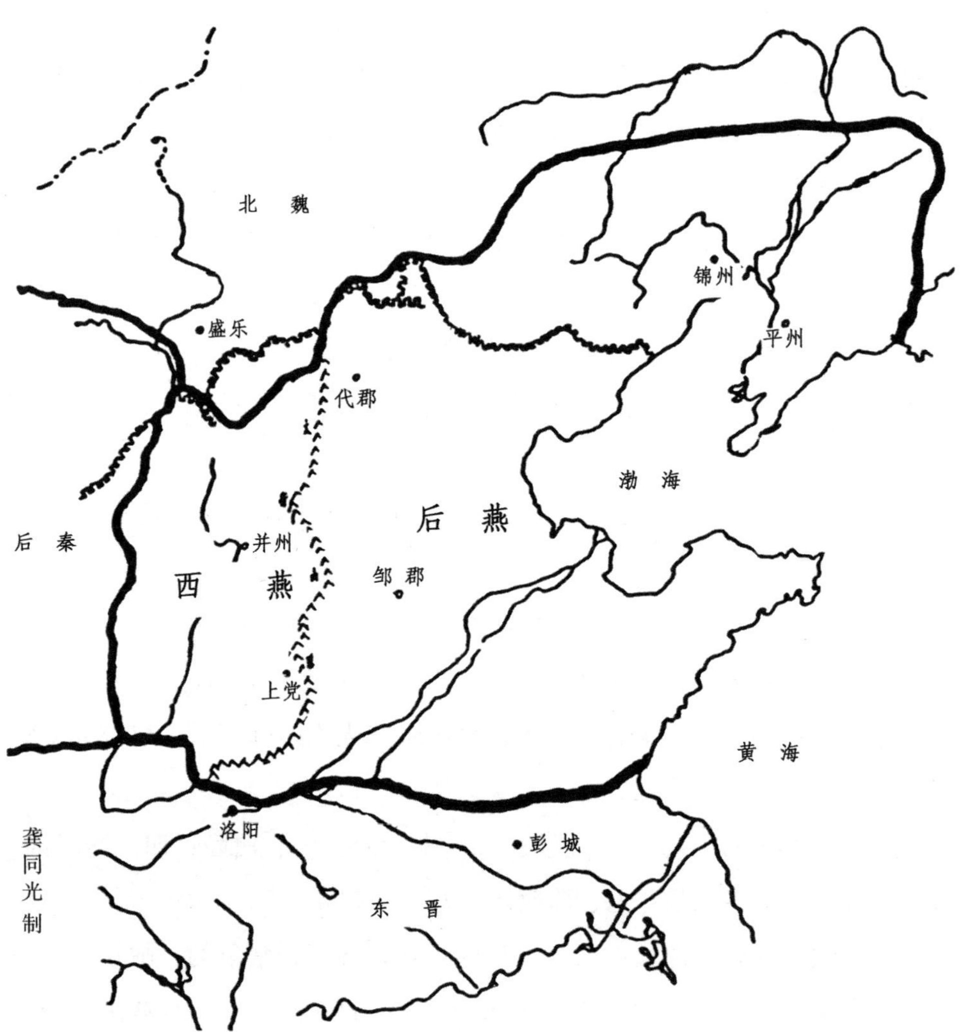

滏口在今河北武安南二十里。在釜山(又名鼓山)中由滏水冲成的山谷，故名滏口。滏口陉是太行山古隘道，也就是历史上说的“太行八陉”的第四陉，自古就是自邺城西出山西的要道。山岭高似入云，极为险峻。东晋永和六年(350)，前赵张沈曾经据此而战胜邺城的石闽。慕容垂开始西征慕容永时先遣慕容楷自滏口西出而攻击晋阳(太原市)。所以使慕容永集中大军防堵此道。后来慕容垂又略施小计，制造一套假情报，使慕容永误以为慕容垂的主力将走南线太行第一峡谷的“轵关”，乃把原部署在北路防堵滏口关的大军迅速南调。慕容垂乘此机会，出滏口而天井关(谷)的响堂铺而潞城而台壁(山西省黎城县西南)后直下长子。

《水经注》：浊漳河“(黎城)县北对故台壁，漳水迳其南，本潞子所立也，世名为之台壁。慕容垂伐慕容永于长子，军次潞川，永率精兵拒战，阻河自固。垂阵台壁，一战破之”。

这地带的地形很复杂，太行山东有清漳河，太行山以西黎城、潞城、台壁有两道北源与西源的浊漳河。后燕西进长子不仅要攀过高耸入云的太行山的天井关(谷)，还要渡过很多的大小河流。在太行山以西的浊漳河冲过太行山，形成不知名的峡谷，想来慕容垂是利用这种峡谷而过山的。所以《读史方舆纪要》说：“天井(谷)，在滏口西南，非入长子之道。”或曰：“慕容永据天井关以拒慕容垂。慕容垂出滏口则已入天井关内也。”

如果把慕容垂自叛前燕投奔前秦苻坚，以至他鼓励苻坚东征，而淝水之战时他又独能保持自己的实力完整，乃至最后叛离苻坚的经过来分析他的性格谋略和战法，自滏口入天井关的战法是有可能的，那就是兵法上“虚虚实实”“声东击西”，最后“乘虚而入”战法的运用。

慕容垂于公元393年的十一月在邺城宣布戒严。攻长子的战略运用是先打长子的外围据点，以孤立长子。于是先派镇西将军慕容瓒，龙骧将军张崇率中山步骑兵七万，出井陉(或滏口县)进攻晋阳(山西省太原市)，那里是西燕慕容永的弟弟慕容友驻守。慕容垂另派征东将军平规率一小部队去监视太行山东麓沙亭(河北省武安市)的西燕驻军段平部。西燕慕容永派尚书令刁云与车骑将军慕容钟率众五万，驻守长子东北重镇潞城，这是台壁与长子之间的重要据点。

西燕的布防情形

（一）太行山是后燕、西燕的分界岭，西燕对后燕的防御主要凭借太行山的天险屏障。太行山的南端有“太行八陉”第一的“轵关陉”，和八陉之一的“太行陉”，都是山谷大道，距离西燕的首都——长子不过两天的行程。而且山谷以南是后燕属地，大军运动自由。西燕慕容永判断后燕大军一定会从这两个陉道入侵。这个判断很合理，所以慕容永就把举国武装部队部署在这两个点上来备敌。

（二）东部防务距离后燕的前进指挥总部——邺城(河北省临漳县)较近，由尚书令刁云和车骑将军慕容钟率精锐大军联合驻守潞州(山西省黎城县南太行山顶)。而且东阳关外的沙亭(在太行山东麓河北省武安市西南)还有镇东将军段平率军据守。

（三）晋阳是西燕政治、经济、军事重镇，也是西燕的粮源地。而西燕的总指挥部却在以东进为目的的长子，所以慕容永虽然派他的弟弟慕容友驻镇，但后燕攻晋阳的可能性不高。

（四）天井关(谷)在河北武安西八十里，今名“天井峻”。也就是太行山的关隘。《读史方舆纪要》说：“慕容垂灭西燕，出滏口入，天井关(谷)，当在此地。”现在合理的研判，西燕在其东疆(滏口西南)的天井关也有重兵把守。但根据后燕进兵过程研判，南疆的后燕攻势仅限于牵制性的军事活动，其主力作战还是在东战场上。

所以西燕慕容永的作战部署，除针对慕容垂的进军路线在各重要关口分兵把守外，另辟台壁为前进的兵站总部，囤积粮秣军械，并派最亲信的镇东将军王次多和右将军勒马驹等率万余精兵戍守。

台壁在山西黎城西南，在潞城北方，是晋阳到潞城(古名上党，在太行山脊最高处)的必经之地。东可以支援黎阳、东阳关、滏口。过了潞城就是长子。后燕先行攻占台壁，从地形上看，攻取长子如探囊取物；从战势上看，是切断了西燕的大动脉。

明修栈道　另辟蹊径

慕容垂在公元394年二月又召集司、冀、青、兖四州精锐与山地作战的地方部队，驻屯在邺城西南待命。可是一个多月后才派慕容农率军从南路出壹关(即东阳关)直趋长子。这时候慕容永怀疑慕容垂的主力会越析城山、王屋山对西燕施以奇袭。这里对长子距离比较近又是一片平原，利于骑兵运动，所以对长子构成直接威胁。于是他立即下令急调北方各路军南下，增防轵关峡谷。

慕容垂得知这个战报后自引大军，以慕容楷为前锋，迅速出河北武安西的第四大峡谷——滏口陉(滏口自古为自邺西出的要道)而取西南五十里的天井关(谷)。一路急进占据慕容永的补给基地——台壁。这一招是慕容永料想不到的。慕容永一面派太尉慕容大逸豆归率兵支援台壁，结果被后燕的宁朔将军平规击败。慕容永再派征东将军慕容小逸豆归出兵救援，又被后燕的慕容农击败，后燕军遂包围台壁。慕容永只好自将精兵五万迎战。西燕的尚书刁云和车骑将军慕容钟分别在潞城，眼看情势不对就率众投降慕容垂。这一下给慕容永的打击很大，慕容永一怒之下把他们的家小全部斩杀！

慕容垂命骁骑将军慕容国在台壁南方浊漳河谷布下伏兵十数处，然后和慕容永会战。慕容垂败退，慕容永不知是计，于是驱兵紧追。慕容国的伏兵三面俱发，慕容垂回头再战，把慕容永打得落荒而逃。西燕士卒战死八千多，慕容永逃回长子，台壁遂为后燕所有。

西燕的晋阳守将慕容友听说首都长子被围，后燕大军来攻，竟然吓得弃城逃走。在慕容永的防御计划中根本没有想到后燕会深入国境去攻太原。所以后燕的慕容瓒军兵不血刃而占领了晋阳。

慕容垂进军围长子，慕容永婴城固守。长子被围经年，粮食已尽。东晋太元十九年(394)八月，西燕慕容永派他的儿子慕容泓(不是济北王)带着皇帝玉玺向驻镇洛阳的东晋雍州刺史郗恢求救。不久又遣太子慕容亮赴晋做人质而求东晋速速发兵。可是慕容亮行经洛阳的高都，又被后燕军拦截抓去，慕容永又向新兴势力的北魏拓跋珪告急。这时候的拓跋珪正在找机会向南伸展，于是立即派他的陈留公拓跋虔与将军庾岳率骑五万急行南下进驻山西忻州的南秀容，以俟稍事整补再向长子进发。

这时候的长子城内已经是罗雀掘鼠、人人相食，守军已把战马吃完了。慕容永的部将贾韬、慕容大逸豆归、伐勤等开城投降，慕容垂军遂入长子。慕容永奔出北门，被后燕军前进部队所获。以后又收捕西燕所署公卿刁云、慕容小逸豆归等三十多人一并枭首于市。西燕十年来所统治下的八郡七万多户，全部收归后燕版图。其他军械仪具、宫中人员都随西燕的败亡而各自奔回河北老家去了。

西燕自公元 384 年，前秦建元二十年，慕容泓起义，自称“燕济北王”起，慕容冲入长安自称“西燕威帝”，历经七个“皇帝”，到慕容永亡国，计其得国十一年。